# 칼빈의
# 예정론과 섭리론

### 그의 중간개념 medium quiddam을
### 중심으로

크리스천
르네상스

# 칼빈의
# 예정론과
# 섭리론

그의 중간개념 medium quiddam을
중심으로

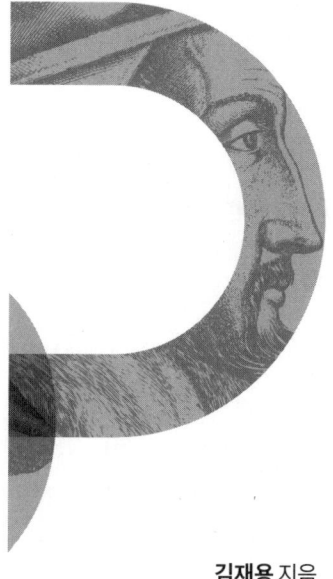

Calvin's Theory of Predestination and Providence

김재용 지음

**X R**
크리스천
르네상스

# 목차

| | |
|---|---|
| 추천사 | 6 |
| 저자 서문 | 15 |
| **I 서론** | 22 |
| **II medium quiddam에 대한 역사적 고찰** | 38 |
|     중세 스콜라 신학에서의 medium quiddam에 대한 역사적 고찰 | 38 |
|     아우구스티누스(Aurelius Augustinus, 354-430) | 39 |
|     보에티우스(Boethius, 480-524/5) | 43 |
|     안셀무스(Anselm of Canterbury, 1033/1034-1109) | 47 |
|     토마스 아퀴나스(Thomas Aquinas, 1224-1274) | 52 |
|     둔스 스코투스(Duns Scotus, 1266-1308) | 56 |
|     윌리엄 오캄(William of Ockham, 1285-1349) | 60 |
|     루이스 몰리나(Luis de Molina, 1535-1600) | 62 |
|     결론 | 66 |
| **III 칼빈의 중간상태에 대한 개괄적 이해** | 74 |
|     칼빈 주석에 나타난 중간상태 | 76 |
|     구약과 신약에 나타난 중간상태에 대한 정리 | 84 |
|     『기독교강요』의 중간상태 | 85 |
|     서신에 나타난 중간개념 | 91 |
|     결론 | 93 |

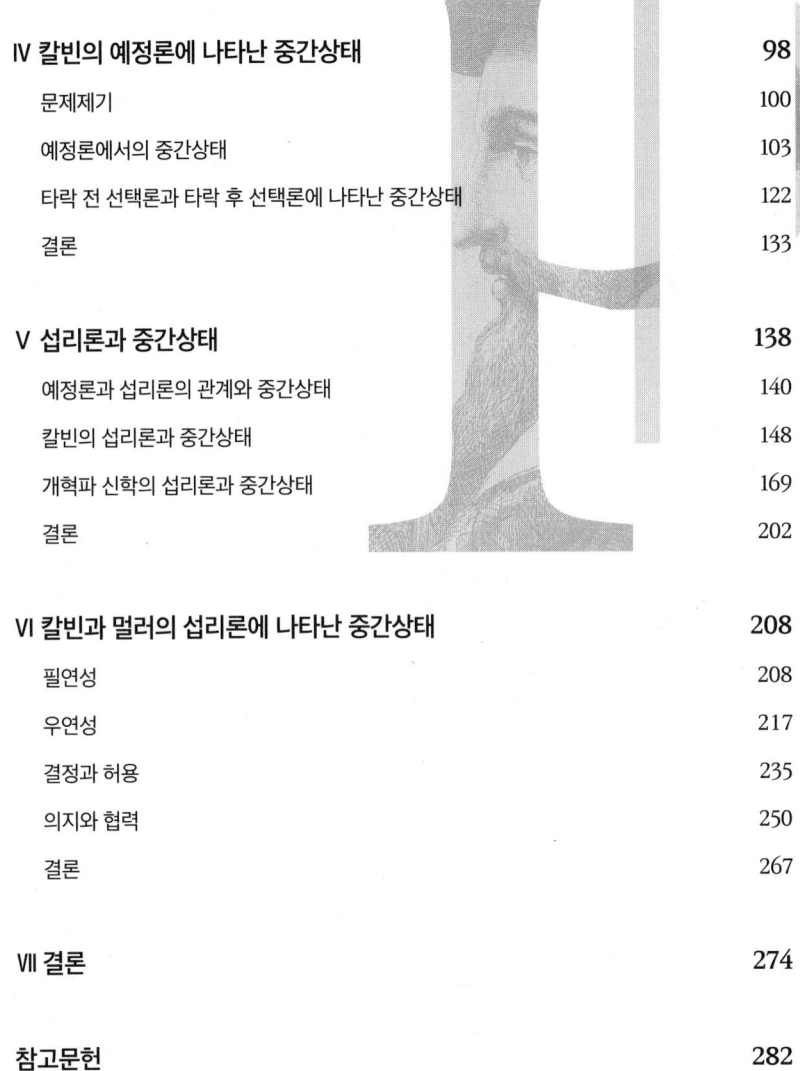

| Ⅳ 칼빈의 예정론에 나타난 중간상태 | 98 |
|---|---|
| 문제제기 | 100 |
| 예정론에서의 중간상태 | 103 |
| 타락 전 선택론과 타락 후 선택론에 나타난 중간상태 | 122 |
| 결론 | 133 |

| Ⅴ 섭리론과 중간상태 | 138 |
|---|---|
| 예정론과 섭리론의 관계와 중간상태 | 140 |
| 칼빈의 섭리론과 중간상태 | 148 |
| 개혁파 신학의 섭리론과 중간상태 | 169 |
| 결론 | 202 |

| Ⅵ 칼빈과 멀러의 섭리론에 나타난 중간상태 | 208 |
|---|---|
| 필연성 | 208 |
| 우연성 | 217 |
| 결정과 허용 | 235 |
| 의지와 협력 | 250 |
| 결론 | 267 |

| Ⅶ 결론 | 274 |
|---|---|

| 참고문헌 | 282 |
|---|---|

# 추천사

**김재윤** 교수
고려신학대학원
교의학

이 책은 중간개념(medium quiddam)에 대한 포괄적인 연구를 담고 있다. 먼저 역사적인 흐름을 따라서 이 개념이 어떻게 형성, 발전, 정착되었는지를 보여준다. 생소할 수 있는 이 신학적 개념이 역사적 고찰을 통해서 익숙해지는 계기가 될 것이다. 또한 하나님의 주권을 침해하는 개념으로 중세 신학의 특징적인 것으로만 여겨졌던 이 개념을 종교개혁자 칼빈은 어떻게 다루었는가를 보여준다. 칼빈이 이 개념을 중세와는 차별적으로 사용하고 있다는 점을 일관되게 밝히면서 칼빈신학 전반에서 이 개념이 사용된 문맥들을 성실하게 추적하고 있다. 무엇보다도 칼빈에게 중간개념은 인간 의지의 자유로운 선택의 가능성보다는 시간적 중간상태로 제시한 점은 의미가 있어 보인다. 따라서 같은 개념을 사용했지만 칼빈과 중세 신학의 결정적인 차이를 본서는 잘 추적하고 있다. 저자의 이후의 작업을 통해서 칼빈의 중간개념이 혹여 하나님의 구원에 대한 확실성을 약화시킬 가능성에 대한 보완과 저자가 분석한 시간적 중간상태가 영원과의 어떤 연관성 속에 있는지 그리고 이 시간을 관통하면서 일관된 제1원인자가 되시는 삼위의 사역의 주도성을 어떻게 동시에 강조할 것인지에 대한 추가적인 연구도 기대해 본다. 일독을 권한다.

**김지훈** 목사
신반포중앙교회
안양대학교 신학대학원
교회사

칼빈신학의 중간상태에 대한 연구가 출판되어 대단히 기쁘다. 나 역시도 16,17세기 개혁파 스콜라들의 예정론과 섭리론을 연구하면서 존 칼빈의 가르침에 대해서 깊은 흥미를 느꼈다. 왜냐하면 칼빈은 중세를 갓 넘어온 16세기 시대의 흐름 속에 있었던 사람이면서도 그 전후의 개신교 신학자들과는 구별되는 어떤 독특성을 가지고 있었기 때문이다. 그러한 독특함은 두 가지의 근거에서 나온다고 생각한다. 하나는 그가 신학을 해나가는 데 있어서 철저하게 성경에 머물고자 한 것과 다른 하나는 스콜라 철학의 논리와 체계 안에 갇히기를 거절한 것이다. 그는 하나님의 말씀이 모든 철학과 인간의 사고를 넘어서는 계시이기에 교회는 그 말씀이 이해가 되지 않는다고 할지라도 그대로 받아들여야 한다고 확신했다. 그리고 이러한 그의 말씀에 대한 경건이 잘 나타나 있는 주제가 예정론과 섭리론이다. 이러한 칼빈의 예정론과 섭리론에 대한 저서가 출판되고 먼저 읽게 되어 매우 기뻤다. 이 책은 예정론과 섭리론의 중심이 되는 '하나님의 의지와 인간의 의지와의 관계'를 칼빈이 어떻게 성경적으로 풀어내려고 했는지를 잘 보여주고 있다. 특별히 그가 그 당시에 편만했던 스콜라 철학의 흐름을 따르지 않고, 비록 사람에게 모순되어 보일지라도 말씀이 가르치는 내용을 그대로 드러내려고 했음을 증명한다. 박사논문으로 쓰여진 글이라 조금은 어려울 수도 있겠지만 하나님의 예정과 섭리에 대해서 관심을 두고 읽어보신다면 칼빈의 신학뿐만 아니라 성경이 교회에게 주시는 교훈을 받을 수 있을 것이다. 그리고 당연히 신학도들에게는 칼빈신학에 대한 깊은 통찰을 줄 것이라고 믿어 의심치 않는다.

**배정훈** 교수
고신대학교
교회사

이 책은 칼빈의 중간개념을 통해 그의 예정론과 섭리론을 분석하고 있다. 저자인 김재용 박사는 칼빈이 중세의 중간개념을 따르고 있으며 개혁파 정통주의가 이를 극복했다는 기존 학계의 입장에 과감하게 도전장을 내밀면서 오히려 칼빈은 중세를 극복했지만 후대의 개혁파 신학자들이 이를 계승하지 못했다는 신선한 주장을 제시한다. 어거스틴, 토마스 아퀴나스, 둔스 스코투스, 칼빈, 프란시스 튜레틴, 헤르만 바빙크, 리처드 멀러 등에 이르는 중세, 종교개혁과 개혁파 정통주의의 주요 신학자들의 저서들을 광범위하면서도 꼼꼼하게 분석하여 칼빈이 하나님의 원대한 예정과 섭리의 역사에 사로잡혀 있던 신학자였음을 명쾌하게 드러낸다. 매 페이지마다 저자의 학적인 성실성과 탁월함, 그리고 하나님을 향한 경건과 열심을 볼 수 있다. 칼빈과 개혁파 정통주의의 예정론과 섭리론에 관심을 가진 목회자와 신학생뿐만 아니라 코로나 시대에 하나님의 인도하심을 구하는 모든 신실한 성도들에게 이 책의 일독을 권한다.

**양신혜** 교수
합동신학대학원대학교
외래교수

하나님의 작정과 인간의 자유의지 사이에 놓인 모순에 대한 답을 찾고자 인간은 기나긴 역사의 흔적을 남겨왔다. 이 질문에 대한 우리의 답 찾기는 거대한 모래성을 쌓아 올리는 것 같고, 비바람이 몰아치는 위태로운 폭풍우 속 같으며, 때로는 칠흑과 같은 어두운 숲길을 비추는 작디작은 빛을 바라보며 걸어가는 여정같다. 하나님의 '절대성' 안에서 인간의 자유의지에 따른 선택이 지닌 '우연'이라는 모순을 인간이 과연 이해할 수 있을까? 그럼에도 불구하고 이 질문에 대한 신앙고백 없이 참된 그리스도인으로서의 길을 걸어갈 수 있을까? 우리는 질문이 지닌 모순 너머의 신앙적 일치를 소망하며 제한된 시공간의 세계에서 살아가고 있다. 삶 속에서 질문에 대한 답을 찾고, 때로는 이 질문을 이해할 수 없음이 위로의 메시지가 됨에 감사하며, 풀리지 않는 아니 도저히 이해할 수 없는 절망으로 하나님을 원망하면서, 그렇게 하나님이 예비한 길을 묵묵하게 걸어 맡겨진 사명을 감당한다. 그 길이 이 땅의 그리스도인의 참된 길이라 믿으며 걸어갈 뿐이다.

모순 덩어리의 세상에서 풀리지 않는 이 질문으로 인해 좌절하고 넘어지는 성도들에게 하나님의 뜻과 위로를 전하고자 하는 목회자로서의 고민이 점철된 결과가 책 한 권으로 세상에 빛을 보게 되었다. 신앙의 선배이자 목회자로서 참된 교회를 세우기 위해서 노력한 칼빈의 글을 읽어내는 그의 열정은 또 하나의 관점을 학문세계에 제시하였다. 하나님의 절대적 작정이 역사의 시간 안에서 펼쳐지는 섭리가 개혁교회의 유산임을 논증하는 방법에 있어서 또 하나의 해석을 제시하는 세밀한 책 읽기와 그 해석은 동시대를 걸어가는 성도에 대한 사랑의 결과임을 알기에 그 수고가 고마울 뿐이다. 하나님의 뜻에 따른 결과가 우리가 걸어가는 삶의 길임을 칼빈의 중간상태(midium quiddam)라는 개념으로 논증해내는 목회자로서의 학문 여정이 이 한 권의 책에 고스란히 녹아 있기에 감사할 뿐이다.

지금까지 한국교회와 신학계에 알려진 정통주의 신학에 대한 또 다른 하나의 해석이 어떤 평가로 남게 될지는 앞으로 이 글을 읽는 독자의 몫이 될 것이다. 어떤 주장에 대한 반론이 하나의 주류가 되기 위해서는 독자들의 동의가 필요하기 때문이다. 감히 이 책으로 인해 또 하나의 지류가 본류가 되기를 바라며 추천한다.

**이상웅** 교수
총신대학교 신학대학원
조직신학

신학의 영역에서 가장 중요하면서도 난해한 과목이 신론이다. 어쩌면 모든 신학 과목들이 신론이라는 초점을 향한다고 할 수가 있다. 그 신론 가운데도 삼위일체론과 예정론은 난해함의 최고 봉우리들이라고 할 수가 있다.

본서에서 김재용 박사는 예정론과 섭리론을 다루되, 매우 전문적이고 세부적인 주제를 논의의 대상으로 삼고 있다. 김 박사는 칼빈신학의 예정론에 있어 "선택과 유기의 사이 또는 일반선택과 특별선택 사이에서 인간의 의지가 이것이나 저것을 자유롭게 선택할 수 있는가?"하는 문제와 섭리론에 있어 중간상태 개념("필연 속에 존재하는 우연 또는 우발성" 그리고 그 "우발성 안에 인간의 자유선택이 존재"하느냐)에 천착하고 있다. 사실 본서에서 다루어지는 논의의 내용은 칼빈신학에 있어서도 가장 난해한 면모라고 할 수가 있고, 최근 칼빈 학자들의 해석이 서로 갈리어지는 주제이기도 하다. 김 박사는 칼빈의 중간적인 것 또는 중간상태(medium quiddam) 개념을 천착하되 그의 원전들을 살펴서 제시하고 있다. 그뿐만 아니라 칼빈에 앞선 중세 스콜라 신학자들(혹은 철학자들)의 견해들을 먼저 논구하고 개관하여 주므로 칼빈의 입장을 이해하는 데 있어 전제로 제시해 주고, 칼빈 이후 개혁파 정통주의 신학자들의 입장들을 또한 개관하여 줌으로써 칼빈의 입장이 무엇인지를 도드라지게 만들었다. 저자는 이와 같은 심혈을 기울인 노작을 통해서 칼빈의 입장과 중세 스콜라주의의 불연속성뿐만 아니라, 칼빈을 따르는 후대 개혁파 정통주의 신학 간에도 - 연속성에도 불구하고 - 불연속성이 존재함을 밝혀내고 있다. 이러한 결론은 최근 학계에서 많은 영향력을 미치고 있는 리처드 멀러와 빌름 판 아설트 등의 해석과 대척점을 이루는 것이다. 본서의 결론에 찬동하든, 이의를 제기하든 상관없이 칼빈의 예정론과 섭리론에 관심 있는 신학도들과 목회자들에게 본서를 추천한다. 필기도구를 손에 들고 찬찬히 정독해 본다면 적지 않은 신학적 통찰들을 얻을 수 있을 것으로 생각한다.

**이신열** 교수
고신대학교
교의학

칼빈신학의 특정한 주제에 대한 오랜 연구 결과물이 드디어 세상에 빛을 보게 되었다는 점에 있어서 상당한 의미가 있다. 이 책의 제목이 "칼빈의 예정론과 섭리론"이지만 부제가 보여주듯이 실제적 내용은 그의 사고에 나타난 중간개념(medium quiddam)을 다룬다. 이는 상당히 독창적인 접근 방식으로 볼 수 있으며 이 점에 있어서 여러 독자들이 약간의 생소함(?)을 경험할 수도 있을 것이다. 그러나 저자의 칼빈에 대한 열정과 탁월함이 이런 어려움을 충분히 극복할 것으로 기대해본다. 지난 100여 년 동안에 칼빈신학의 다양한 주제들이 세계적인 칼빈 연구가들에 의해서 다루어졌는데 그중에서 예정론이 차지하는 비중이 아주 높은 것은 주지의 사실이다. 그런데 '예정'과 '섭리'를 하나로 묶어서 다루는 책을 찾아보는 것은 쉽지 않다. 저자의 독특함과 신선함은 주제 선정에 나타난 독창성을 통해서도 분명하게 드러난다. 칼빈과 그의 사고에 기초를 둔 개혁신학을 추구하고 이에 관심을 지닌 모든 분들께 다음 세 가지 이유를 들어 이 책을 강력하게 추천하고자 한다. 첫째, 칼빈의 신학에 나타난 예정과 섭리라는 두 교리가 지닌 연관성과 통일성을 잘 보여주기 때문이다. 특히 중간개념을 활용하여 이 두 교리를 하나로 묶는 학문적 시도는 다른 칼빈 연구물에서 흔히 찾아볼 수 없는 중요한 시도에 해당된다. 신학의 통일성의 빛 아래서 모든 교리들이 상호 관련된다는 진리가 이 교리들에도 새로운 방식으로 적용되었다고 볼 수 있다. 둘째, 칼빈신학에 거의 연구되지 않았던 주제를 캐내어 이를 학문적 논의의 대상으로 성공적으로 안착시켰다. 중간개념은 철학적 개념으로 이해될 수도 있지만, 저자는 이 개념에 나타난 신학적 함의를 집요하게 그리고 효과적으로 연구하여 칼빈 연구에 있어서 새로운 장을 개척했다고 볼 수 있다. 셋째, 이 책은 칼빈의 중간개념을 그 이후의 정통파 개혁신학으로 확장하는 시도를 통해서 칼빈 자신의 신학과 그의 개혁파 후예들의 신학 사이에 나타난 상관관계를 추적해 나간다. 칼빈과 정통파 개혁신학과의 관계를 어떻게 평가하든, 이 책은 칼빈의 사고가 이 신학에 미친 영향을 다시 한번 되새길 수 있는 훌륭한 기회를 제공한다.

**조용석** 교수
안양대학교
HK 연구교수

김재용 박사의 저서 『칼빈의 예정론과 섭리론-그의 중간개념(medium quiddam)을 중심으로-』는 중간개념을 통하여 기독교 교리사의 핵심적인 맥락을 파악하면서, 동시에 이에 근거하여 개혁신학의 토대를 제공했던 칼빈의 예정론과 섭리론의 진의(眞意)를 복원하고 있다. 개인적으로 본서를 '하나님의 예정과 섭리에 대한 증언'이라고 부르고 싶다.

저자는 학문적으로 정련된 언어를 통하여 하나님의 절대주권에 대한 변치 않는 믿음을 차분하게 표현하며, 예정론적-섭리론적 지평에서 오늘날의 세계와 인간의 삶의 현실을 바라볼 수 있는 신앙적 혜안을 제공한다. 본서를 탐독하면서, 하나님 말씀으로서의 성경의 핵심적 진리를 알려주고 있는 칼빈신학이야말로 김재용 박사의 신학자이며 목회자로서의 섬김의 삶을 가능하게 하는 근본적인 신학적 자양분이었음을 느낄 수 있었다.

더 나아가 본서는 예정과 섭리가 의미하는 하나님의 절대주권에 대한 칼빈의 확고한 믿음을 기독교 교리사적 맥락 속에서 파악할 수 있도록 도와주고 있다. 협소한 교리적 논쟁의 맥락이 아니라, 하나님의 구원사적 전망 속에서 전체 기독교 교리사의 핵심적인 맥락을 짚어가며 칼빈의 예정론과 섭리론을 이해할 수 있는 통시적-공시적 해석의 틀을 제공하고 있다. 본 저서는 칼빈 연구사에 있어서 길이 남을 탁월한 수작으로서, 개혁신학을 연구하는 모든 신학자들에게 새롭게 칼빈신학을 바라볼 수 있게 하는 나침반이 될 것이며, 성경 말씀을 보다 더 깊이 이해하며, 참된 신학에 대해 알아가기를 원하는 모든 그리스도인들에게 소중한 신앙의 자양분이 될 것이라고 확신한다.

**황대우** 교수
고신대학교
역사신학

"늦게 배운 도둑, 날 새는 줄 모른다"라는 속담이 있는데, 아마도 김재용 박사에게 잘 어울리는 속담이 아닐까 싶다. 사실 이 속담은 부정적인 의미로 사용되는 경우가 대부분이지만 김재용 박사는 매우 드문 예외적인 경우뿐만 아니라, 얼마든지 긍정적인 의미로도 사용 가능하다는 사실을 증명한 경우에 해당된다. 김 박사는 라틴어를 누구보다 늦게 배웠으나 누구보다 열심히 끈질기게 공부한 결과, 칼빈의 저술을 번역서와 원문으로 대조해서 볼 정도로 놀라운 실력을 갖추게 되었다.

이것은 외국에서 칼빈으로 학위를 받고 강단에 선 교수들 중에서도 칼빈의 저술 원문을 다룰 능력이 없는 분들이 적지 않은 현실을 감안하면 실로 엄청난 사건이다. 이것 하나만으로도 이 책의 학문적 가치는 충분하다. 하지만 김재용 박사의 학위논문이 한국 신학교에서 통과된 신학박사논문 가운데 거의 독보적인 이유는 따로 있다. 그의 논문은 지금까지 칼빈을 전공한 수많은 외국 학자들도 다루지 않은 생소한 주제에 대한 연구이기 때문이다. 누구도 가보지 않을 길을 선택하는 일은 용기 없이는 불가능하다.

이 책은 에세이가 아니라 박사학위논문을 편집한 것이기에 결코 쉽게 읽을 수 있는 내용이 아니다. 논문의 주제도 생소한데 그 주제를 다루는 연구 방법 역시 만만치 않게 까다롭다. 따라서 독자에게는 오랜만에 복잡해지는 머리를 쥐어짜면서 읽게 될, 지겨울 수 있지만 흥미로운 책이다. 누구든 이 책을 다 읽고 몰랐던 무엇인가를 새롭게 깨닫고 이해한다면 틀림없이 굉장한 학문적 도약을 스스로 경험할 것이다. 어려운 책 한 권을 독파하는 일이 쉬운 책 백 권을 읽는 것보다 어려울 수 있지만 확실히 유익하다는 경험은 이 책에도 해당하는 진리이다.

저자는 한 마디로 '칼빈에게 미친 사람'이다. 칼빈에 대한 열정이 누구보다 뜨겁다. 그는 칼빈에게서 단순히 학문적인 자양분뿐만 아니라, 목사와 신자로서 자신의 모든 영적 자양분을 공급받기를 기대하기 때문이다. 나아가 그런 자양분을 공급받기에 충분하다고 자부하기 때문이다. 이런 열정의 결과물이 바로 이 책이다. 한 명의 칼빈 학자로서 나는 지금까지 칼빈의 『기독교강요』를 '건강한 수면제'로 선전하면서 소장하길 권하곤 했는데, 김 박사의 『칼빈의 예정론과 섭리론』 역시 '건강한 수면제'로서 소장 가치가 충분할 듯하다.

# 저자 서문

본서는 필자의 박사학위논문을 약간의 수정을 거쳐 출판한 것이다. 원제목은 "칼빈신학의 medium quiddam(중간상태)에 대한 연구: 예정론과 섭리론을 중심으로"인데 이를 "칼빈의 예정론과 섭리론(Calvin's Theory of Predestination and Providence)" 부제는 "그의 중간개념(medium quiddam)을 중심으로"로 변경하였다.

한국을 비롯한 전 세계는 지금 코로나19라고 하는 전염병과 싸우고 있다. 우리는 이러한 자연재해 앞에서 깊은 생각에 잠긴다. 이 세상에 일어나는 자연재해나 전염병 그리고 전쟁과 같은 중대한 일들이 우연적으로 일어나는가 아니면 하나님에 의해 필연적으로 일어나는가? 사실상 이러한 문제는 오래 전부터 신학에서 해결하고자 노력해왔다. 중세의 해결책과 칼빈의 해결책이 달랐다. 그 이후 중세 스콜라 학문의 방법을 따랐던 16-18세기의 일부 개혁파 신학자들에게서도 차이가 발견된다. 여하튼 이러한 문제에 대한 해결책을 비교하고 분석하는 일은 오늘날 우리의 신학이 감당해야 할 숙제라 생각한다. 본서는 칼빈의 예정론과 섭리론을 중심으로 해서 중세 스콜라 신학과 일부 개혁파 신학자들의 견해를 비교하고 분석하여 설명한다.

예정론에 있어서 "선택과 유기의 사이 또는 일반선택과 특별선택 사이에서 인간의 의지가 이것이나 저것을 자유롭게 선택할 수 있는가?하는 문제를 다룬다. 인간이 양자의 사이에서 선택할 수 있는 상황이나 상태를 일컬어 중간상태라 할 수 있다. 칼빈은 『기독교강요』에서 이 용어를 사용한다. 릴백(Peter A. Lillback)은 칼빈이 이 용어를 중세 스콜라적으로 사용한 것으로 보았다. 사람이 중간상태에서 이것이나 저것을 선택할 수 있다는 쪽으로 이해하고 있는 듯하다. 본서는 칼빈이 릴백의 이해대로 그 용어를 그렇게 사용했는지 어떤지를 살핀다.

섭리론에서 중간상태 개념은 필연 속에 존재하는 우연 또는 우발성이다. 우발성 안에 인간의 자유선택이 존재한다. 하나님은 예지를 통해 알고는 계시지만 미래의 우연한 일들에 대해서는 결정하지 않으신다. 하나님의 결정과 허용은 분리되어, 하나님께서는 인간의 행위에 대한 책임은 지지 않는다. 죄의 책임은 인간에게 있다. 따라서 하나님은 죄의 저자가 아니라는 결론을 내린다. 이것이 중세 스콜라 신학의 핵심이다. 중세 스콜라 신학은 우연과 필연의 중간지식이나 중간원인 또는 중간의 길을 제시하였다. 보에티우스를 비롯하여 둔스 스코투스나 루이스 몰리나는 하나님은 미래에 일어날 일들을 알고는 계시지만, 그것의 결정은 하지 않았다고 주장했다. 하나님이 미래에 우연히 일어날 일들을 알고 있다는 차원에서 예지를 주장했지만, 그것에 대한 결정을 보류했다는 차원에서는 미결정을 주장했다는 것이다. 그들은 보에티우스와 안셀름, 토마스 아퀴나스의 전통 속에서 중간지식 또는 중간의 길을 주장했다. 이러한 중세 스콜라적 견해를 개혁파 신학에서 수용하였는데, 16-18세기의 일부 개혁파 신학자들을 비롯하여, 최근에는 미국의 칼빈신학교를 은퇴한 리처드 멀러가 중심적인 인물로 꼽히고 있다. 그는 개혁파 신학의 방법론이 중세 스콜라 신학 방법론에 큰 영향을 입었다고 주장한다. 사실상 투레틴이나 헤페 등도 스콜라 신학 방법을 도입하였는데, 우연과 필연의 중간지식 또는 중간의 길을 강조하였다고 볼 수 있다.

개혁파 신학과 스콜라 신학의 차이는 미묘하다. 멀러나 아셀트(Willem J. van Asselt) 그리고 데커(Eef Dekker) 등은 개혁파 정통주의가 스콜라의 방식만 따랐을 뿐, 내용은 종교개혁의 정통성을 유지한다고 주장한다. 그러나 본서는 방식뿐만 아니라 내용에 있어서도 정통주의와 스콜라는 미묘한 차이로 닮아 있다는 것을 증명한다. 개혁파 정통주의와 그 전통에 서 있는 멀러나 아셀트 릴백 등은 개신교 스콜라주의를 표방한다. 그러면서 그들은 그들의 섭리론 안에 구원과 관련된 것을 제외하고, 인간의 미래우연성이나 자유가 있다고 주장한다. 하나님의 주권과 능동적 필연성 또는 하나님의 결정 안에서 제2원인으로서의 인간의 자유와 우발성이 존재한다는 것이다. 그러나 하나님의 결정 안에 우연이나 우발이 존재한다는 것은 모순이다. 그들은 칼빈도 스콜라식 방법을 따랐고, 그 결과 이러한 섭리론이 그에게 나타난다고 피력한다. 칼빈이 주장한 하나님의 능동적 필연성에 미래우연성이 존재한다는 것이다. 그러나 본서는 칼빈의 섭리론이 중세 스콜라의 학문 방식을 따르지 않았을 뿐만 아니라 그 내용도 스콜라와 개혁파 정통주의와 차이가 있다는 것을 밝혀낸다. 칼빈의 해결은 모순을 모순 그대로 두는 것이었다. 본서는 하나님의 섭리에 있어서 우연과 필연의 중간상태가 있는가?하는 문제와 하나님의 결정과 허용의 문제, 인간의 의지와 하나님과의 협력의 문제 등을 중세 스콜라 신학과 16-18세기 일부 개혁파 신학자들과 그리고 칼빈의 관점을 비교 분석하여 설명한다. 본서의 이러한 연구는 한국 신학계에 잘 안 알려져 있고, 또 거의 다루어지지 않은 주제이기 때문에 많은 관심을 불러일으킬 것으로 예상된다.

아울러 필자는 학부시절부터 하나님을 아는 지식에 목말랐고, 거기에서 오는 결핍과 갈급함이 있었다. 더 깊은 신학공부에 갈증과 부담이 있었고, 목회와 공부라는 두 마리의 토끼를 잡기 위해 틈틈이 꾸준히 공부했다. 까마득하게 보였던 먼 산을 향해 거북이처럼 쉬엄쉬엄 차근차근 달려 드디어 산마루가 눈앞에 펼쳐졌고, 급기야 단숨에 뛰어올랐다.

부목사로 사역하면서 칼빈의 글을 열심히 읽었다. 칼빈만큼 하나님을 잘 아는 사람이 어디 있을까 할 정도로, 칼빈은 전인격적으로 하나님을 아는 분이었다. 그는 극심한 고통 가운데 하나님을 만나는 체험을 가졌고, 욥과 같은 시련 속에서, 욥과 같은 하나님을 아는 지식을 가진 하나님의 사람이었다. 그의 글은 신학적인 깊은 주제를 말하면서도, 성도가 하나님을 알고, 하나님과 동행하는데 꼭 필요한 지침과 원리와 권면이 가득 차 있었고, 우리 신앙의 실제적인 체험의 원리뿐만 아니라, 심오한 신비의 영적 지식으로 충만했다. 그러하기에 그의 글은 나의 심령을 녹이기에 충분하였다.

칼빈의 글은 나에게 성경을 어떻게 읽어야 하고, 어떻게 해석해야 하고, 어떻게 하나님을 사랑하고 두려워해야 하는지를 알려주는 나침반이었다. 하나님께서 영원 전부터 우리를 예정하시고, 이 땅에 부르셔서, 우리의 일거수일투족을 아시고, 우리의 일생을 인도하실 뿐 아니라, 세계의 역사를 섭리해 가시는 분이심을 깨닫게 되었다. 이 세상에 일어나는 자연재해와 인간의 탐욕에 의해 발생되는 전쟁도 하나님의 섭리 가운데 일어나는 것임을 알게 되었고, 또 믿게 되었다. 그가 시편 주석에서 끊임없이 언급하는 하나님의 섭리라는 단어의 의미가 학위논문을 다 작성할 즈음에야 비로소 알 것 같았다. 그가 얼마나 하나님을 두려워하고 경외하였는지 미력하나마 공감하는 계기가 되었다.

칼빈의 글을 읽고 연구할 수 있도록 모든 여건을 허락하신 하나님 아버지와 우리 주 예수 그리스도께 감사와 찬송과 존귀와 영광을 올려드린다. 성령께서 이 글을 쓰도록 부추기셨고, 독촉하셨고, 어떤 주제로 어떻게 써야 할지 가르쳐 주셨다. 잘 된 것은 모두 성령의 지도하심이었고, 잘못된 것은 모두 나의 부족함의 소치이기에, 내가 비판을 받아야 마땅할 것이다. 우리가 사는 어두운 세상에 칼빈의 글이 있어, 하나님을 성경대로 알 수 있고, 믿을 수 있으므로 얼마나 감사한지 모르겠다. 천국에서 만날 칼빈 선생께도 깊은 고마움을 표하고 싶다.

2019년 6월부터 4개월의 안식월이 나에게 주어졌다. 서울 성균관대학교 기숙사에서 밤새워 써 내려갔다. 즐거운 시간들이었다. 그 기간이 없었더라면 오늘의 결과물은 없었을 것이다. 본서를 쓸 수 있도록 안식월을 준 온천교회에 감사한 마음을 전한다.

논문을 꼼꼼하게 지도해 주신 이신열 지도교수님께 깊은 감사를 드린다. 그분이 없었더라면 이 책은 세상 밖으로 나오지 못했을 것이다. 제자의 작품을 세상에 알리기 위해 많은 노력을 기울이셨다. 또한 칼빈의 원전을 놓고 라틴어를 가르쳐주신 황대우 교수님께도 감사의 마음을 전한다. 까다로운 심사와 좋은 논문을 위해 권면과 비판과 격려를 아끼지 않은 고려신학대학원의 김재윤 교수님과 양신혜 교수님, 배정훈 교수님께도 감사의 말씀을 전하고 싶다.

공부하는 7년 동안 뒷바라지를 해준 아내 권복순 사모에게 이 책을 바친다. 아내의 후원이 없었더라면 오늘의 영광은 없을 것이다. 책 제작을 위해 기도와 물질을 아끼지 않은 KIST의 이정훈 박사님께도 감사를 표한다. 가난한 목사의 책이 출판되도록 흔쾌히 허락해 주신 크리스천르네상스 출판사의 정영오 사장님과 편집을 맡은 서세은 자매님께도 심심한 감사의 인사를 전한다. 이 책을 시작하게 하시고 끝마치게 하신 삼위 하나님께서 하나님의 영광을 위해, 교회를 위해 사용해 주시기를 간절히 바라고 기대한다.

2021년 8월
김재용 목사

Calvin's Theory of Predestination and Providence

I

서론

# 서론

medium quiddam이라는 용어는 '중간적인 것' 또는 '중간의 상태'를 의미한다. 앞의 단어는 중간을 뜻하는 라틴어의 명사로써 형용사적 의미를 지니고 있지만, 후자는 어떤 사물이나 관계와 상태를 나타내는 대명사이다.[1]

신학에 있어서 중간상태 문제는 오래전부터 거론되었다. 헤르만 바빙크(Herman Bavin,1854-1921)는 그의 책『개혁교의학』제2권의 공유적 속성에서 가톨릭 예수회에 속한 신부인 루이스 몰리나(Luis de Molina, 1535-1600)의 중간지식(scientia media) 개념을 소개한다.[2] 하나님의 필연적인 지식(scientia necessaria)과 자유로운 지식(scientia libera) 사이에 중간지식이 있는데, 이는 조건적인 미래의 지식으로서 하나님은 인간에게 일어나는 일들을 조건적으로 알지만, 제2원인에 의해 일어나는 우연한 일에 대해서는 자유를 부여하신다는 것이다. 바빙크는 중간지식 개념에 대해 루터파와 항변파도 우호적이었다고 밝힌다. 루이스

---

1 『라틴-한글 사전』, 가톨릭대학교 고전라틴어연구소 (편) (서울: 가톨릭대학교출판부, 1995), 517, 733. medium은 중간, 가운데, 수단, 매개물 등으로 번역되고, quiddam은 어떤 것, 어떤 사람, 그 어느, 아무 등의 뜻으로 사용된다.
2 헤르만 바빙크,『개혁교의학2』, 박태현 역 (서울: 부흥과개혁사, 2011), 245-51.

벌코프(Louis Berkhof, 1873-1957)도 자신의 책 『조직신학』의 공유적 속성 부분에서 중간지식 개념을 다룬다. 그는 예수회와 루터파 그리고 항론파가 인간의 자유의지와 사물들의 예정이 일치하는가에 대한 해답으로 중간지식 개념을 도입했다고 말한다.[3] 빌렘 판 아셀트(Willem J. van Asselt)는 몰리나의 중간지식에 관하여 "중간지식 이론은 인간의 자유로운 의지와 하나님의 은혜, 예지, 섭리, 선택, 유기 사이의 관계성 문제에 해답을 제공하려는 시도다"[4]라고 설명한다. 그에 의하면, 이 이론도 하나님의 지식을 둘로 구분한 중세적 이론을 전제하고 있다. 이는 하나님의 단순한 지성적 지식(본성적 지식)과 자유로운 의지에 의해 과거와 현재와 미래를 아시는 지식 사이의 제3의 지식으로서 중간지식이 삽입된 것이다.[5] 왜냐하면, 거기에는 인간의 자유로운 의지가 허용되지 않기 때문이다. 몰리나는 중간지식 이론을 통해 하나님의 작정이 인간의 자유로운 의지에 의존적이라는 것을 옹호한다.[6]

중간지식은 예지를 포함한 지식의 차원에서만 다룬다면, 중간상태는 보다 넓은 영역과 범위 안에서 다루어진다.[7] 중간지식과 중간상태(medium quiddam)의 차이는 거의 없다. 지식으로 아는 것이 가능태라면 의지가 활동하는 범위는 현실태가 된다. 후자가 바로 '중간상태'라고 말할 수 있다. 웨스트민스터신학교의 피터 릴백(Peter A. Lillback)은 중간지식 대신에 '중간상태'라는 용어를 사용한

---

3 루이스 벌코프, 『조직신학 상』, 권수경 & 이상원 역 (서울: 크리스챤다이제스트, 1995), 263.
4 빌렘 판 아셀트, "정통주의 초기의 개혁주의(1560-1620년)", 『개혁신학과 스콜라주의』, 한병수 역 (서울: 부흥과 개혁사, 2012), 161.
5 아셀트, "정통주의 초기의 개혁주의(1560-1620년)", 161.
6 아셀트, "정통주의 초기의 개혁주의(1560-1620년)", 162-63. 아셀트는 개혁파 정통주의 진영이 아퀴나스 또는 스코투스(인간의 결정은 하나님의 시간적인 선행적 작정에 의지하지 않으며, 하나님의 작정은 오히려 창조된 인간의 자유로운 의지의 결정과 동시성을 가진다) 입장을 취했으며, 알미니우스주의 학자들과 다수의 루터파 학자들이 몰리나의 이론을 선호했기 때문에 범교파적 중요성을 지닌 사안이 되었다고 평가한다.
7 Eef Dekker, *Middle Knowledge* (Leuven: Peeters, 2000), 5. 데커는 몰리나의 중간지식이 자유로운 행위(free act)와 환경(circumstances) 사이를 이해할 필요가 있는가?라는 질문과 아직 존재하지 않는 사람이 아직 존재하지 않는 환경에 대해 절대적인 확신을 가질 수 있는가?라는 질문을 제기한다. 데커는 여기에서 중간지식이 행위의 환경이나 토대(ground)로 연결되는 것을 말하고 있다. 중간상태라는 용어는 사용하지 않지만, 그것의 의미를 지닌다고 판단된다.

다. 그는 그의 책 The Binding of God에서 언약과 예정론 부분을 다루면서, 칼빈이 『기독교강요』 3.21.7에서 사용한 '중간의 상태(medium quiddam)'라는 용어를 일반선택과 특별선택의 사이인 중간의 위치 또는 상태로서 이해한다. 그는 사람이 그 중간에서 언약을 지키는 여하에 따라 일반선택을 받은 사람인지, 특별선택을 받은 사람인지가 구분된다고 주장한다. 사실상 칼빈의 언약신학에서 행위의 조건성이 발견된다고 주장한 것이다.[8] 과연 릴백의 주장과 칼빈의 견해가 일치할까?하는 질문에 많은 문제가 제기된다.

필자는 수년 전 칼빈의 언약론과 관련된 신학석사학위논문[9]을 준비하면서 칼빈의 예정론과 섭리론에 대해 큰 관심을 가지게 되었다. 언약이 모든 신학적인 제문제를 푸는 신학의 열쇠라고 한다면, 이 언약을 푸는 열쇠는 예정론과 섭리론이라는 사실을 알게 되었다. 그만큼 언약과 예정은 밀접하게 관련되어 있다고 생각한다. 예정론에 대한 분명한 이해 없이는 언약론을 충분히 알 수 없을 뿐만 아니라 언약론이 포함하고 있는 행위의 요소를 이해할 수 없을 것이다. 칼빈의 언약론에 있어서 행위언약과 은혜언약 사이의 중간적 상태가 있는가?라는 질문은 칼빈의 선택론에 있어서 일반선택과 특별선택 사이에서의 중간상태가 있는가?하는 질문으로 연결된다. 사람은 자신이 특별한 선택을 받았는지 아니면 일반적 선택을 받았는지, 또는 행위언약에 속해 있는지 아니면 은혜언약에 속해 있는지 그 여부를 알지 못한다. 그러하기에 자신의 노력 여하에 따라 나타나는 열매에 의해 언약이 파기될 수도 있고, 하나님의 선택에 속하는 사람으로 드러나기도 한다. 이는 자신이 행한 삶의 열매를 통해 그가 어떤 사람인지를 드러내기 때문이다. 칼빈에 의하면, 일반선택은 하나님께서 이스라엘 민족 전체를 선택한 것으로서, 하나님의 친 백성으로의 택함을 받은 자와 부르심은 받았지만 특별한 택함을 받지 못한 사람도 포괄한다. 여기에는 하나

---

8   Peter A. Lillback, *The Binding of God: Calvin's Role in the Development of Covenant Theology* (Grand Rapids: Baker Academic, 2001). 210-30.
9   김재용, "칼빈의 언약의 조건성과 무조건성: 피터 릴백(Peter A. Lillback)의 칼빈 비판을 중심으로" (부산: 고신대학교 미간행 신학석사학위논문, 2012).

님으로부터 유기된 자들이 포함된다. 그러나 특별선택은 하나님께서 자신의 백성으로 부르시고 의롭다 하신 백성의 택함이다. 여기에는 중도에 버림을 받는 자는 있을 수 없다. 하나님의 견인의 은혜에 의해 끝까지 구원을 이루는 자들이다. 릴백은 이러한 양자 사이에 중간상태에 놓인 자들이 있다고 주장했다. 또한 이 개념은 예정론에 있어서 선택과 유기의 중간상태에서 이루어지는 구원의 행위로써, 언약을 지키고자 하는 사람의 수고에 따라 유기가 아니라 선택의 반열에 설 수 있다는 것을 의미한다.

이러한 중간상태 이론에는 두 방향의 커다란 신학적 문제가 존재한다. 다양한 신학적 주제들이 이 주제에 따라 양분될 수 있다. 이는 섭리론에서도 동일하게 나타나는 문제이기도 하다. 사실상, 중간지식이나 중간상태의 문제는 하나님의 섭리론에서 다루어졌다. 하나님의 예정이 필연적이라면, 세상의 모든 것이 하나님의 결정에 의해 움직여진다고 볼 수 있다. 그러면 인간이 스스로 짓는 죄악도 하나님의 결정에 의해 비롯된 것이 아닌가? 인간의 죄는 하나님의 결정에 의한 것이기 때문에 하나님께 책임이 있다는 결론에 이르게 된다. 하나님께서 죄의 저자가 아니며, 인간 자신에게 죄의 책임을 돌리기 위해 중간지식이나 중간상태의 개념이 도입된다. 따라서 섭리론에서 거론되는 중간상태 개념은 제1원인과 제2원인, 우연과 필연, 의지의 자유로운 선택, 허용과 협력의 개념을 통해 설명될 수 있다. 하나님의 필연과 인간의 우연의 문제를 중간상태 개념으로 해결할 수 있다고 판단하기 때문이다. 하나님의 필연과 인간의 자유의 문제에 대한 중간상태 개념은 주로 중세 스콜라 신학자들뿐만 아니라 알미니우스를 비롯한 항론파와 개혁파 신학들에 의해 오늘날까지 발전되어 왔다.

역사적으로 이러한 문제를 해결하기 위해 많은 신학자들이 노력해 왔다. 이 문제를 해결하기 위해 도입되는 사상이나 주제가 바로 '중간의 지식'이다. 아우구스티누스(Sanctus Aurelius Augustinus, 354-430)와 펠라기우스(Pelagius, 354~418?)의 논쟁을 시작으로 하여, 이후 AD 429년경에 양자의 첨예한 대립 사이에서 중도적 입장을 취하는 반펠라기우스주의(Semi-Pelagianism)[10]가 등장했다. 중세 스콜라 신학의 대표자라고 할 수 있는 보에티우스(Boethius, 480-524/5)와 안셀무스(Anselm of Canterbury, 1033/1034-1109) 그리고 토마스 아퀴나스(Thomas Aquinas, 1224-1274)와 유명론으로 유명한 둔스 스코트스(Duns Scotus, 1266-1308)나 옥캄의 윌리암(William of Ockham, 1285-1349)을 거쳐 루이스 몰리나(Luis de Molina, 1535-1600)와 프란시스코 수아레즈(Francisco Suárez, 1548-1617)와 나아가서 알미니우스(Jacobus Arminius, 1560-1609)에게까지 이르게 된다. 그 이후로 17세기에는 알미니우스를 따르는 항론파가 등장했고, 18세기에는 존 웨슬리(John Wesley, 1703-1791)가 그 뒤를 이었다. 20세기에는 바울의 새관점학파(NPP, New Perspective on Paul)인 샌더스(E.P. Sander), 제임스 던(J. Dunn), N. T. 라이트(Wright)가 관점은 약간 다르지만, 언약적 신율주의로써 은혜와 행위를 결합시킨 것 즉 언약의 중간지대를 주장하였다. 이들은 모두 개혁신학과는 거리가 먼 자들이었다. 그러나 21세기에 들어서 신학의 트렌드에 따라 칼빈신학도 많은 변화를 겪고 있다. 칼 바르트(Karl Barth, 1886-1968)의 신학적 안목으로 존 칼빈의 신학을 이해하려는 운동과 함께, 톰 라이트식의 칼빈의 언약이해, 알미니우스적 칼빈이해, 중세 스콜라적 칼빈이해 등의 바람이 불고 있다. 이러한 운동은 개혁파 신학에도 영향을 끼쳐 피터 릴백과 칼빈신학교를 은퇴한 리처드 멀러(Richard A. Muller)[11], 화란의 흐라플란트(C. Graafland)[12]와 에프 데커(Eef Dekker)[13] 그리고 빌렘 판 아셀

---

10  AD. 429년부터 남부 갈리아지역의 일부 수도사들에 의해 어거스틴주의에 대한 새로운 도전이 일어났다. 수도사 카시아누스, 빈켄티우스, 파우스투스 등은 영혼의 구원을 위해 인간의 노력만으로 충분하다고 한 펠라기우스주의와 영혼의 구원을 위해서는 하나님의 은총이 선행되어야 한다는 아우구스티누스주의를 절충하여 '영혼의 구원에는 은총이 절대적으로 필요하나 그것을 받아들일지는 첫째로 인간의 자유의지에 달렸다'고 주장했다. 상호 대척점에 있는 주장들을 절반씩 취했다는 이유로 교회사에서는 이들을 '반(semi)펠라기우스주의'라 부른다.

11  Richard A. Muller, *After Calvijn: Studies in the Development of a Theological Tradition* (New York: Oxford University Press, 2003) & *Post-Reformation Reformed Dogmatics, vol.3, The Divine Essence and Attributes* (Grand Rapids: Baker Academic, 2003).

12  C. Graafland, *Van Calvin tot Comrie: Oorsprong en ontwikkeling van de leer van verbond in het Gereformeerd Protestantisme* Deel Ⅰ&Ⅱ (Zoetermeer: Boekencentrum, 1992), 83-91.

13  Eef Dekker & Willem J. van Asselt, *Reformation and Scholasticism* (Grand Rapids: Baker Academic, 2001).

트(Willem J. van Asselt)[14] 등은 하나의 학파를 이루어 위의 신학적 문제들을 중간적 상태의 입장에서 설명하려는 모습을 보인다. 흐라플란트와 릴백을 제외하고는 위에서 언급한 '중간상태'라는 용어는 이들에게 없지만 개념은 나타나고 있다. 그들은 이 개념이 몰리나가 말하는 중간지식과 중세 스콜라 신학에서 말하는 중간개념과도 밀접한 관련이 있는 것으로 보았다.

멀러는 칼빈과 칼빈 이후 개혁파 정통주의와의 연속성을 주장한다. 그는 칼빈의 섭리론에 나타난 필연성과 우연 또는 우발성, 허용, 의지의 자유, 협력의 개념이 개혁파 정통주의와 일치한다고 강조한다. 멀러는 칼빈의 능동적 필연성에 인간의 자유선택이나 우연 또는 우발이 나타나며, 이 개념은 개혁파 정통주의와 다르지 않다고 이해한다. 그는 개혁파 정통주의의 입장에서 섭리의 주제를 자유롭게 활용하면서 자신의 논지를 설정한다. 사실상 그의 섭리의 개념 속에 중간상태 개념이 나타나고 있다고 보여진다. 따라서 칼빈의 섭리론의 이러한 주제별 개념과 멀러의 개념을 비교할 필요성이 제기된다.

또한 칼빈이 말한 중간상태라는 용어가 중세 스콜라 신학에서 사용된 중간개념과 일치하는가 하는 문제가 제기된다. 개혁파 정통주의가 중세 스콜라 신학의 방법을 따랐다고 한다면, 이 중간상태의 문제에 있어 칼빈의 견해와 일치하는가 하는 문제도 제기된다. 중세 스콜라주의와 개혁파의 중간상태 개념이 일치하는가 하는 문제를 해결해야 하는 과제가 주어졌다. 위에서 말한 많은 학자들이 언급한 것으로 보아 중간상태 개념이 칼빈의 예정론과 섭리론에 있어서 중요한 위치를 차지한다고 본다. 그러나 아쉽게도 이렇게 중요한 연구는 아직까지 이루어지지 않았다. 따라서 필자는 이 책에서 이 문제를 칼빈신학의 예정론과 섭리론을 중심으로 심도 있게 다루고자 한다.

---

14 빌렘 아셀트, "펼친 손과 주먹': 종교개혁 안에서의 인문주의 및 스콜라주의", 『개혁신학과 스콜라주의』 (서울: 부흥과 개혁사, 2012), 117-130.

중간지식이나 중간원인에 대해서는 중세부터 시작해서 오늘에 이르기까지 수많은 저작이나 논문이 있다. 그러나 칼빈이 사용한 medium quiddam이란 용어를 중심으로 해서, 단행본이나 학위논문, 그리고 소논문으로 연구된 것은 아직까지 없는 것으로 안다. 학자들이 중간상태 개념을 언급하였다는 것은 그것에 대한 중요성은 어느 정도 인식한 것으로 파악된다. 그러나 이 주제와 관련해서 본격적으로 발전시키지는 못했다. 이 주제가 포괄하고 있는 범위가 매우 넓고 복잡하기 때문에 심도있는 발전이 이루어지지 못했다고 여겨진다. 투레틴[15]이나 헤페[16]는 그들의 섭리론에서 중간지식의 문제를 다룬다. 그러나 그들은 '중간상태'와 관련해서는 본격적으로 다루지 않는다. 그럼에도 불구하고 피터 릴백이나 흐라플란트는 언약의 조건성을 다루는 자신들의 논문에서 위의 용어를 보다 심도 있게 논의한다. 릴백은 다음과 같이 말한다.

> '내적 은혜'를 수용한 자와 언약 안에 있는 자 사이에는 필수적인 연결은 없다. 사실상 소수의 경건한 자들의 선택과 인류의 거부 사이에는 중간상태(또는 중간입장)를 차지하는 자들이 있다. 그러므로 언약공동체는 특별선택의 용어 안에서 선택받은 자들과 선택받지 않은 자들의 결합이다. 그럼에도 불구하고 일반선택에 속한 모든 자들도 역시 언약 안에 있다. … 칼빈의 결론은 비록 그들이 택함을 받지 않은 자들이라 하더라도 언약에 의해 '거룩한' 사람으로 고려될 수 있는 자들이 있다는 것이다. 인간의 책임의 입장에서 볼 때, 이러한 개인들은 '합법적인 자녀들로부터 사생아로 타락한' 자들이다.[17]

---

15　Francis Turretin, *Institutes of Elenctic Theology* 1, trans. George Musgrave Giger, ed. James T. Dennison, Jr. (Philipsburg: Presbyterian and Reformed Publishing Company, 1992), 489-538.
16　Heinrich Heppe, *Reformed Dogmatics* (Grand Rapids: Baker House, 1983), 251-80.
17　Lillback, *The Binding of God*, 217. "There is not a necessary connection between being in the covenant and being a recipient of 'inner grace'. In fact, there are some who occupy an 'intermediate' position between the 'rejection of mankind' and the 'election of a meager number of the godly'. The covenant community is hence a combination of the elect and the non-elect in terms of special election. Nevertheless, all who are generally elect are also in the covenant. … Calvin's conclusion

릴백은 여기에서 택함을 받은 자와 택함을 받지 못한 자들은 모두 언약 안에서 서로 연결되는데, 언약을 파기하지 않고 지키면 거룩한 자가 될 수 있다고 주장한다. 따라서 그가 해석한 칼빈의 중간상태 개념은 인간이 언약 안에서 책임의 관점에서 이렇게도 저렇게도 될 수 있는 상태이다. 이것과 저것의 중간에서 언약을 어떻게 지켜내느냐에 따라 택자가 될 수 있고, 불택자가 될 수 있다는 것이다.

아마도 그들은 중세의 스콜라 학자들과 몰리나의 중간지식 이론에 영향을 받았던 것으로 파악된다. 그들은 칼빈도 역시 중세 스콜라 학자들의 영향을 받아 medium quiddam이란 용어를 사용했을 것으로 판단하고, 칼빈이 사용한 이 용어 또한 중세 스콜라 신학을 반영하고 있는 것으로 보았다. 릴백은 칼빈이 중세 스콜라 신학의 '수용 은혜' 또는 '수용 언약'을, 비판과 함께 승인했다고 다음과 같이 주장한다.

> 칼빈은 관대함을 '아버지의 사랑'과 '수용 은혜'라고 부른다. 칼빈은 하나님께서 당신의 백성의 불완전한 행위를 어떻게 수용하는지 설명하는 통로로써 엄격한 재판관과 아버지라는 변증법을 제공한다. 관대함은 칼빈이 수용할 수 있는 중세 언약신학의 원칙이다. … 그러나 수용 언약의 문제에 있어서 칼빈은 그들에게 빚을 졌다고 인정한다.[18] … 칼빈은 그들의 공로 신학을 거부한 반면, 그의 백성의 행위에 대하여 하나님의 관대함의 결과를 가져다주는

---

is that there are those who can be considered 'holy' by the covenant even though they are non-elect. From the standpoint of human responsibility, these individuals are those who 'degenerate from legitimate children to bastards'."

[18] Lillback, *The Binding of God*, 201. "Liberality is called 'fatherly affection' and 'accepting grace'. Calvin offers the dialectic of a strict judge and a Father as an avenue to explain how God accepts the imperfect works of His people. Liberality is the principle of medieval covenant theology that Calvin can accept. He could not agree with them entirely, because their system failed to teach the most important causes of God's liberality-justification by faith alone and forgiveness of sins. But in the matter of the covenant of acceptance, Calvin admits that he is indebted to them."

언약에 관하여 궤변론자에 동의한다.[19]

하나님께서 사람의 행위를 수용하시므로 구원의 은혜를 베푸신다는 수용 은혜를, 칼빈이 어느 정도 승인했다는 것이 릴백의 논리이다. 그는 칼빈이 루터와는 달리 선행과 성화를 강조하였기 때문에 이를 수용했다고 한다. 이 수용 은혜에는 인간 행위의 조건성이 놓여있다. 행위라고 하는 조건을 충족시킬 때, 구원의 은혜가 임한다는 것을 칼빈이 비판적으로 수용했다는 논리를 펼치고 있다. 과연 그런지에 대해서는 본론에서 다루어질 것이다. 수용 언약의 조건성이 바로 중간상태 개념으로 이해될 수 있다. 릴백이 바로 이러한 관점에서 칼빈의 중간상태 개념을 해석했다고 본다.

하나님이 죄의 제1원인자가 아니라 죄는 인간의 우연한 행위에서 비롯된 것이기 때문에, 이는 중간지식에 속하는 것이고, 그 책임은 인간에게 있다는 논리를 편다. 릴백은 칼빈의 언약 안에서 행위의 조건성을 강조하기 위해 칼빈이 사용한 중간상태 개념을 심도 있게 다룬다. 그는 칼빈의 언약론과 예정론을 연결시켜, 일반선택과 특별선택 사이 중간상태에 있는 자들이 행위언약을 지키므로 특별선택에 속한다는 것을 주장했다.[20] 우리는 릴백이 칼빈을 다룰 때, 그가 주장한 중간상태 개념이 인간의 책임성인가 또는 인간의 자유로운 결정에 의한 행위의 조건성인가 하는 질문을 제기할 수 있다. 왜냐하면, 그의 논지 전체는 칼빈에게서 행위의 조건성을 발견해 내었기 때문이다. 그에 의하면 칼빈의 언약도 불링거의 것처럼 행위언약의 상호성, 언약의 쌍방성이었다. 이 외에도 릴백은 중세 스콜라 신학과 칼빈의 신학을 연결시키려는 의도를 나타낸다. 인간의 내적 선함과 종속, 그리고 스콜라주의의 수용 언약, 종속적인 의 등의 주제와 칼빈의 연관성을 밝힌다.[21] 흐라플란트도 Van Calvijn tot Comrie를 통

---

19 Lillback, *The Binding of God*, 201. "While rejecting their merit theology, Calvin agrees with the Sophists on the covenant which results in God's liberality toward the works of his people."
20 Lillback, *The Binding of God*, 210-30.
21 김재용, "칼빈의 언약의 조건성과 무조건성: 피터 릴백(Peter A. Lillback)의 칼빈 비판을 중심으로", 67-

해 중간상태 용어를 사용한다. 그는 다음과 같이 말한다.

> 우리는 칼빈의 사고 안에서 양면성을 느낀다. 그것은 육체의 자손과 영적인 자손 사이의 균형이다. … 그러므로 칼빈은 언약의 관점에서 영적인 자손뿐만 아니라 육체의 자손도 택하지 않는다. 그러나 우리가 말했던 것처럼, 그의 해결책은 쉬운데, 비록 그 자신이 믿는다 하더라도 어느 정도의 양면성 사이의 중간의 길을 걷는다.[22]

흐라플란트는 언약의 양면성을 말하면서 육체의 자손과 영적인 자손 사이의 중간상태에 놓인 자녀가 있다고 말한다. 물론 영적인 자손이라는 차원에서 육체의 자손이 배제된다 하더라도 언약의 차원에서는 중간의 길(middenweg)이 있다는 것이다. 사실상 그도 역시 릴백처럼 중간의 길에 선 인간이 언약의 조건을 어떻게 성취하느냐에 따라 택함 받은 자가 될 수 있다는 논리를 펼치고 있다. 그는 칼빈의 창세기 17장의 해석을 통해, 언약에서의 조건성을 소개하면서, 언약은 쌍방적이며, 조건적이라고 주장했다.[23] 인간이 언약을 지켜낼 때 비로소 언약의 백성이 된다는 것을 강조했다. 릴백이나 흐라플란트는 그들의 논문에서 칼빈의 중간상태는 인간의 행위와 노력에 따라 결과가 달라질 수 있고, 이는 하나의 조건성을 띠는 것으로 이해했다. 조건을 충족시키는 것은 인간의 의지이고, 선택으로 볼 수 있는 여지로 파악된다.

홍콩의 칼빈연구가 초이(Kiven S. K. Choy)는 그의 미국 칼빈신학교 박사학위논문[24]에서 칼빈과 루터의 인간 의지를 다룬다. 루터의 속박의지가 칼빈에게 어

---

110.
22 Graafland, *Van Calvijn tot Comrie*, 90. "We voelen het ambivalente in Calvijns gedachtengang, die tussen het vleselijke en het geestelijke zaad als het ware in balanceert. … Calvijn kiest dus niet voor een alleen- natuurlijke maar ook niet voor een alleen-geestelijke visie op het verbond. Maar, zoals wij al zeiden, hij bewandelt een middenweg, enigszins ambivalent, al meent hij zelf, dat zijn oplossing gemakkelijk is."
23 Graafland, *Van Calvijn tot Comrie*, 105.
24 Kiven S. K. Choy, "Calvin's Defense and Reformulation of Luther's Early Reformation Doctrine of

떻게 적용되어 나타났는지를 비교한다. 그는 칼빈의 의지론에 대해, 구원에 관련해서는 하나님의 능동적 필연성에 따라 의지가 움직이지만, 그 외 인간의 삶 속에서 일어나는 일에서는 인간이 자유롭게 선택할 수 있는 자유가 있고, 제2원인으로서 인간의 행위에 우연 또는 우발이 존재한다고 주장한다. 이는 그의 스승인 멀러의 견해이다. 그는 칼빈이 오늘날로 치면, 성경주해학자이지 조직신학자는 아니기 때문에, 하나님의 능동적 필연이 인간의 제2원인과의 참된 통합을 이루어 내지 못했다고 주장한다. 또한 속박의지에 대한 의미 있는 모순을 해결 해 주는 체계적이고 일관된 신학을 생산해 내지 못했다고 평가한다. 따라서 칼빈에게 필연과 자유에 대한 모순이 해결되지 않은 채 남아 있고, 이 문제를 해결하는데 있어 다소 애매모호하다는 결론을 내린다.[25] 사실상 초이는 칼빈의 신학에 인간 행위에 대한 조건이 나타난다는 것을 강조한다. 이것과 저것 사이에서의 인간 선택의 자유가 있다는 것이다. 이러한 관점에서 볼 때, 이 개념은 중간상태 개념으로 파악된다.

본서는 "칼빈신학의 medium quiddam에 대한 연구: 예정론과 섭리론을 중심으로"를 연구함에 있어 칼빈의 저작을 중심으로 한 문헌 연구의 방법을 채택한다. 또한 중세 스콜라 신학의 저작들과 개혁파 정통주의의 저작들과 이와 관련해서 현대 개혁파의 저작을 함께 비교 연구하는 방법을 택하고자 한다.

본서의 방법적 구성은 칼빈신학에 medium quiddam이 존재하는가를 중점적으로 이루며, 칼빈신학에 이 개념이 있다고 주장하는 자들의 이론을 살피게 될 것이다. 나아가 칼빈과 개혁파 정통주의와의 연속성과 불연속성의 문제를 고찰하며, 연속성을 주장하는 자들의 이론을 비판적으로 논고하고자 한다. 본서는 연구의 범위를 예정론과 섭리론으로 제한하고자 한다. 칼빈의 예정론에

---

The Bondage of the Will" (Ph.D. diss. Grand Rapids: Calvin Theological Seminary, 2010).
25 Choy, "Calvin's Defense and Reformulation of Luther's Early Reformation Doctrine of The Bondage of the Will", 271-72.

나타나는 이 개념이 섭리론에는 어떻게 나타나는지를 비교하고, 섭리론에서는 개혁파 정통주의의 수장이라 할 수 있는 선별된 개혁파 신학자들의 이론을 역사적으로 살펴, 칼빈의 섭리론과 비교하고자 한다.

또한 존 칼빈(John Calvin, 1509-1564)의 예정론에 있어서 이중선택(duplici gentis suae electione)[26]이라고 할 수 있는 일반선택과 특별선택 사이에서 사람의 노력 여하에 따라 결정되는 토대인 중간상태(medium quiddam, middle state)가 있는가 하는 문제를 다룬다. 중간상태가 있다면, 칼빈이 이해하는 중간상태 개념과 칼빈신학에 행위언약의 조건성이 있다고 주장하는 자들의 '중간상태' 개념이 어떤 차이가 있는지, 그 개념이 안고 있는 신학적 위치와 내용을 파악하고, 이것이 우리의 구원의 문제에 어떤 영향을 미치는지를 연구하고자 한다.

중간상태에 있어서 중세 스콜라주의와 종교개혁 간의 연속성과 불연속성 그리고 칼빈과 개혁파 정통주의와의 연속성과 불연속성도 다룰 것이다. 이는 16-18세기에 걸쳐 형성된 개혁파 정통주의와 칼빈과의 연속성과 불연속성을 다룬다는 말이기도 하다. 또한 투레틴이나 헤페가 주장하는 것처럼, 칼빈의 섭리론에 중간상태 개념을 안착시키는 우연 또는 우발개념이나 허용, 협력, 의지의 개념이 어떻게 나타나고 있는지, 칼빈이 이를 어떻게 이해하고 있는가를 살핀다. 이로 인해 칼빈과 개혁파 정통주의의 섭리론을 비교하고 양자의 연속성과 불연속성을 다루고자 한다.

구성은 제기된 논제들에 따라 다음과 같이 구성된다. 먼저 제1장 서론에서 문제제기, 연구목적, 연구방법을 설명하고, 제2장에서는 중간적 개념이 교회 역사 속에서 어떻게 자리매김하여 후대에 흘러왔는지를 살필 것이다. 어거스

---

[26] John Calvin, *Ioannis Calvini Opera quae supersunt omnia*, ed. G. Baum, E. Cunitz, E. Reuss, 59 vols. (Brunswick, 1866-1900), vol 8. 323. 칼빈은 같은 페이지에서 이중선택이라는 동일한 단어를 사용한다. "duplicem in Iudaeis Dei electionem". 이하 *CO*로 표기함.

틴을 필두로 하여, 특별히 중세 스콜라 신학에서의 중간적 개념을 이해하는데, 보에티우스, 안셀무스, 토마스 아퀴나스, 둔스 스코투스, 윌리엄 오캄, 루이스 몰리나의 중간상태 개념을 고찰할 것이다.

제3장에서는 본격적인 칼빈신학을 다루기 앞서, 칼빈신학에 나타나는 이중적 개념과 중간적 개념을 개괄적으로 살필 것이다. 칼빈신학에 등장하는 이중적 개념이 어떻게 사용되었는지, 그의 전체 저작을 통해 정리하고, 중간상태라는 용어도 어떤 의도로 사용했는지를 간단히 전체적으로 조망할 것이다.

제4장에서는 예정론을 다룬다. 칼빈이 사용한 중간상태 개념이 어떤 것이며, 이것이 중세의 개념과 동일한 것인지를 논의할 것이다. 릴백이 칼빈에게 나타난 중간상태라는 용어를 중세 스콜라적이라고 말하면서, 거기에 행위의 조건성이 있다고 주장했는데, 이를 비판적으로 논의할 것이다. 또한 선택과 유기, 일반선택과 특별선택, 타락 전 선택설과 타락 후 선택설을 통하여 중간상태 개념이 어떻게 논의되고 있는지를 파악하고자 한다. 여기에 시간과 영원의 개념이 어떻게 작용하는지도 살필 것이다.

제5장에서는 칼빈의 개괄적인 섭리론과 일부 개혁파 정통주의의 섭리론을 다룬다. 여기에서는 칼빈의 섭리론과 중세 스콜라 신학에서의 섭리론과 개혁파 정통주의의 섭리론을 서로 비교한다. 이들의 섭리론에 중간상태 개념의 존재 여부와 그것이 어떤 존재방식을 지니고 있는지를 토론한다. 또한 칼빈과 중세 스콜라 신학의 섭리론과 예정론의 관계를 다룬다. 칼빈이 스콜라주의의 영향을 받았는지의 여부를 살피고, 칼빈이 사용했던 보편섭리와 특별섭리를 살필 것이다. 그리고는 알미니우스, 발래우스, 투레틴, 마스트리히트, 헤페, 바빙크, 멀러 순으로 이들의 신학에서의 중간상태 개념을 논의하고자 한다.

제6장에서는 섭리론에 나타나는 구체적인 주제를 따라 중간상태 개념을 살핀다. 특별히 칼빈과 멀러를 비교하면서 병렬적으로 다루게 될 것이다. 멀러는

칼빈의 섭리론이 중세 스콜라주의의 방법론을 수용하였지만, 그 내용에 있어서는 현격한 차이가 있다고 말한다. 따라서 칼빈의 섭리론이 멀러가 주장하는 대로 개혁파 정통주의의 섭리론과 동일한 것인지를 구체적으로 논의할 것이다. 여기에 사용되는 주된 방법적 도구는 중간상태 개념이 될 것이다. 이 개념을 통하여, 칼빈의 섭리론과 개혁파 정통주의와 멀러의 섭리개념과의 차이를 논고할 것이다. 섭리론에는 창조의 개념이 포함되지만, 이 책에서는 필연과 우연, 허용과 결정, 의지와 협력의 개념들로만 한정하고자 한다.

제7장 결론에서는 칼빈의 예정론과 섭리론에 medium quiddam의 개념이 어떤 의미로 사용되었는지를 정리하고, 개혁파 정통주의와의 연속성에 있는지 불연속성에 있는지를 결론지을 것이다. 칼빈의 신학과 중세 스콜라주의의 신학과 정통주의 신학과의 비교에서 나타난 차이를 정리하고, 칼빈의 신학의 온전성을 살려 그대로 보존하고자 한다.

Calvin's Theory of Predestination and Providence

II

medium quiddam에
대한 역사적 고찰

# medium quiddam에 대한 역사적 고찰

## 중세 스콜라 신학에서의 medium quiddam에 대한 역사적 고찰

본 장에서는 중세 스콜라 신학에 있어서 선택과 유기 사이, 지성과 의지의 작용, 하나님의 선택과 인간의지의 자유 사이, 우연과 필연 사이, 하나님의 은혜와 인간행위의 책임 사이, 제1원인과 제2원인의 사이, 근인(近因)과 원인(遠因)의 사이, 하나님의 결정과 비결정의 사이, 예지와 예정 사이의 중간을 논의한다. 중세에서 중간상태나 중간지식이 어떻게 논의되고 발전되었는지를 살피고자 한다. 중세에서 신의 필연과 인간의 자유선택의 딜레마를 어떻게 해결했는지도 다룰 것이다. 하나님이 악의 저자인지, 인간이 악의 저자인지를 중세 신학이나 철학에서 어떻게 이해했는지도 논의하고자 한다. 중세 신학에서의 중간상태 개념은 현재 개신교 특히 개혁파 신학에서 논의되고 있다. 이는 중세 스콜라 신학과 개혁파 신학의 연속성과 불연속성, 구원론에 있어서 의지의 역할, 예정론에 있어서 인간의 의지가 어떻게 작용하는가 하는 논란에 대해 어떤 근거를 제공한다. 이 책은 지면상 중세의 대표적 신학자들인 일곱 명을 집중해서 연구할 것이다. 시대순으로 아우구스티누스, 보에티우스, 안셀무스, 토마스 아퀴나스, 둔스 스코투스, 윌리엄 오캄, 루이스 몰리나를 중심으로 토론할 것이다. 이들의 신학사상의 체계 속에 중간상태가 포함되고 있는지, 그 개념이 그들의 지성론과 의지론 그리고 예정론 사상에 어떤 위치를 차지하며, 어떤 작용을 하는지를 살펴보자.

## 아우구스티누스(Aurelius Augustinus, 354-430)

### 아우구스티누스의 초기 사상(388-396)

medium quiddam이라는 용어는 우선, 아우구스티누스의 『자유의지론(De Libero Arbitrio)』에서 발견된다. 그에 의하면, 이 세상의 모든 것은 선(善)하다. 이는 영적인 것과 물질적인 것으로 구분되어 있다. 아우구스티누스는 그 책에서 선에 대하여 여러 가지 용어와 개념을 사용한다. 최상의 선(summum bonum)과 거기에서 흘러나온 최고의 선이라 부르는 첫 번째 선(primum bonum)이 있다. 또한 최고의 선보다는 못하지만 선함을 유지하고 있는 최소의 선(minimum bonum)이 있다. 그리고 최고의 선과 최소의 선 사이에 중간적인 선(medium bonum)이 구성되어 있다. 이 세상 모든 것이 하나님의 창조하심으로 생겨났기 때문에 모든 것이 선하다. 아우구스티누스에 의하면, 사람이 진정으로 행복하기 위해서는 진리에 의해 최상의 선을 소유해야 한다.[1] 그에게 있어 최상의 선은 하나님이다. 즉 하나님에 의해서 최고의 선인 primum bonum이 나오는데[2] 이는 먼저 정신세계, 영적인 세계를 가리킨다. 그리고 최소의 선인 minimum bonum은 인간 속에 포함된 육체를 비롯해 자연세계를 의미한다. 인간을 중심으로 해서 인간 속에 들어있는 위쪽으로 향하는 영혼은 최고의 선이고, 인간의 육체를 포함한 아래로 향하는 모든 자연세계는 작은 선이다. 따라서 아우구스티누스에게 최고의 선은 모든 사람들이 향유해야 하는 것이고,[3] 육체성

---

1  아우구스띠누스, 『자유의지론』, 성염 역주 (왜관: 분도출판사, 1998), 2.9.26.
2  아우구스띠누스, 『자유의지론』, 2.17.46.
3  아우구스띠누스, 『자유의지론』, 2.13.36.

을 지닌 최소의 선은 인간이 사용해야 하는 것이라고 강조한다. 그는 최상의 선(善)과 최소의 선 사이에 중간적인 선(medium quoddam bonum)을 일컬어 인간의 자유의지라고 말한다.[4] 의지는 중간적인 선(medium quoddam bonum)에 불과한 것이며, 개인의 것이 아닌 공동의 재산이요 불변의 선으로서 진리의 본질이다. 중간적인 선 자체는 인간에게 최고의 선이다. 그러나 불변하는 공동의 선(communis bonum)[5]에서 돌아서서 자기의 개인적인 선이나 외면적이고 열등한 선으로 향하는 의지는 죄를 범하게 된다.[6] 공동의 선으로서 자유의지가 무엇을 선택하느냐 따라서 그것이 선이 될 수 있고 악을 범할 수도 있다. 아우구스티누스는 또 인간의 본성에 대해서 '중간상태(medium quod)'를 언급한다. 사람의 본성은 정당한 의미에서는 어리석다거나 지혜롭다고 할 수 없는 '중간적인 상태'로 지음을 받았다고 본 것이다.[7] 그러면 아담과 하와가 타락한 이후에도 인간에게 자유의지가 존재하는가? 타락 이후의 인간에게도 중간상태가 있는가? 만약 중간상태로서 자유의지가 존재한다면, 이것이 하나님의 필연과 어떻게 양립 가능한가? 하나님이 예지(豫知)하신 미래의 모든 사건들이 그대로 일어난다면, 사람이 필연적으로 죄를 범하는 것은 아닌가?하는 물음에 아우구스티누스는 하나님의 예지와 인간의 자발적인 행위는 별개의 문제라고 답한다. 하나님께서 어떤 사람이 죄를 범하려 하는 것을 미리 알고 있었다 하더라도 예지 그 자체가 직접적으로 죄를 범하게 할 수는 없다고 주장한다.[8]

우리는 아우구스티누스에게서 하나님의 예지와 인간의 자발적 행위 사이에 중간상태가 인간의 타락 이후에도 연속된다는 사실을 발견하게 된다. 앞에서 언급한 중간상태는 인간의 타락 전 상태로서의 중간을 의미했는데, 이것이 타

---

4   아우구스띠누스, 『자유의지론』, 2.19.52, 2.19.53.
5   아우구스띠누스는 자유의지 자체를 공동의 선이라고 말하면서, 누구나 최고의 선과 작은 선을 향유하고 누릴 수 있다고 한다.
6   아우구스띠누스, 『자유의지론』, 1.12.24-26. 아우구스티누스는 이 책에서 중간적 선(medium bonum), 최고의 선(primum bonum) 그리고 작은 선(minimum bonum)이라는 용어를 빈번히 사용한다.
7   아우구스띠누스, 『자유의지론』, 3.24.73.
8   아우구스띠누스, 『자유의지론』, 3.4.10.

락 이후에도 연결된다. 그에게 있어, 자유의지를 의미하는 중간상태는 인간의 타락 이후에도 그대로 유지된다.

### 아우구스티누스의 후기사상(428년 이후)

그러나 아우구스티누스의 사상은 변화를 겪게 된다.[9] 그의 책 De Libero Arbitrio은 AD. 388-396년에 기록된 반면, 그의 De Praedestintione Sanctorum 은 이보다 훨씬 뒤 428년 내지 429년에 기록되었다. 약 30년 이상의 기간의 차이가 있다. 아우구스티누스는 자신의 모든 책들을 재검토하면서 잘못된 부분을 발견하고서 바로잡았다.[10] 자유의지론에서는 인간의 자유로운 의지를 강조한 반면, 예정론에서는 하나님의 은총을 강조한다. 렌카 카르피코바(Lenka Karfíková)는 아우구스티누스의 은혜와 의지를 다루는 그의 책[11]에서 이 문제를 다룬다. 그는 아우구스티누스의 철회록 이전과 이후의 사상의 발전과정을 논하면서, 이후의 사상에서 하나님의 은혜와 인간의 의지 사이의 협력을 내세운다.[12] 그는 은혜가 주도권을 가지고 의지에 영향을 끼쳐야만 인간은 선을 행할 수 있다고 강조하면서도, 하나님의 택자와 불택자에 대한 이중예정을 부정한다. 사람의 의지가 활동하기도 전에 이미 운명이 결정될 수 있다는 아우구스티누스의 개념은 수용할 수 없는 것으로 결론을 내린다.[13] 그는 은혜의 중요성을 인식하면서도 그 은혜가 예정과 견인으로 말미암는 것에 대해서는 부정하는 셈이다. 그러나 아우구스티누스는 그의 예정론에서 로마서와 고린도전서를 통해 오직 하나님의 은혜를 강조하는데, 자신의 사상의 변화에 대해 다음과 같이 말한다.

---

9　피터 브라운, 『아우구스티누스』, 정기문 역 (서울: 새물결출판사, 2012), 569. 피터 브라운은 이 책에서 아우구스티누스가 자신의 작품의 재검토를 통해 보정론 또는 철회록을 기록했다고 말하면서, 반달족의 침입으로 인해 어려운 시대를 살고 있는 성도들의 생존과 가톨릭 신앙의 수호를 위해 예정론을 기록했다고 말한다.
10　Augustine, "Retractationes,"trans. Mary Inez Bogan, Retractions R.S.M. (Washington, D.C: The Catholic University of America Press, 1968), 1.9.1.
11　Lenka Karfíková, Grace and the Will according to Augustine (Leiden: Brill, 2012).
12　Karfíková, Grace and the Will according to Augustine, 343.
13　Karfíková, Grace and the Will according to Augustine, 345.

나는 이 문제를 해결함에 있어 사실상 인간의지의 자유로운 선택에 기울어져 있었으나 하나님의 은혜에 사로잡힌 이후에야 사도께서 가장 분명한 진리로 '누가 너를 구별하였느뇨 네게 있는 것 중에 받지 아니한 것이 무엇이뇨 네가 받았은즉 어찌하여 받지 아니한 것 같이 자랑하느뇨(고전 4:7)'라고 말씀하셨을 때 깨달으셨던 사실에 도달할 수가 있었다.[14]

아우구스티누스의 사상은 후반기에 가서 확연하게 차이가 날 정도로 변화되었다. 그의 이후의 사상은 예정론에 있어서 하나님의 주권과 은혜를 철저히 강조한다. 그는 '타락 전 선택'[15]을 말하고, 부르심에 대해서도 '모든 자를 향한 부르심이 아니라 택자들만을 향한 부르심'[16]이라고 주장한다. 또한 예지와 예정의 관계에 있어서도, 예정은 은혜의 준비이며, 그 자체로 주어지는 것이며, 비록 예지는 예정 없이 존재할 수 있다 하더라도, 예정은 예지 없이 존재할 수 없다고 말한다.[17] 그는 펠라기우스파의 의지가 은혜보다 우선한다는 것을 반박하면서, 예지와 예정의 또 다른 관계를 설정한다. 그는 다음과 같이 말한다.

하나님께서는 자신의 예지하심 속에서 장차 행하게 되실 것들을 준비하심에 있어 전혀 속임수나 변화를 허용치 않으신다. 이것이 바로 예정이다. 따라서 하나님께서 순결할 것을 예지하신 사람은 그 사람 자신은 비록 그것을 확실하게 모를지라도 순결하게 행동을 하는 것과 마찬가지로, 하나님께서 순결할 것을 예정하신 사람은 그 사람 자신은 비록 그것을 확실하게 모를지라도 하나님의 은혜로 말미암아 순결하게 될

---

14 Augustinus, *De Praedestintione Sanctorum*, 4.8. "In cuius quaestionis solutione laboratum est quidem pro libero arbitrio voluntatis humanae, sed vicit Dei gratia: nec nisi ad illud potuit perveniri, ut liquidissima veritate dixisse intellegatur Apostolus: Quis enim te discernit? 'Quid autem habes quod non accepisti? Si autem accepisti, quid gloriaris quasi non acceperis?'"
15 Augustinus, *De Praedestintione Sanctorum*, 17.34.
16 Augustinus, *De Praedestintione Sanctorum*, 3.7.
17 Augustinus, *De Praedestintione Sanctorum*, 10.19.

것이라는 말씀 때문에 넘어지지 않고 순종하게 된다.[18]

아우구스티누스는 여기에서 예지와 예정의 관계가 불가분의 관계에 놓여 있고, 예지하심 속에서 예정된 일들이 일어나는데, 여기에는 어떤 속임수나 변화를 허용하지 않는다고 말한다. 이 말은 하나님께서 예지하고 계시는 것이 예정을 통해 일어나는데, 예정을 통하지 않고는 아무것도 일어날 수 없다는 것이다. 우리는 아우구스티누스의 전기와 후기 작품을 살펴볼 때, 그의 초기 작품에서는 중간상태가 발견되지만, 그의 사상을 대폭 변경한 후기 작품에서는 중간상태 개념이 발견되지 않고, 하나님의 능동적 필연성과 결정개념이 강하게 드러난다는 것을 알 수 있다.

### 보에티우스(Boethius, 480-524/5)

보에티우스는 아우구스티누스 이후 로마의 침체기에 빛을 비추고 사라진 마지막 철인(哲人)이라 불린다. 그는 플라톤과 아리스토텔레스의 철학에 깊은 영향을 받았다. 그는 그가 저술한 저작[19]을 통해 신의 섭리와 우연, 신의 예지와 필연성과 자유 등 중요한 신학적인 물음에 답한다. 그는 그의 책 The Theological Tractates와 The consolation of Philosophy에서 중간이라는 용어인 medium을 본 주제와 관련해서 여러 번 사용한다. 아담과 하와가 타락하기 이전의 상태로서 죄를 지을 수 있고 억제할 수 있는 능력이 남아 있는 것으로서, 이 둘 사이의 상태가 중간상태(medius status)[20]라고 언급했다. 그 다음, 보에티

---

18 Augustinus, *De Bono Perseveratione*, 17.41. "Namque in sua quae falli mutarique non potest praescientia, opera sua futura disponere, id omnino, nec aliud quidquam est praedestinare. Sicut autem ille quem castum futurum esse praescivit, quamvis id incertum habeat, agit ut castus sit, ita ille quem castum futurum praedestinavit, quamvis id incertum habeat, non agit ut castus sit, quoniam Dei dono se audit futurum esse quod erit; … ."
19 A. M. S. Boethius, *The Theological Tractates and The consolation of Philosophy*(the Loeb classical library), ed, H.F. Stewart and E.K. Rand, (Cambrige, Mass,: Harvard University Press, 1953).
20 Boetius, *The Theological Tractates*, 124.

우스는 사람이 최상의 선(summum bonum)[21]에 이르기 위해 덕의 단계를 키워가야 한다고 주장한다. 이는 운명과의 전쟁을 의미한다. 그 전쟁은 슬픈 운명과 즐거운 운명 사이의 중용을[22] 지키는 것이다. 슬픈 운명이 짓누르는 것은 아래에 머물러 있는 것이고, 즐거운 운명은 타락시키는 것이기에, 아래로 내려가거나 위로 올라가지 않고, 중간을 지키는 것이 중용이다. 중용의 덕을 지키는 것은 힘(uiribus)으로 가능한데, 그 힘은 의지보다 이성이다. 그는 "인격은 이성적 본성을 지닌 개별적 실체이다(Persona est rationalis naturae individua substantia)"[23] 라고 말했던 것처럼, 이성을 인간 인격의 핵심으로 보았다. 인간이 최고선에 도달하기 위해서는 덕을 행해야 하는데, 최상의 선은 최고정신이다. 그 안에 자유가 있기 때문에, 인간은 자유로운 최고정신과 부자유로운 운명 사이에 놓이게 된다.[24] 우리는 그 사이를 '중간상태'라고 지칭할 수 있다. 중간상태에 있는 인간이 어디와 연합하느냐에 따라 자유롭거나 운명의 필연성으로 인해 부자유로울 수 있다고 말한다.[25] 이때 사람이 어디에 붙어있을 것인가를 결정해야 하는데, 표면적으로는 그것이 의지에 가까운 것으로 보이지만, 근원적으로는 이성이 이를 결정한다는 것이다.[26] 요하네스 휠쉬베르거(J. Hirschberger)는 보에티우스가 플라톤 철학을 따르고 있으며, 의지론(意志論)보다는 지성론(知性論)을 표방한다고 주장한다.[27] 정의채와 김규영도 힐쉬베르그의 견해를 따라 그가 지성론의 입장을 고수한다고 언급한다.[28]

---

21  De consolatione philosophiae, III, pros. 10.
22  De consolatione philosophiae, IV, pros. 7, "Firmis medium uiribus occupate".
23  Boetius, A Treatise against Eutyches and Nestorius, 92.
24  보에티우스는 섭리와 운명을 구별하여, "섭리는 모든 것의 가장 윗자리에 만들어진 것이며, 신의 이치 자체로 모든 것을 운용한다. 그러나 운명은 움직이는 것들에 붙어 있는 계획으로 이를 통해 섭리가 각각의 것들을 자신의 질서에 두는 것이다. 또한 섭리는 모든 것이 아무리 다르고 그것들을 동일하게 포괄하지만 운명은 장소와 형태 시간에 배정된 것들을 움직이게 만든다. 섭리는 시간적인 절서의 전개가 신의 정신의 통찰과 하나가 되는 것이며, 운명은 그 합치가 시간에 따라 나눠지고 전개되는 것이다"라고 말한다. De consolatione philosophiae, IV, pros. 6.
25  Boetius, De consolatione philosophiae, IV, pros. 5.
26  Boetius, De consolatione philosophiae, V, pros. 2.
27  요한네스 힐쉬베르거, 『서양철학사, 상권 고대와 중세』, 강성위 역 (대구: 이문출판사, 1998), 453.
28  정의채 & 김규영, 『중세철학사』, (서울: 도서출판 벽호, 1993), 102.

이러한 중간개념에 있어서 보에티우스는 아우구스티누스의 영향을 받아 선의 단계를 나누어 최상의 선, 최고의 선, 중간의 선, 최소의 선으로 이해했다. 보에티우스의 중간개념이 아우구스티누스의 것과 비슷하지만, 중간의 의지를 중간의 이성으로 대체한 것이 특징이다. 최상의 선으로 갈 수 있는 힘이 의지에서 이성으로 바뀌어진 것이 보에티우스의 특징이다.

보에티우스는 하나님의 예지와 인간의 자유의지의 양립 가능성의 모순[29]을 지성론적 입장에서 시간과 영원의 개념으로 풀어나간다. 그는 하나님의 필연성과 인간의 자유의지의 조화와 병행 또는 병존을 위해 하나님의 예지개념을 도입한다. 하나님의 예지는 시간과 영원에 대한 개념으로서 인간에게 있어서 과거에서 미래로 나아가는 시간이 하나님께는 영원한 현재이다.[30] 이는 과거와 미래의 공존의 차원에서 중간적 개념으로 이해된다. 따라서 하나님이 높은 곳에서 즉 시간을 초월하여 인간의 일들을 관조(觀照)할 때, 그 전체를 동시적으로 인식하기 때문에 인간에게 일어나는 모든 일들을 알고는 있지만 이에 개입하지 않는다는 것이다. 여기에서 하나님의 예지의 필연성과 인간의 자유의지가 병존 가능한 중간영역이 존재하는 셈이다. 예지는 자유의지를 손상시키지 않고, 자유의지는 예지의 필연성을 해치지 않는다. 그러하기에 하나님은 인간의 삶에 개입해서서 운명을 돌려놓거나 바꾸지 않으신다. 보에티우스는 하나님의 섭리와 인간의 자유를 상충되는 것으로 보지 않았다.[31] 에티엔느 질송(Étienne Henry Gilson)은 보에티우스가 이 문제를 풀기 위해 예지와 자유의 두 문제를 분리시켰다고 말한다. 하나님께서는 자유로운 행위들을 실수 없이 보시지만, 그 행위들을 자유로운 것으로 미리 보신다는 것이다. 그에 따르면, 보에티우스가 영원에 대해 얘기할 때, 세상의 시간은 영구한 현재는 아니지만, 시간이 계속 흐른다는 측면에서 영속적인 것으로 보았고, 하나님의 시간을 영원

---

29　Boetius, *De consolatione philosophiae*, V, pros. 3.
30　Boetius, *De consolatione philosophiae*, V, pros. 6.
31　Boetius, *De consolatione philosophiae*, V, pros. 6.

으로 이해했다. 영속적인 것은 변하지만, 영원한 것은 변하지 않기 때문에 완전한 현재적 부동성을 지닌다고 강조한다. 따라서 하나님께서는 필연적인 것은 필연적인 것으로, 자유로운 것은 자유로운 것으로 영원히 보시기 때문에 하나님의 예지와 인간의 의지는 충돌이 아니라 조화라고 강조한다.[32]

### 단순 필연성과 조건적 필연성

보에티우스는 두 가지의 필연성이 있다고 한다. 하나는 단순 필연성이고 다른 것은 조건적 필연성이다. 이는 보편과 개체의 개념에서 비롯된 것으로서, 단순필연은 인간의 보편성을 강조하고, 조건적 필연은 개체의 특징을 강조한다. 후자가 전자를 끌어들이는 것은 아니지만 후자는 사물의 본질이 이루어놓은 것이 아니라 조건의 첨가가 이루어 주는 것이라고 말한다. 자기의 자유의지로 걷고 있는 사람은 어떤 필연성에 의해서 강제로 걷게 하는 것이 아니며, 그 행위는 자발적인 행위이기 때문에, 단순한 필연성과 조건적 필연성이 양립되는 중간영역을 필요로 하는 셈이다. 따라서 신의 예지의 필연성과 조건적 필연성인 인간의 자유의지는 서로 상충되지 않고 서로의 고유한 본질이 유지된다고 주장한다.[33]

이러한 사상을 통해 살펴볼 때, 그는 신의 예지와 예정을 구별하고 양자의 관계를 끊는다. 그는 예지는 인정하지만 예정은 부정한다. 코플스톤(Frederick Copleston)은 보에티우스가 예지와 예정의 관계를 단절한 것에 대해 다음과 같이 말한다. "따라서 인간의 관점에서는 미래이지만 하느님의 인식은, 그 행위를 이미 결정되어 있는 필연적(자유가 없다는 의미에서)인 것으로 만들지는 않는다."[34] 가톨릭대학의 박승찬 교수도 보에티우스가 예정설을 결코 인정하지 않았다고 주장한다.[35] 그에 따르면, 보에티우스는 이렇게 복잡한 논변을 통해 신의

---

32 에티엔느 질송, 『중세철학사』, 김기찬 역 (서울: 현대지성사, 1997), 155.
33 Boetius, *De consolatione philosophiae*, V, pros. 6.
34 F. 코플스톤, 『중세철학사』, 박영도 역 (파주: 서광사, 1988), 145.
35 박승찬, 『생각하고 토론하는 서양철학이야기 2, 중세-신학과의 만남』 (서울: 책세상, 2006), 68.

섭리를 받아들이면서도 인간의 자유를 인정할 수 있는 길을 열어놓았다고 평가한다. 보에티우스의 신의 섭리와 우연, 신의 예지와 필연성과 인간의 자유의 문제는 '중간개념'에 해당된다. 이러한 개념이 후대에 태동되는 스콜라 철학이나 신학 발전에 크게 이바지하게 된다. 아우구스티누스는 이후의 자신의 입장을 바로잡아 오직 하나님의 예정과 은혜를 강조하여, 인간의 타락한 의지를 죄로 향한 경향성과 속박된 의지로 주장한 반면, 보에티우스는 신앙을 이성으로 설명 가능한 것으로 이해했고, 인간의 자유로운 의지와 이성을 강조했다. 이 두 사람은 후대에 펼쳐질 신학의 두 지평의 문을 열었다고 볼 수 있다.

### 안셀무스(Anselm of Canterbury, 1033/1034-1109)

스콜라 신학의 아버지라 불리우는 안셀무스는 그의 책들 De Libertate Arbitrii, De Concordia, phillosophical Fragments를 통해, 이 책의 주제인 '중간상태' 개념을 발견할 수 있다. 안셀무스는 동작의 원인들(causes)로써 근인(近因, proximate cause)과 원인(遠因, remote cause), 그리고 효율적인 원인(efficient cause)을 논할 때, medium quiddam(middle or intermediary)의 용어를 사용한다.[36] 만약 불을 밝히라고 명령하는 자에 의해, 명령을 받은 자가 실제로 불을 가지고 밝힐 때, 불이 밝혀진다. 이때 그 불이 직접적으로 작용될 때는 근인(近因)이 되고, 거기에는 그 어떤 중간적 원인들(intermediate causes)[37]이 개입되지(intervening) 않는다. 그러나 그 불이 다른 원인들에 의해 간접적으로(indirectly) 작용될 때는 원인(遠因)이 되는데, 다른 원인들의 개입이 바로 중간원인들이다. 불을 붙이는 사람과 불에서 발생되는 효과 사이의 중간원인이 있다는 것이다.

---

36 Anselm of Canterbury, *The Major Works*, edited with an introduction by Brian Davis and G. R. Evans (NewYork: Oxford University Press), 482-83.
37 Sandra visser & Thomas Williams, Anselm's account of freedom, *The Cambridge Companion to Anselm*, edited by Brian Davies & Brian Leftow, (New York: Cambridge University Press, 2004), 197-8. 여기서 Sandra visser & Thomas Williams는 중간적 원인 대신에 'agent'(중개인, 매개자)라는 용어로써 설명한다.

칼을 만드는 철은 어떤 중간원인의 개입 없이 존재하는데 반하여, 철에서 추출된 광석은 존재하도록 하는 칼의 먼 원인이다. 이때 철은 중간원인이 된다. 안셀무스의 중간원인의 개념은 의지의 자유와 필연성과 예정론에도 잘 반영되어 나타난다.

### 선행하는 필연과 후행하는 필연

안셀무스는 De Concordia에서 인간의 자유선택과 하나님의 예지와 예정이 어떻게 조화를 이루는지 설명한다. 그는 자유와 필연 사이에 존재하는 충돌을 선행하는(procedes) 필연과 후행하는(posterus) 필연으로 구별하여 이를 해결한다. 안셀무스는 하나님께서 미리 아시는 것은 미래에 발생될 것이라는 것과 인간의 자유선택으로 인해 있게 되는 것들이, 어떤 필연으로 말미암아 일어나지 않는다는 것은 필요불가결한 것이라(necesse est)고 말한다.[38]

그는 하나님은 모든 것을 예지하시므로 모든 것이 필연성을 지니지만, 이 예지는 어떤 강제나 억제를 생산하지 않는다고 주장함으로써[39] 자유선택의 역할을 강조한다. 따라서 인간이 자유선택에 의해 자발적으로 행위한 모든 것도 정확하게 예지하신다. 안셀무스는 여기에서 하나님의 결정하는 의지로서 선행하는 필연성보다 오히려 그것이 후행하는 필연성으로 된 것으로 본다. 모든 사건과 일에 하나님의 필연성이 개입되지만, 전자는 사물이나 사건을 선행하거나 결정하는 것이고, 후자는 전자에 의해 자연스럽게 따라오는 후행적인 것이라고 설명한다.[40] 양자가 모두 필연에 의해 일어나고 있고, 미래에 일어날 것이지만, 후행하는 필연성은 강요나 억제가 없이 일어나는 것이라고 강조한다.[41]

---

38  S. Anselm of Canterbury, *Anselmi cantuariensis Archiepiscopi Opera Omnia*, 6 vols, edited by Dom F. S. Schmitt (Edinburg: Thomas Nelson and Sons, 1940-1961), v.2, 245. 이하 S., v.로 표기함.

39  S., v, 2, 246-47.

40  S., v, 2, 250. 안셀무스는 여기에서 후행하는 필연성(a follow necessity, sequenti necessitate)와 선행하는 필연성(preceding necessity, praecedenti necessitate)으로 구분한다. 그는 선행하는 필연성에 따라 일어나는 우발적인 일들을 후행하는 필연성으로 보았다.

41  S., v, 2, 250.

안셀무스는 하나님의 예지의 필연성과 인간의 자유선택에 대해 또는 자유와 필연에 대해 양립이 있다고 말하면서 이를 보에티우스의 예지개념의 영원성[42]을 통해 해결한다.

야스퍼 홉킨스[43]와 비셔(Visser, S)와 토마스 윌리엄(Th., William)[44] 그리고 누틸라 시모(Knuuttila Simo)[45]와 강상진[46]은 안셀무스의 Cur Deus Homo에서 그리스도께서 죽으신 죽음이 어떤 필연성인지에 대해, 그리고 필연성의 모순을 해결하기 위해 후행적 필연성에 대해 토론한다. 이들의 공통적인 특징은 하나님의 아들인 예수 그리스도께서 하나님 아버지께서 정해주신 필연성 즉 신의 창조로부터 구원의 필연성이 나오고, 구원의 필연성으로부터 성육신의 필연성이 나오고, 성육신의 필연성으로부터 그리스도의 자발적 죽음의 필연성이 도출된다는 것이다. 그리스도께서 인류의 구원을 위해 죽임을 당해야 하는 것이 선행적 필연성이라면, 그리스도께서 어떤 강제에 의해 죽은 것이 아니라 자신의 의지로서 기꺼이 자발적으로 죽음을 맞이한 것은 후행적 필연성이라고 주장한다. 이는 논리적 순서에 따라 필연성이 작용한 것이 아니라, 그리스도께서 자발적인 의지로 행한 것은 현실성(actuality)으로부터의 필연성, 즉 후행적 필연성이라고 말한다. 예언의 말씀이 참이기 위해서 그리스도가 강제적으로 죽은 것이 아니라, 자발적으로 죽었기 때문에 예언이 참이라는 것이다.

## 안셀무스의 예정론

안셀무스의 중간원인은 하나님의 예지와 예정이 어떻게 인간의 자유선택과 의지 사이의 조화를 이루는가에 중요한 작용으로 나타난다. 그에 따르면, 예

---

42  Boethius, *De consolatione philosophiae*, V, pros. 4.
43  Jasper Hopkins, *A Companion to the Study of St. Anselm* (Minneapolis: the University of Minnesota Press, 1972), 79, 162-63을 보라.
44  Visser, S. & Th., William, Anselm, (Oxford, 2009), 166-9을 보라.
45  Simo, Knuuttila, "Anselm on Modality" Davies, B./Leftow, B. (eds.) *The Cambridge Companion to Anselm* (Cambrige: Cambridge University Press, 2005), 126을 보라.
46  강상진, "안셀무스의 『하느님은 왜 인간이 되셨는가』에 나타난 '후행적 필연성'에 관한 연구", 「중세철학」 18 (2012): 99-106을 보라.

지와 예정은 하나의 묶음으로 일어나며, 필연(necessity)에 의해 일어난다. 예정은 하나님께서 이 세상의 모든 것을 미리 질서지어 놓은 것(pre-ordination)이고 미리 계획을 세워 놓으심(pre-establishment)이다. 또한 하나님은 선한 행위들뿐만 아니라 악한 행위들까지도 예정하셨다. 그렇다면 인간의 자유선택과 하나님의 예정은 불일치하고 모순관계가 된다. 그러나 그는 이 둘의 관계에 모순이 없다고 말한다. 앞에서 언급한 후행적 필연에 의해 발생되는 행위는 그 자체의 의향(device)에 의해 일어나는데, 그 자체의 의향이 바로 중간원인인 셈이다. 하나님에 의해 영원 속에서 미리 아신바 되어 불변한다 하더라도, 시간 속에서 예정이 변화될 수도 있다는 것이다.[47] 그는 다음과 같이 설명한다.

> 이것은 하나님에 의해 예정되었고 미리 아신바 되었다. 그러므로 그것은 필연에 의해 일어났고, 그 밖에 다른 것에 의해 일어날 수 없었다. 그러나 이것은 실로 A나 B가 필연에 의해서 행해지지 않고 오직 자유의지로 행해진다. 왜냐하면 만약 그것들이 자발적으로 행해지지 않았다면 그들은 그것을 행하지 않았을 것이다.[48]

우리는 여기에서 예정과 자유선택의 사이에 중간원인이 작용하고 있다는 것을 알 수 있다. 안셀름은 자유선택의 중립적 상태에서, 의지에 따라 생겨나는 우발적인 발생을 일컬어 후행적 필연이라는 개념으로 그 모순을 해결하고자 한다. 사실상 안셀무스의 후행적 필연은 보에티우스가 De Consolatione Philosopheae 5권 산문 6에서 말하는 '조건적 필연'과 동일한 것이다.[49] 보에티우스는 우연론에 대해 다루지 않는 반면, 안셀름은 필연을 가지고 우연론을 대

---

47　Anselm of Canterbury, *The Major Works, De Concordia*, 450.
48　Anselm of Canterbury, *The Major Works, De Concordia*, 451. "This was foreknown and predestined by God and therefore it happened by necessity and could not have happened otherwise. Indeed, neither A nor B acted by necessity they would not have done what they did."
49　보에티우스는 여기서 두 가지 필연 즉, 순수필연과 조건필연을 말하는데, 전자는 모든 사람은 죽는다는 것이 필연적으로 그러하다는 것이고, 후자는 "내가 누군가가 걸어간다는 것을 안다면, 그가 걸어간다는 것은 필연적"이라며, 이를 조건적 필연이라고 말한다. Simo, Knuuttila(112-13)와 강상진(105)도 안셀무스의 후행적 필연과 보에티우스의 조건적 필연은 동일한 것으로 본다.

체하려고 한 것으로 파악된다. 우리는 그의 후행적 필연개념이 아우구스티누스의 초기 사상이나 보에티우스에게 있어서 중간상태와도 동일한 것으로 이해할 수 있다.

우리가 안셀무스의 사상에서 주목하는 것은 타락으로 잃어버린 자유이다. 이것이 자유선택으로 남아있다는 것과 후행하는 필연성이 2차적으로 주어지는 은혜라는 것이다. 하나님은 인간에게 자유선택을 남겨 놓으므로써 후행하는 필연성에 따라 일어나는 사건이나 일들에 원인이 되게 하셨다는 것이 우리가 다뤄야 할 주제와 일치한다. 인간의 자유선택에 따라서 의로움과 올바름을 지닐 수도 있고 의도적으로 버려, 잃어버릴 수도 있는[50] 그 상태가 바로 '중간상태'이다. 또한 은혜와 자유선택의 협력[51]도 '중간상태'에 놓여 있다고 볼 수 있다. 하나님의 '은혜를 위한 은혜'도 인간이 선택하지 않으면 오지 않는 것이기 때문에 그러하다. 의를 받은 이후에, 은혜는 의를 받았던 것을 지키기 위해 자유선택을 도우며, 은혜가 은혜를 계속 이어가고, 의지가 받았던 것을 자유선택이 지키는데, 자유선택에 의해서 그 의지는 그것이 받았던 의와 올바름의 증가를 나타낸다.[52] 이것은 인간의 노력이 차지하는 그라운드가 있다는 것을 의미한다. 후행적 필연에 의해 발생되는 그 자체의 의향(device)에 의해 일어나는데, 그 자체의 의향이 바로 중간상태인 셈이다. 영원 속에서 하나님의 예지가 불변한다하더라도 시간 속에서 예정이 변화될 수도 있다는 것이다. 우리는 여기에서 예정과 자유선택 사이에 중간원인이 작용하고 있다는 것을 알 수 있다. 또한 우리는 그것을 중간상태 또는 중간위치라고 정의할 수 있다. 안셀무스의 이성과 이해를 통한 신앙은 지성론의 태동을 알리는 신호였다.

---

50  S., v, 2, 209.
51  S., v, 2, 265-66.
52  S., v, 2, 267.

### 토마스 아퀴나스(Thomas Aquinas, 1224-1274)

medium quiddam은 그의 저서 『신학대전(Summa Theologiae)』 제Ⅰ부 제48문, 제77문, 제78문, 제85문, 제116문과 제Ⅱ부 제64문 등에 나타난다. 먼저 토마스는 선에서 악으로의 변화를 가져다주거나 감소하는 등의 능력을 말할 때, 그것이 주체자와 그 활동으로서 현실태 사이의 중간이라고 언급한다.[53] 그는 또 혼의 능력에 대해 다루면서 '중간'이라는 용어를 사용한다. 그는 실체에 속하지만 본질도 아니고 그렇다고 우유(偶有)[54]도 아닌 고유성이 본질과 우유 사이의 중간이라고 다음과 같이 말한다.

> 고유성은 사물의 본질에 속하는 것은 아니지만 그것은 역시 종의 본질적 근원에서 원인이 된다. 그러므로 그것은 본질과 우유 사이에 이른바 중간적인 것이다. 이런 식은 혼의 능력들을 말하자면 혼의 본성적 고유성들로써 우유 사이에 중간적인 것들이라 할 수 있다.[55]

토마스는 고유성이 실체에 속하지만 본질이 아니며, 그렇다고 해서 본질적 근원에서 원인이 되지 않는 우유도 아닌 중간이라고 말한다. 이는 사물의 고유성 자체가 본질이 아니기 때문에 고유성에서 흘러나오는 감각활동이나 능력 등은 모두 이도 저도 아닌 중간적인 것으로 이해할 수 있다는 것이다.

---

53 Thomas Aquinas, *Summs Theologiae*, ed. Institutum Studiorum (Ottawa: Collage Dominican 1941-1945). 이하 S.Th.,로 표기함. S.Th., Ⅰ, q.48, a4. "Ad Secundum dicendum quod habilitas praedicta est media inter subiectum et actum. unde ex ea parte qua attingit actum, diminuitur per malum:"
54 레오 J. 엘더스, 『토마스 아퀴나스의 형이상학』, 박승찬 역 (서울: 가톨릭출판사, 2003), 437. 엘더스에 따르면, 우유는 사물자체와 관련되지 않은 채 우연히 나타남인데, 이는 '악치데레(accidere)'라는 단어로 표현되었고, 그것으로부터 그리스 단어 토 쉼베배코스(τό συμβεβηκός)와 유비적으로 '악치덴스(accidens)'라는 용어가 형성되었고, 현존하는 사물들 안에는 그 자체로는 결코 독립적이거나 그 자체로 존재하지 못하고 오직 어떤 것에 붙어서 나타날 수 있는 규정들이라고 말한다.
55 S Th., Ⅰ, q.77, a1. "proprium enim non est de essentia rei, sed ex principiis essentialibus speciei causatur: unde medium est inter sessntiam et accidens sic dictum. Et hoc modo potentiae animae naturales."

사물을 인식하는 지성의 활동이나 지성 자체를 말할 때도 중간이라는 용어를 사용한다. 토마스에게 지성은 신체적 기관의 현실태가 아니고 어떤 양태도 아니며, 물체적 질료에 결부된 힘도 아니며, 천사의 지성 같은 것이다. 질료 없이 자립하는 형상으로서, 인간의 지성은 이런 양자의 중간에 위치한다. 즉 질료적인 것과 비질료적인 것 사이의 중간이다.[56] 코플스톤(F. C. Copleston)에 따르면, 중간성을 지닌 토마스의 지성개념이 자유의지에 지대한 영향을 끼치는데, 이는 의지에 속하지만 절대적이 아니며, 이성과의 관계에서 의지를 가리키는 것이라고 말한다.[57] 지성과 이성은 어떤 절대적인 원인에 강제되지 않고 자유롭게 판단할 수 있도록 하는 매개체로 이해된다.

토마스는 원인론에 있어서도 중간원인이라는 개념을 도입한다. 이는 제1원인이 결과들의 보존자이지만, 2차적으로 모든 중간원인들이 보존자들이라고 말한다. 토마스는 중간원인의 무원인(無原因)의 개념으로까지 나아간다. 그는 하나님은 우유적으로, 즉 사물로부터 자신의 작용을 거둬들임으로써 사물들을 무로 돌리는 원인이 될 수 있다고 말했다.[58] 무원인의 개념은 의지에 있어서 무강제(無强制)의 개념으로 나아간다. 2차적인 원인과 무원인과 무강제는 모두 중간원인에서 기인한 것으로 판단된다. 그는 신의 섭리에 있어서도 중간원인이 있다고 강조하는데 이는 보에티우스의 영향을 받은 것으로 파악된다. 그는 다음과 같이 말한다.

> 신의 섭리는 중간원인들을 통해 그 결과를 산출하는 것이 분명하다. … 앞에 언급한 안배를 하나님에 의해 어떤 결과를 산출하도록 정해진 중간원인들에 관련해서 고찰하는 한 숙명의 성격을 갖는다. … 본질적으로 숙명은 성향이고 계열이며 제2원인들의 질서다.[59]

---

56  S Th., I, q.85, a1.
57  F. C. Copleston, *Aquinas* (Penguin Books: Harmondsworth, 1955), 194-96.
58  S Th., I, q.104, a3.
59  S Th., I, q.116, a2. "divina providentia per causas medias suos effectus exequitur. Potest ergo ipsa

그는 계속해서 숙명을 제2원인 그리고 중간원인과 연관시켜 설명한다. 숙명이 변할 수 없고, 바뀔 수 없다면, 숙명 아래 놓이는 것은 필연적으로 일어나는 것이지만, 숙명으로 돌리는 것은 가장 우연적인 것으로 보일 뿐 우연적 사건은 아니라는 것이다. 그러면서도 그는 숙명은 제2원인들의 성향을 지니며, 제2원인들과 관련해서 고찰하는 한 변화 가능하고 그에 비해 신의 섭리와 관련해서는 절대적 필연성이 아닌 조건적 필연성인 변화성을 갖는다고 말한다.[60] 모든 숙명이 하나님의 필연성 속에서 이루어지지만, 무변화성을 지닌 숙명은 절대적 필연성을 나타내고, 변화성을 지니고 제2원인성 또는 중간적 원인성을 지닌 숙명은 우연으로 나타낸다는 것이다. 따라서 후자는 조건적 필연성에 의해 일어나는 것이라고 말할 수 있다.

서병창은 토마스의 절대적 필연성과 조건적 필연성의 양립 가능성을 주장한다. 모든 존재가 신적 의지에 의해 우연적으로 추구된다. 그 중 어떤 것은 제2원인자의 본질에 따라 필연적인 결과로 나타나고, 또 다른 어떤 것은 제2원인자의 본질에 따라 생기지 않을 수 있는 우연적인 결과로 추구되었다고 말한다. 그는 신적의지와 제2원인자의 본질에 따른 우연적 결과는 양립 가능하다고 주장한다.[61] 따라서 토마스에게 있어서 medium quiddam은 숙명적 개념이요, 제2원인이며, 조건적 필연성이며, 인간의 의지에 의해 자유로이 선택될 수 있는 있는 것이라고 말할 수 있겠다.

### 토마스 아퀴나스의 예정론과 조건적 필연성

토마스는 예정론에서 사람이 버림받는 것은 조건적 필연성에 의해 일어나는데, 이는 사람에게 있는 자유의지로 인해 선택의 결과로 일어나는 것이다. 그

---

ordinatio effectuum dupliciter considerari. Uno modo, secundum quod est in ipso Deo: et sic ipsa ordinatio effectuum vocatur provideratur in mediis causis a Deo ordinatis ad aliquos effectus producendos, … Essentialiter vero fatum est ipsa dispositio seu series, idest ordo, causarum secundarum."
60  S Th., I ,q.116,a3.
61  서병창, "神의 섭리와 제2원자에 관한 고찰", 「중세철학」, 2 (1996): 139.

는 예정이 필연적이지만, 예정은 섭리에 연결되어 있기 때문에, 우연을 포괄하는 섭리는 제2원인성과 중간원인을 배제하지 않는다고 주장한다. 따라서 하나님은 누구를 선택하실 때도, 선행적으로(antecedenter) 모든 사람이 구원되기를 원하지만, 이는 단순하게(simpliciter) 원하는 것이 아니라 조건적으로 원하는 것이라고 말한다.[62]

토마스는 예정이 예지의 한 부분으로서 예정의 결과가 필연성에 의해 비롯되지 않는다고 한다. 왜냐하면 예지에 종속되는 것들이 다 필연적인 것은 아니며, 어떤 것들은 근인(近因)들의 조건을 따라(secundum conditionem causarum proximarum) 우발적으로(contingenter) 발생한다는 것이다. 예정의 질서가 확실한 것이지만 그렇다고 예지의 결과가 그것으로 말미암아 우연적으로 발생하는 자유의지가 제거되는 것은 아니다.[63]

토마스는 예정은 성인들의 기도들로 도움을 받는가 하는 질문에서 중간 원인과 제2원인의 개념으로 이를 설명한다. 예정에는 두 가지가 고찰되는데, 첫째는 하나님의 미리 질서 지어줌 그 자체와 그 결과이다.[64] 여기에는 성인들의 기도로 도움을 받는다는 것이 있을 수 없다. 그러나 둘째는 예정이 성인들의 기도들과 또 다른 선행(善行)들로 도움을 받는다. 그 이유는 예정은 섭리의 일부이고 섭리는 제2원인들을 배제하지 않으며 오히려 제2원인들의 질서도 섭리 밑에 있도록 결과들을 섭리하기 때문이다.[65]

---

62  S Th., I, q.23. a.4.
63  S Th., I, q.23. a.6. *Aquinas on Nature and Grace, Selections from the Summa Theologica of Thomas Aquinas* Translated and Edited by A. M. Fairweather (Philadelphia: The Westminster Press), 112, "that predestination is part of providence. But the things over which providence rules do not aoo come about through necessity. Some of them are realized through contingency, in accordance with the condition of the immediate causes which providence has provided for them."
64  S Th., I, q.23. a.8.
65  S Th., I, q.23. a.8.

토마스의 예정론은 그의 의지론과 별 차이가 없어 보인다. 은혜와 자유행위 사이에서, 필연과 우연 사이에서, 선택과 유기 사이에서, 그의 예정론은 섭리와 함께, 인간의 제2원인성 또는 중간원인으로 이를 자유롭게 선택할 수 있다는 것이다. 필연적으로 예정되었지만, 모든 것이 예지에 종속되기 때문에, 중간원인에 의해 일어나는 것은 결정되지 않은 조건에 의해 발생된다는 것이다.

### 둔스 스코투스(Duns Scotus, 1266-1308)

둔스 스코투스는 토마스 아퀴나스의 지성론적 보편론에서 벗어나 개인의 의지를 중요시하는 의지론적 입장을 취한다. 토마스가 중요시한 지성의 자리에 스코투스는 의지를 대체시킨다. 의지는 지성이 합리적으로 숙고한 사안을 선택했을 때, 이를 실현시키는 하나의 매개적 차원이 아닌, 지성적 규제를 벗어난 자의적(arbitary)이고 자발성을 지닌 그 이상의 차원으로 이해된다.[66] 스코투스는 그의 책 Will and Morality에서 의지의 자발성에 대해 언급하는데, 그는 여기에서 중간원인과 우연성(contingency)과 의지의 '비결정성(indeterminatione)'을 설명한다.[67] 모든 것이 하나님의 필연에 의해 일어나지만, 인간의 의지의 자발성에 의해 일어나는 일이 있다고 말한다. 필연에 의해 일어나는 것은 자연이지만 인간의 의지에 의해 일어나는 것은 어떤 것도 결정되지 않은 비결정성에서 비롯된, 제한되지 않은 무한성에서 나온다고 말한다.[68] 그에게 있어, 중간원인과 우연성은 서로 연결시키는 것으로 보인다.[69] 비결정성은 의지 그 자체가 스스로 결정할 수 있는 것이며, 하나님도 의지가 결정한 사안에 대해서 직접적인 원인이 되지 않는다.[70] 스코투스에 따르면, 우연성 또는 우발성이 발생하는

---

66　김 율, "둔스 스코투스의 의지이론 연구(1)",「철학사상」28 (2008): 216.
67　Ioannis Duns Scotus, *Duns Scotus on the Will and Morality*, Selected by Allan B. Wolter, O.F.M. (Washington, D.C.: The Cathoric University of America Press, 1986), 153-55.
68　Scotus, *Duns Scotus on the Will and Morality*, 153-55.
69　Scotus, *Duns Scotus on the Will and Morality*, 153.
70　Calvin G. Normore, "Duns Scotus's Modal Theology", *The Cambridge Companion to Duns Scotus* Edited

것은 지성(intellcet)에 의해서가 아니라 의지의 기능에 의해서 일어난다. 자유로운 힘(free powers)과 자연적인 힘(natural powers) 사이의 대조가 일어나는데, 그 첫째 양상이 과잉충족(superabundant sufficiency)의 비결정성이며, 두 번째가 그 자체의 행위에 있어서 충분한 원인이 되는 자가 동자(self-mover)이다.[71] 스코투스가 그의 책 『제1원인론』에서 언급한 제2원인과 가능태와 현실태 사이에서 일어나는 우연성이 비결정성과 중간원인과 같은 의미로 사용된다. 김현태는 둔스 스코투스가 신이 제1원인으로 존재하고, 또 본래적으로 가능한 모든 인과성(因果性)을 포함하고 있는 동시에, 우연적(偶然的)인 것들은 무한한 방식으로 소유하고 있다는 것을 주장한다고 말한다.[72] 따라서 신은 무한한 원인으로 비롯되는 사물들의 행위 안에서 무한성의 원인일 필요가 없다는 것이다. 그러므로 둔스 스코투스는 제2원인으로서 인간의 우발성을 인정하는 셈인데, 이것이 가능태와 현실태 사이의 중간적 상태로 볼 수 있는 대목이다. 스코투스는 사실상 의지의 자유가 가능태와 현실태의 중간상태에 있다는 논지를 주장했던 보에티우스와 안셀무스와 토마스 아퀴나스의 기반위에 서 있다.

### 둔스 스코투스의 예정론과 조건적 필연성

스코투스의 예정론은 다소 애매하다. 그는 하나님이 사람의 미래의 행위를 미리 보시고 선택했다는 견해를 반대하면서, 구원에 대한 하나님의 결정(decision)은 우리의 행위에 달려 있지 않고, 하나님이 우리의 행위를 알기 이전에 우리의 구원을 예정하기로 결정하였다고 말한다.[73] 사람이 어떤 목표를 세워 놓고 난 다음에 이를 이루기 위한 수단을 선택하는 것처럼, 하나님도 먼저 사람을 선택한 다음에 이를 이루기 위한 수단을 선택한다. 그 수단은 은혜와 믿음과 공적(功績)들과 선행(善行)들이다. 하나님은 공적들을 미리 보시기 전에

---

by Thomas Williams (Cambridge University Press, 2002), 144.
71 Richard Cross, *Duns Scotus*, (Oxford: Oxford University, 1999), 85-86.
72 김현태, 『명민한 박사 둔스 스코투스의 삶과 사상』 (서울: 철학과 현실사, 2006), 154.
73 Duns Scotus, *Ordinatio*, I.41.un.28-33, vatican, 6:328-29, Richard Cross, *Duns Scotus* (New York: Oxford University Press, 1999), 101-103에서 재인용.

구원하려고 필연적으로 의지하신다.[74] 그러나 이것은 하나님이 한 사람을 저주하려고 의지하는 것은 아니며, 구원하기 위해 선택하는 것과 저주하기 위해 의지하는 것은 서로 상관이 없다고 말하면서, 사람이 저주받는 것은 자신의 도덕적인 나쁜 행위 때문이다.[75] 그러나 하나님께서 저주받은 자들을 저주에로 예정하지 않는다는 스코투스의 주장은 적어도 두 가지의 반대에 열려 있다면서 리처드 크로스(Richard Cross)는 다음과 같이 지적한다.

> 만약 루시퍼를 따랐던 유다의 행위에 대해 하나님의 지식이 유다를 저주하기로 결정하기 위하여 필연적이라면, 유다의 행동이 신적 결정을 위하여 필연적인 조건을 만들어 내는가? 그리고 또 하나님의 외부에 있는 것이 하나님의 내부에 있는 어떤 것을 위하여 아무것도 필연적인 것이 아니라는 주장을 훼손하는 것이 아닌가?[76]

이 문제를 해결하기 위하여 스코투스는 유다의 행위에 대한 하나님의 지식은 전적으로 신적의지의 결정으로부터 도출되지만, 이 해결책은 즉각적으로 두 번째 문제를 야기시킨다고 크로스는 지적한다.[77] 스코투스는 하나님께서 유다가 저주받는다는 그 기초 위에서 예정하신다는 것이 사실이라고 믿으면서도 하나님께서 유다를 저주하기로 예정하셨다는 그 주장을 받아들이지 않는다. 여기에 스코투스의 예정론의 애매한 부분이 있다. 크로스는 사람의 공적을 미리 보기 전에 이루어진 예정에 대한 스코투스의 견해는 인간의 공로가 그의 논리체계 속에서 중요한 작용을 하는 것으로 이해한다.[78] 사실상, 스코투스는 공로적인 행위가 구원의 성취를 위한 수단의 한 부분이라는 것을 붙잡는다. 그러나 크로스는 이 부분을 판단하지 않고 독자들의 몫으로 남겨놓았다.[79]

---

74  Scotus, *Ordinatio*, I. 41. un. 28-33.
75  Scotus, *Ordinatio*, I. 41. un. 28-33.
76  Cross, *Duns Scotus*, 102.
77  Cross, *Duns Scotus*, 102.
78  Cross, *Duns Scotus*, 103.
79  Cross, *Duns Scotus*, 103.

스코투스의 예정론의 애매한 부분을 보다 더 확실하게 이해하기 위해, 윌리엄 오캄(William of Ockham, 1285-1349)의 예정론과 비교해 보는 것이 도움이 될 것이다. 오캄은 베드로가 예정을 받았다는 명제와 저주를 받았다는 명제, 그리고 베드로가 예정을 받았다는 명제와 받고 있다는 명제는 모두 우연성을 바탕으로 한다.[80] 예정된 자들은 누구든지 우연적으로 예정된 것 같이, 하나님도 그렇게 예정된 사람들을 우연적으로 예정하신다는 것이다.[81] 오캄은 구약의 선지자들이 예언을 할 때, 조건적으로 하였다는 것을 강조하면서, 하나님의 예정도 조건(condition)에 의해 이루어진다고 말한다.[82] 오캄은 예정론에 있어서 스코투스와 일치하는 부분을 다음과 같이 말한다.

> 두 번째로, 어떤 것이 우연히 결정될 때, 결정되지 않은 것이 여전히 가능하다는 것과 그리고 그것이 결코 결정되지 않았다는 것이 가능하다는 것은 어떤 사람이 저러한 결정의 기반 위에서 확실하고 의심의 여지가 없는 인식을 가질 수는 없다. 그러나 미래 우연에 관한 신적 의지의 결정은 각각 진리 안에서와 스코투스에 따라 언급된 결정이다. 그러므로 하나님은 저러한 결정에 기초하여 미래의 우연에 대한 확실한 인식을 가질 수 없다.[83]

스코투스에게 남아 있던 애매한 부분이 오캄의 미래우연성의 개념으로 해결된다. 이는 하나님께서 인간에 일어날 미래 모든 행위에 대해서는 알고 계시지만 어떤 결정도 하지 않는다는 비결정성의 논리와도 같은 맥락이다. 스코투스의 예정론에도 제2원인과 중간원인의 개념이 나타나고 있다.

---

80  William Ockham, *Predestination, God's Foreknowledge, and Future Contingents*, trans. with introduction, note and appendices, by Marilyn McCord Adams and Norman Kretzmann (Indianapolis: Hackett Publishing Company, 1983), 38-44.
81  Ockham, *Predestination, God's Foreknowledge, and Future Contingents*, 41.
82  Ockham, *Predestination, God's Foreknowledge, and Future Contingents*, 44.
83  Ockham, *Predestination, God's Foreknowledge, and Future Contingents*, 49.

### 윌리엄 오캄(William of Ockham, 1285-1349)

오캄은 둔스 스코투스와 동시대 사람으로서 스코투스에게서 영향을 많이 받았지만 그를 비판의 대상으로 삼기도 하였다. 오캄은 기존의 전통적인 철학적 개념을 뛰어넘어 새로운 근대적 개념을 도입하였다. 스코투스는 보편적 개념을 중시 했다면, 오캄은 개별자 또는 개체를 더 중요시했다. 오캄은 신의 존재를 증명할 때도, 신이 일차적 원인이라면, 피조물은 이차적 원인이며, 이는 우발적 존재라고 말한다. 우발성에 대해 말할 때도, 신은 그것이 실체이건 우발이건 간에 모든 실재를 어떤 다른 실재와도 무관하게 야기시키고 산출하며 또 보존할 수 있다고 말한다.[84] 오캄은 제2원인에 대해 말할 때, 이를 우발성(偶發性) 또는 우연성(偶然性)이라고 규정한다. 제2원인이 제1원인에 의존하지만, 보존적인(conversing) 원인들의 계열에 있어서는, 하나가 또 다른 것을 현존의 상태로 보존하므로 전자가 보존되며, 계속 이렇게 보존되면서 결국 전 계열은 동시적으로 현존 할 수밖에 없다는 것이 추론된다.[85] 오캄은 『자연탐구』에서 본질적으로 순서 지어진 원인들 속에서 이차적 원인은 제1원인에 의존하는가라는 질문에서, 그렇다고 대답하면서 다음과 같이 설명한다.

> 이차적 원인이 첫 번째 원인 없이 그것 자체가 동일한 종류의 결과를 발생시킬 수 없다. 그럼에도 불구하고 그 역은 가능하다. 왜냐하면 소크라테스가 태양 없이 사람을 낳을 수 없는 것이 명백하지만, 태양은 소크라테스 없이도 사람을 낳을 수 있기 때문인데, 그 이유는 태양은 플라톤에 의해 그런 일을 할 수도 있기 때문이다. 그러므로 그와 같다. 반대로, 만일 사람이 신 단독에 의해 창조된다면, 이 사람은 태양에 의존하지 않게 되겠지만 그럼에도 불구하고 태양에 관련하여 그는 인간의 발생에 있어 이차적 원인이 될 것이다. 이 질문에 대하여 대답하면,

---

84  윌리엄 오캄, 『오캄의 철학선집』, 필로테우스 뵈너 (편) 이경희 역 (서울: 간디서원, 2004), 34.
85  오캄, 『오캄의 철학선집』, 68.

본질적으로 순서 지어진 원인들의 질서들과 우연히 순서 지어진 원인들 그리고 수적으로 동일한 결과를 산출하는데 협력하는 부분적 원인들 사이에는 차이가 있다. 왜냐하면 본질적으로 순서 지어진 원인들 속에서 이차적 원인은 그것의 첫 번째 존재(first existence)를 위해 일차적 원인에 의존하기 때문이다. 그럼에도 불구하고 그것의 보존을 위해서는 아니다. 이를테면 소크라테스는 플라톤에게 의존하는데 왜냐하면 그는 그의 아버지인 플라톤 없이는 자연적으로 발생될 수 없기 때문이다. 그러나 그는 플라톤에 의해 보존되는 것은 아닌데, 왜냐하면 소크라테스는 플라톤이 죽었을 때에도 계속해서 살아나기 때문이다. 그렇지만 동일한 결론에 관계된 부분적 원인들 속에는 어떤 순서도 존재하지 않는다. 또한 전자의 원인이 후자에 의존하지 않는 것은 역으로 의존하지 않는 것과 마찬가지이다. 이를테면 대상과 지성은 인식작용의 부분적 원인들이지만 그렇지만 둘 가운데 어떤 것도 그것의 현존을 위해서나 그 보존을 위해서나 나머지 것에 의존하지 않는다.[86]

오캄은 필연과 우연 사이의 연관성을 서로의 의존을 통해 성립된다고 말하지만, 또한 서로의 불연속과 불의존을 주장한다. 그럴 수밖에 없는 것이 오캄은 유명론(唯名論)에서 보편적 개념보다 개체를 더 강조했기 때문이다. 여기에서 우리는 오캄이 비록 가능태와 현실태의 중간부분을 언급하지 않았다 하더라도, 그가 말하는 제2원인 즉 우연성이 중간상태에 해당된다고 볼 수 있겠다. 오캄은 피조물이 신에 의존하지만 개체의 독립적 우연성으로 인해 역으로 의존하지 않는다는 논리를 폈다. 이는 이신론(異神論)의 태동이라 판단된다. 오캄에 있어서 이러한 부분이 중간상태 개념에 해당된다.

---

86  오캄, 『오캄의 철학선집』, 263.

## 루이스 몰리나(Luis de Molina, 1535-1600)

예수회의 신부였던 몰리나는 중간지식(scientia media, middle knowledge)이라는 용어를 사용하면서, 이 사상을 본격적으로 연구하기 시작했다.[87] '중간'이라는 용어가 아우구스티누스와 토마스 아퀴나스에게서 발견되었고, 둔스 스코투스나 윌리엄 오캄에게서는 우연이나 우발로 이해되었다가, 중간개념을 나타내는 사상만 남아 있었다. 약 200년 이후에 몰리나와 수아레츠(Francisco de Suárez)에 의해 다시 중간이라는 개념이 대두되었다. 몰리나는 어떤 부분에서는 주의주의(主意主義)자들 또는 의지론자들인 스코투스나 오캄을 따른 부분이 있지만, 주로 주지주의(主知主義)자 또는 지성론자인 아퀴나스를 따랐다. 몰리나는 신지식에 있어서 아퀴나스가 주장했던 만물의 가능태를 나타내는 필연적 지식(necessary knowledge, scientia necessaria) 또는 신의 본성에 근거하는 본성적 지식(natural knowledge)과 이에 반대되는 신의 의지로 인한 현실적으로 존재하는 만물에 대한 자유로운 지식(free knowledge, scientia libera)에 대한 범주론을 비판하였다.[88] 그러나 전체적으로 볼 때 그 내용은 의지보다는 지식을 따른다는 측면에서 지성론을 표방하고 있다고 생각된다. 아퀴나스는 신지식의 두 범주를 가능태와 현실태로 국한시켰는데[89], 범주의 형식에 있어서는 스코투스나 오캄도 이를 그대로 따랐다. 그러나 몰리나는 이 두 범주 사이에 중간상태가 있다고 주장했다. 그는 자신의 중간지식에 대해 다음과 같이 말한다.

---

87 Muller, "Arminius and Scholastic Tradition," 159. 멀러는 당시 예수회의 신학자였던 피에트로 폰세카(Pietro de Fonseca, 1548-1599)가 제일 먼저 중간지식 개념을 도입해, 중간지식의 창시자로 부른다. 그러나 유창형은 중간지식을 완전하게 발전시킨 사람이 몰리나이기 때문에 그를 창시자로 보는 것이 옳다고 주장한다.
88 Luis de Molina, *On Divine Foreknowledge*, trans. Alfred J. Freddoso (Ithaca/London: Cornell Univ. Press, 1988), Preface vii.
89 토마스 아퀴나스는 윤리학에 있어서 '중용' 또는 '중간적'이라는 용어를 사용하지만 신지식에 있어서는 중간적이라는 용어는 사용하지 않는다.

중간지식은 중간의 길을 의미하는데, 본성적 지식과 자유로운 지식 사이의 중간의 길이다. 본성적 지식과 같지만, 그러나 자유로운 지식과는 같지 않은 중간지식은 선의지적(pre-volitional)이다. 그 결과 하나님께서 그가 본성적 지식으로 알고 계시는 일들의 상태에서 행하는 것 보다, 그의 중간지식으로 아는 일들의 상태를 통제하지는 않는다. 자유로운 지식 같지만 그러나 본성적 지식과 같지 않은, 중간지식은 중간지식으로 말미암아 알려진 일들의 상태가 획득되지 못하게 하기 위한 그러한 것이다. 그 결과로 하나님께서 그의 중간지식으로 말미암아 알고 계시는 것이 하나의 가능한 세계에서 또 다른 세계로 변경될 수 있다는 것이다. 이는 마치 그가 그의 자유로운 지식으로 말미암아 그가 알고 계시는 것이 하나의 가능한 세계로부터 또 다른 것으로의 변경할 수 있기 위한 것과 같다. 그래서 하나님은 그가 어떤 통제도 가지지 않는 일들에 대한 몇몇 형이상학적인 우연한 상태로 알고 계시는 경우에 한에서 중간지식을 가진다.[90]

몰리나는 신의 본성적 지식과 자유로운 지식 사이의 중간의 길을 중간지식이라고 칭하면서, 이것이 본성적 지식에 가까운 것과 자유로운 지식에 가까운 것으로 구분한다. 전자는 본성적 지식은 필연적인 것으로서 선의지적인 것이지만 이것이 중간지식이 될 때는 어떤 일들에 대해 신이 아시지만 통제하지 않는다고 말한다. 그러나 후자는 신이 알고 계시는 범위에 한해서, 어떤 일들이 하나의 가능한 세계에서 또 다른 세계로 변경이 가능한데, 신은 이 일들에 대

---

90   Molina, *On Divine Foreknowledge*, 47. "As note above, middle knowledge derives its name from the fact that it stands 'midway' between natural knowledge and free knowledge is prevolitional, with the result that God has no more control over the states of affairs He knows through His natural knowledge. Like free knowledge but unlike natural knowledge, middle knowledge is such that the states of affairs known through it might have failed to obtain, with the result that what God knows through His middle knowledge may vary from one possible world to another just as what He knows through His free knowledge may vary from one possible world to another. So God has middle knowledge only if He knows some metaphysically contingent states of affairs over which He has no control."

해 통제하지 않고, 형이상학적으로 우연한 상태로 알고 계신다고 주장한다.

몰리나는 또 중간지식이 본성적 지식과 자유로운 지식 사이에 놓이는 방법 외에 또 다른 방법이 있다고 논의한다. 그는 다음과 같이 말한다.

> 중간지식이 본성적 지식과 자유로운 지식 사이에 놓이는 방법 외에 또 다른 방법이 있다. 본성적 지식은 본성적 사물들 사이에서 미래의 가능한 모든 우연들을 지닌다. 반면에 자유로운 지식은 자유로운 지식의 사물들 사이에서 현실적이고 절대적인 미래의 모든 우연들을 지닌다. 이와 대조적으로, 중간지식은 그것의 사물들과 같이 조건적 또는 가정법적인 미래의 우연들을 지닌다. … 그래서 하나님은 그가 단지 미래의 조건적인 모든 우연들을 아신다면 그는 중간지식을 가지신다.[91]

중간지식에 대한 몰리나의 또 다른 방법은 미래의 모든 우연한 일들의 조건성과 가정법적 정의이다. 본성적 지식도 본성적 사물들 사이에서 미래의 가능한 우연을 지니고, 자유로운 지식도 그것에 속한 사물들 사이에서 현실적이고 절대적인 미래의 우연을 지닌다고 말한다. 그러면서 그는 중간지식에 속한 미래의 우연한 일들은 가정법적인 조건을 지니는데, 이는 미래의 우연들이 현실태와 가능태 사이에 서 있다고 강조한다. 이는 미래의 조건적인 모든 우연들을 아는 것이라고 판단된다.

사실상 몰리나가 주장했던 중간지식 사상은 중세 스콜라 신학자들이 익히 알고 있었고, 그들 나름대로 주장했던 자유의지론과 맥을 같이하고 있었다. 단

---

[91] Molina, *On Divine Foreknowledge*, 47. "There is another way in which midlle knowledge lies between natural and free knowledge. Natural knowledge has among its object all the possible future contingents, whereas free knowledge has among its objects all actual or absolute future continigets. By contrast, middle knowledge has as its objects conditional or subjunctive future contingents That stand 'between' the actual and the merely possible … So God has middle knowledge only if He knows all the conditional future contingents."

지 몰리나는 중간상태나 작정보다는 신의 미리 아는 지식에 강조점을 둔 것이 차이점이라고 할 수 있겠다. 몰리나가 인간 개체에 우발성이 붙어있다고 강조하는 것은 스코투스나 오캄과 별 차이가 없다고 판단된다. 또한 몰리나는 자신의 중간지식 사상에 대해 앞의 내용과 비슷한 정의를 다음과 같이 말한다.

> 만약 우리가 인간의 선택의 자유와 사물의 우발성을 하나님의 예지와 조화시키는 것에서 불확실하게 헤매는 것을 원하지 않는다면, 우리는 하나님의 지식의 범주를 세 가지로 구분하는 것이 필요하다. … 마지막으로 세 번째 유형은 중간지식이다. 논쟁 47과 48에서 소개된 것처럼, 중간지식이란, 자유선택의 각각의 능력에 대한 가장 심오하고 불가해한 파악능력에 의해서, 하나님께서는 그 자신의 본질 안에서, 참으로 사물들의 무한 질서 안에서 만약 이런 또는 저런 상황 속에 놓이게 된다면, 비록 그 능력이 반대의 것을 의지했다면 참으로 반대의 것을 행할 수 있지만, 각각의 그러한 기능이 그 안에 내재된 자유를 가지고 무엇을 행할 것인지를 아신다는 것이다.[92]

몰리나는 인간선택의 자유와 사물의 우발성을 하나님의 예지와 조화시키는 지식의 범주를 세 가지로 구분한다. 그는 세 번째 범주를 일컬어 중간지식이라고 칭하는데, 이는 어떤 상황이나 사물이 신의 의지에 따라 자유롭게 현실태로 나타날 수 있지만, 사물 자체가 가지고 있는 자유를 훼손시키지 않고 그것이 자유롭게 행하도록 허용하면서도 이를 알고 계신다는 것이다. 위의 내용은 오캄의 '제2원인론'과 비슷하다. 오캄은 이를 '보존적인 원인'이라고 칭하면서, 제2원인이 제1원인자에게 비롯되었지만 그것에 의존하지 않는다는 것을 주장했다. 몰리나의 중간지식으로서 사물의 자유로운 선택과 오캄의 제2원인은 맥을 같이한다고 볼 수 있다.

---

92 Molina, *Liberi Arbitri cum Gratiae Donis*, IV, LII, IX. 유정모, "예수회 중간지식론에 대한 개혁파 정통주의자들의 논박", KRJ 32 (2014), 182에서 재인용.

몰리나는 어떤 면에서는 보편성을 강조하는 지성론을 수용하고 어떤 면에서는 스코투스나 오캄과 같은 의지론을 수용한다. 사실상 중간지식이라는 개념이 제2원인, 우발성, 우연 등의 개념에서 발생된 것이기 때문에, 몰리나는 이를 체계화한 것으로 파악된다. 특히 그는 보에티우스의 사상과 비슷하고[93], 스콜라 신학의 아버지라 불리우는 안셀무스(Anselm of canterbury, 1033/34-1109)[94]의 논리학에서도 영향을 받았다고 판단된다. 또한 몰리나의 이 중간지식 사상은 그와 동시대 사람인 알미니우스에게 매우 큰 영향을 끼친다.[95] 알미니우스에 의해 몰리나의 중간지식 사상이 개혁교회 안에 소개되고 열띤 토론과 논쟁을 겪었고, 그의 전통이 오늘날 개신교에 뿌리를 깊이 내리고 있다.

## 결론

중간상태 개념은 아우구스티누스에게서 사용되었고, 이것이 보에티우스에 와서는 더욱 구체적으로 인식되었다. 물론 아우구스티누스도 이에 대해 펠라기우스와의 논쟁에서 본격적인 논증을 하지만, 중세 스콜라학파에서 말하는 중간개념은 아니었다. 그러나 그의 초기의 사상은 충분히 스콜라학파의 사상과 일치하므로, 기원적 의미를 지닌다고 볼 수 있겠다.

---

93  보에티우스는 신의 필연성과 인간의 자유의지의 조화와 병행 또는 병존을 위해 신의 예지개념을 도입한다. 시간적으로 현재와 미래에 인간에게 일어나는 모든 일들을 동시적으로 알고 계시며, 이를 신의 예지라고 부른다. 우연히 일어나는 것을 알면서도 이를 예정하지 않고 개입하지도 않고, 인간의 자유의지에 의해 일어나는 현실태를 통제하지도 않는다. 신의 필연성 안에서 인간의 자유의지에 의해 우발적으로 발생되는 것이, 몰리나에 있어서 중간지식과 비슷하다고 볼 수 있다.
94  켄터베리의 안셀름,『모놀로기온 & 프로슬로기온』 박승찬 역 (서울: 아카넷, 2003), 77-79. 안셀무스는 이 곳에서 신의 필연적 존재에 우유(偶有)가 포함된다고 말하면서, 양자 중 어느 쪽이 더 큰가라고 할 때, 필연이 더 크다고 강조한다. 이를 통해 살펴 볼 때 안셀무스 인간의 자유의지와 제2원인과 함께 우연을 주장했고, 결국 우리가 살피고 있는 '중간적 개념'을 포괄하고 있다고 판단된다.
95  김병훈, "도르트신경의 예정론에 관한 이해",「장로교회와 신학」 4 (2007): 234.

하나님의 섭리와 인간의 자유의지, 즉 신의 필연과 인간 행위의 우발을 어떻게 조화시킬 것인가 하는 문제를 해결하기 위해 노력을 경주하였다. 보에티우스는 하나님의 예지를 통해 이 문제를 해결하고자 하였다. 하나님께서 인간에게 일어나는 모든 것을 아시는데, 미래에 일어날 일들도 영원한 현재적 관점에서 이해할 수 있다는 것이다. 미래에 일어날 일들이 현재에 일어나는데, 이는 영원한 현재가 인간의 과거 현재 미래의 모든 일들을 포괄한다. 따라서 보에티우스는 하나님께서 인간에게 일어날 일들에 있어서 자유를 주어 일어나게 하시고, 여기에 하나님의 의지가 개입되지 않는다고 말한다. 그는 하나님의 예지는 인정하지만, 예정은 인정하지 않았다.

보에티우스의 예지의 개념을 더욱 보완 발전시킨 사람이 중세 신학의 아버지라 불리우는 안셀무스이다. 그는 보에티우스를 뛰어넘어 하나님의 예정까지 다루는데, 하나님의 섭리의 필연성과 인간의 자유, 하나님의 예지와 예정과 은혜가 인간의 자유의지와 어떻게 조화를 이룰 것인지를 탐구한다. 그의 해결 역시 중간개념이다. 보에티우스와 안셀무스는 아직까지 중간상태라는 용어를 사용하지 않았지만, 그들의 자유의지 사상은 중간개념을 분명히 드러낸다. 인간이 자유의 상태를 누리는 것, 이것이 구원의 상태인데, 인간은 이 상태를 계속해서 지키고 유지시켜야 한다고 안셀무스는 강조한다. 이 자유의 상태는 인간에게 남아 있는 자유선택으로 의로움(righteousness)과 올바름(uprightness)을 의지의 선택으로 지켜내야 한다는 것이다. 따라서 자유는 의로움과 올바름을 지키는 능력인데, 그 능력을 소유하는 것이 곧 구원의 상태라고 말한다. 안셀무스는 인간이 이 능력을 잃어버릴 수 있다고 한다. 잃어버릴 수 있는 이 상태가 바로 우리가 말하는 중간상태로 볼 수 있다. 그는 올바름과 의로움을 지키고 유지시키기 위해서 인간에게 이성적 본성이 남아 있고, 이것이 곧 자유선택에 큰 영향을 끼친다고 보았다. 안셀무스는 앞에서 언급한 조화를 이루기 위해 신의 필연성을 다루는데, 여기에서 보에티우스의 예지론을 인용한다. 그는 하나님께서 인간에게 일어나는 모든 일들을 아시지만, 강제하거나 억제하는 필연과 강제나 억제가 없는 필연이 있다는 것이다. 이렇게 필연을 이중으로 나누는데, 보에티우스에 비해 윤곽이 더욱 뚜렷하게 드러난다. 모든 일들이 예지의 필연성 속에 일어나지만, 필연 없이 예지 속에서만 일어나는 것도 있다고 했다. 이것이 신의 결정을 강조하는 선행의 필연과 여기에 따라 일어나는 후행하는 곧 일시적인 필연이 있다고 한다.

그는 이러한 선행과 후행 사이의 조화를 중간개념으로 해결하려고 노력한다. 강제와 억제가 없이 인간의 자유선택에 의해 자발적으로 일어난다. 안셀무스는 예정론을 다룰 때도 하나님께서 인간의 의지 그 자체의 능력에 원인을 위임함으로써 인간의 모든 일들이 일어나게 하신다고 보았다. 그는 이를 위해 하나님의 은혜와 인간의 자유의지가 협력하는 것으로 보았고, 은혜가 인간의 자유선택을 돕고, 자유선택은 자유의 상태인 의로움과 올바름을 유지시킬 수 있다고 보았다. 그러나 그 결정에 있어서는 순전히 인간의 책임으로 돌린다. 우리가 안셀무스를 통해 발견할 수 있는 것은 은혜와 자유선택 사이의 중간상태이다. 인간이 자유선택을 통해 무엇을 결정하느냐에 따라 자유를 지킬 수 있고, 잃어버릴 수 있다는 것이다. 안셀무스가 드러내 보이는 중간상태의 개념은 토마스 아퀴나스의 지성론의 태동을 알리는 신호탄으로 이해할 수도 있을 것이다.

안셀무스처럼 이성을 강조한 토마스 아퀴나스는 제1원인과 제2원인으로서 신의 필연성과 인간의 자유문제를 해결해 나간다. 무엇이 선인지 알아야 선을 행할 수 있는데, 이성적 판단이 이를 알게 하며 선과 악을 구분한다고 말한다. 인간의 이성적 판단은 제2의 원인에 속하는데, 이는 신의 필연성을 지닌 제1원인에 비해, 보다 하위의 것이며 생성과 소멸이 일어나는 우연이라고 말한다. 하위의 원인들은 우발적이고 결핍될 수 있기 때문에, 신은 하위의 원인들을 통해 자기의 질서를 실현한다는 것이다. 이러한 제2의 원인이 우리가 살펴보고 있는 중간개념이라고 할 수 있다.

둔스 스코투스와 윌리엄 오캄은 지성론의 보편적 경향에서 벗어나 의지론적 개체의 개념을 발전시킨 스콜라 학자들이다. 이들도 토마스 아퀴나스처럼 제1원인과 제2원인을 언급하는데, 제1원인은 사물의 원인으로서 본질적인 원인이며, 선행적이다. 제2원인은 우발적인 원인으로서 제1원인에 종속된 원인이며 의존적 원인이다. 제1원인은 현실태적 가변성을 지니지만, 제2원인성은 가능태적 가변성을 지닌다. 전자는 선험적이고 후자는 후험적 노선을 취하며 경험 사실을 강조한다. 따라서 신은 무한한 원인으로 비롯되는 사물들의 행위 안에서 무한성의 원인일 필요가 없다. 가능태와 현실태 사이의 중간이 제2원인으로서 우발성을 지닌다. 여기에 중간개념이 포괄된다. 오캄은 스코투스보다 한 걸음 더 나아가 의존과 보존의 개념으로 이를 발전시킨다. 제2원인이 제1원인에 의존하지만, 보존적인 원인들의 계열에 있어서는 하나가 또 다른 것을 현존의 상태로 보존하기 때문에, 전자가 보존되며 계속 보존되면서 결국 전 계열은 동시적으로 현존할 수밖에 없다는 논리로 발전시켰다. 여기에서 오캄의 개체의 의미가 더욱 뚜렷이 나타난다. 스코투스와 오캄의 제1원인과 제2원인에 있어서 제2원인이 바로 중간개념을 포괄하고 있다. 또한 이들은 보편에서 개체로 뛰어넘는 발전을 이룩했다고 볼 수 있다.

루이스 몰리나는 이전 시대의 스콜라 학자들의 이 분야의 개념들을 총망라하여 중간지식이라는 용어를 탄생시켰다. 물론 이 용어를 그가 처음 사용한 것은 아니지만, 이전의 개념을 더욱 분석하고 종합하여 발전시켰다. 몰리나 시대에 와서 중간지식이나 상태의 개념이 절정에 이르렀다고 볼 수 있다. 그는 중간지식 개념을 아주 세밀하게 분석하고 구분한다. 예를 들면, 중간지식이 본성적 지식과 같지만 자유로운 지식과는 같지 않은 것이 있고, 자유로운 지식과는 같은데, 본성적 지식과는 같지 않은 것이 있다는 것이다. 이것이 아주 복잡하게 얽히고 설켜 있는데, 루이스는 이를 잘 구분하고 있다. 또한 중간지식의 정의에 있어서도 조건적 또는 가정법적인 것이 있으며, 이것들은 미래의 우연을 지닌다고 말한다. 따라서 하나님은 단지 미래의 조건적인 모든 우연들을 아신다면, 중간지식을 지니신다고까지 말한다. 우리는 본 장에서 결론적으로 두 가지의 의미를 생각할 수 있다.

### 지성론과 의지론

중세 스콜라 신학에서의 medium quiddam은 하나님의 예정과 인간의 행위 사이, 필연과 우연 사이, 원인(遠因)과 근인(近因) 사이, 하나님의 선택과 인간 의지의 자유 사이의 중간영역이었다. 비록 하나님의 필연에 의해 예지되고 결정된 사안이 있다 하더라도, 양자의 사이에서 인간의 이성이나 의지에 의해 이렇게도 저렇게도 할 수 있는 상태로 이해되었다. 중간원인은 중간상태 속에서 우연으로 일어나는 일들을 의지와 이성의 판단에 의해 좌우될 수 있었다. 이것이 아우구스티누스의 초기 사상에서는 공동의 선으로 나타났고, 보에티우스에게서는 조건적 필연성으로, 안셀무스는 후행적 필연으로 토마스 아퀴나스와 둔스 스코투스에게서도 조건적 필연성으로 나타났다. 중간원인은 우연 속에 일어나는 일들의 제2원인과 근인과도 서로 연결된다.

본 주제와 관련하여 중세 스콜라 신학의 특징들을 열거하면 다음과 같다. 1)아우구스티누스와의 연속성과 불연속성의 관계이다. 보에티우스를 비롯한 후대의 스콜라 학자들은 아우구스티누스의 초기사상에서의 연속성을 보이고 있는 반면, 후기사상에서는 불연속성을 보인다. 2)보에티우스의 영원성을 지닌 하나님의 예지 사상이 스코투스와 오캄에게까지 이어졌다. 3)필연성의 문제에 있어서 단순필연과 조건적 필연, 선행적 필연과 후행적 필연 등, 후자는 조건을 내포함으로써 조건적 필연으로 중간의 문제를 해결하려고 했다는 점이다. 4)중간상태에서 가장 중요한 힘이 지성론에서 의지론으로의 변화였다. 아우구스티누스에게서 시작된 의지론이 보에티우스에게서 단절 되어, 그 이후로는 지성론으로 갔다가 스코투스와 오캄에게 와서 다시 의지론으로 돌아간 것이 특징적이었다. 5)예지와 예정의 관계의 흐름이었다. 아우구스티누스에게서는 예지와 예정의 관계가 하나로 조화를 이루고 있었던 반면, 그 이후에는 양자의 사이가 단절되었다. 보에티우스는 아예 예정을 부정하였지만, 안셀무스를 비롯한 이후의 학자들은 예정을 포함시켜 우연의 문제, 중간의 문제를 해결하려했다. 그러나 이는 결국 의지론의 범위를 벗어나지 못한 결과를 초래했다고 판단된다.

**중간상태와 중간적 지식의 차이**

이 둘의 관계는 사실상 같다고 볼 수 있는데, 약간의 차이가 있을 뿐이다. 이를테면, 중간지식은 제1원인과 제2원인 사이의 중간적 매개에 관한 지식으로서, 사람이 성냥불을 켜서 나무에 불을 붙였을 때, 이때 사람은 제2원인인 반면, 성냥불은 중간지식이 된다. 따라서 중간상태는 이와 비슷한 것으로서 ground의 개념이 더 강하다. 사람이 이것이나 저것을 선택할 수 있는데, 그가 이것과 저것의 중간에 서 있는 그 상태를 의미한다. 이는 중간의 상태와 우발 또는 우연의 상태와도 같다. 일어날 수도 있고, 일어나지 않을 수도 있는 상태, 이 상태에서 인간이 자신의 의지를 통해 결정할 수 있는 상태이다. 우발적인 사건이 아무 목적 없이, 필연 없이 일어났다 하더라도 거기에는 인간의 의지가 작용되었다고 볼 수 있다. 중세 신학자들이 말하는 우발성을 우리는 바로 이러한 의미로 이해할 수 있다. 중간지식도 마찬가지이다. 하나님께서 예지하시므로 모든 것을 아시는데, 몰리나에 의하면 중간지식으로 아신다는 것이다. 이 지식이 바로 중세 신학으로 말하면 우연 또는 우발성에서 나온 것이다. 본성적 지식과 자유로운 지식 사이에서 인간이 자신의 의지로 어떻게 행동할 것인가 하는 조건에 따라 발생되는 지식이다. 따라서 하나님은 인간에게 일어나는 일들을 지식을 통해서만 아시지 이를 강제하거나 통제하시지는 않는다는 것이다. 예정하셨다 하더라도 각자의 자유로운 의지에 따라 행하도록 위임하셨다는 것이 이에 대한 중세 신학의 논지이다.

종교개혁가 칼빈이 위의 사상에 대해 어떤 견해를 지니고 있는지를 살피는 것이 이 책의 핵심이라고 할 수 있다. 사실상 칼빈은 중간상태 즉 medium quiddam이라는 용어를 그의 작품 속에서 여러 번 사용하였다.[96] 마틴 루터

---

96 Inst., 3.21.7 (CO 2, 686).

(Martin Luther, 1483-1546)는 중간지식 개념을 창시한 피에트로 폰세카(Pietro de Fonseca, 1548-99)와 프란시스코 수아레츠(Francisco Suarez, 1548-1617)와 루이스 몰리나 보다 훨씬 앞선 세대의 학자이기 때문에 중간지식이나 중간에 관한 용어는 그의 작품에 등장하지 않는다. 그러나 루터는 에라스무스와의 의지론 논쟁에서 중세 신학자들이 언급했던 중간사상을 잘 파악하여 비판했다. 루터는 자유의지를 부정하는 대신에 노예의지론을 주장하였다. 칼빈이 의미하는 개념과 중세 스콜라 신학자들이 의미하는 개념이 같은지, 아니면 어떤 차이가 있는지를 칼빈의 예정론과 섭리론을 통해 중간지식이나 중간상태 개념을 연구하고자 한다. 오늘날 개혁파 신학자들 가운데 중세 신학의 중간개념과 개혁파 신학의 개념이 동일하다며 연속성을 주장한다. 이것이 현대 개혁파 신학에 큰 도전이라 할 수 있겠다. 우리는 앞으로 이러한 중세의 사상의 물줄기가 어떻게 어디로 흘러가는지를 살펴야 할 것이다.

III

칼빈의
중간상태에 대한
개괄적 이해

Calvin's Theory of Predestination and Providence

# 칼빈의 중간상태에 대한 개괄적 이해

이제 본격적인 칼빈연구에 있어서, 앞서 고찰한 중세 스콜라 신학에서의 중간상태(medium quiddam)가 칼빈신학에서도 나타나고 있는지, 만약 그 용어가 칼빈에게서 발견된다면, 어떤 용도로 사용되었는지, 어떤 의미를 지니고 있는지를 개괄적으로 살피고자 한다. 중세 스콜라 신학에서의 개념과 칼빈이 사용한 개념이 일치하는지, 차이가 있는지를 살펴, 그 특징을 다루고자 한다. 또한 이 개념에 있어서 중세 스콜라 신학과 칼빈과의 연속성과 불연속성의 여부도 연구하고자 한다.

미국 웨스터민스터신학교의 피터 릴백(Peter A. Lillback)[1]과 칼빈신학교를 은퇴한 리처드 멀러(Richard A. Muller)[2], 화란의 흐라플란트(C. Graafland)[3]와 에프 데

---

1   Lillback, *The Bindig of God*, 210-30.
2   Richard A. Muller, *After Calvin: Studies in the Development of a Theological Tradition* (Oxford University Press, 2003) & *Post-Reformation Reformed Dogmatics, vol.3, The Divine Essence and Attributes* (Grand Rapids: Baker Academic, 2003).
3   C. Graafland, *Van Calvin tot Comrie: Oorsprong en ontwikkeling van de leer van verbond in het Gereformeerd Protestantisme* Deel I & II (Zoetermeer: Boekencentrum, 1992), 83-91.

커(Eef Dekker)[4] 그리고 빌렘 판 아셀트(Willem J. van Asselt) 등은 하나의 학파를 이루어 중간지식이나 상태의 입장에서 신학의 제문제를 설명하려는 모습을 보인다. 이들은 칼빈의 신학에 중간상태 개념이 나타나며, 이 개념은 중세 스콜라 학자들이 말하는 중간지식과 밀접한 관련이 있다고 보았다. 리처드 멀러는 개혁파 신학자들도 중세 스콜라 학자들의 견해를 깊이 이해했고, 그들의 신학에 스콜라적 이해가 돋보인다고 주장한다. 멀러는 중간지식이나 상태에 대해 하인리히 헤페(Heinrich Heppe)를 인용하면서, 다음과 같이 말한다. "'본성에 의해 다르게 행동할 수 있는 원인'[5]을 가지고 있는, 참으로 우연적인 것이라는 것을 결코 부정하지 않는다."[6] 멀러는 헤페의 '본성에 의해 다르게 행동할 수 있는 원인'을 인간행위의 우연성이라고 결론짓는다. 멀러는 하나님께서 인간의 모든 행위와 일어나는 모든 사건에 제1원인자이지만 이러한 중간상태에서는 인간이 제2의 원인자로서 그가 행하는 행위는 우연에 속한다고 주장한다. 멀러는 알미니우스의 다음과 같은 말을 인용하면서 이것이 동시대의 개혁파학자들과 동일한 견해였다고 말한다.[7] "하나님은 모든 사물들을 아실 뿐만 아니라, 필연적이든 우연적이든 사물의 방식도 알고 계신다. 그러므로 그가 우연적인 것으로 알고 계시는 것은 확실하게 우연한 것으로 확립된다."[8] 이 말은 인간의 모든 상황이나 사건들을 하나님께서 알고 계시며, 그것에 대한 지식을 가지고 계시지만, 하나님께서 허용하신 자유로운 현실태에서 비롯된 우연한 것은 그야말로 우연한 것으로 확립된다는 말이다. 하나님의 영원한 작정 속에서 일어나는 가능태가 현실로 오면서, 하나님께서 모든 것을 알고는 계시지만 이미 허용된 것에 자유를 부과하시므로 그것에 대해 결정권을 행사하지 않으신다는

---

4　Eef Dekker & Willem J. van Asselt, *Reformation and Scholasticism* (Grand Rapids: Baker Academic, 2001)
5　Heinrich Heppe, *Reformed Dogmatics* (Grand Rapids : Baker Book House, 1983), 266, 171-72
6　Thomas R. Schreiner & Bruce A. Ware, *The Grace of God, The Bondage of the Will: Historical and Theological Perspective on Calvinism*, vol. 2 (Grand Rapids: Baker, 1995), 리처드 멀러, "은혜, 선택 그리고 우연적인 선택: 알미니우스의 선수공격과 개혁파의 반응" 이은선 역 「신학지평」 12 (2000년 봄, 여름): 244.
7　멀러, "은혜, 선택 그리고 우연적인 선택", 233.
8　Arminius, *Public Disputations*, 4.38: cf. *Private Disputations*, 17.7. in Works, 2:123, 2:342.

말로 이해할 수 있다. 멀러에게 중간지식과 상태는 위에서 언급한 우연성과 밀접한 관련이 있는 것으로 보인다. 가능태와 현실태 사이의 하나님의 지식이 하나님의 의지로 나타나지만, 이는 결정권을 행사하시는 것이 아니라, 인간에게 자유를 부과하시는 것으로 보았던 것이다. 멀러는 칼빈의 신학에서도 이러한 내용의 우발성(contingency)이 발견된다고 주장한다.[9] 멀러는 칼빈에게서 나타나는 이 우연성이 중립성(neutrality)을 내포한다고도 말한다.[10] 그에게 이 중립성은 우리가 고찰하고자 하는 중간지식이나 중간상태를 의미한다.

그렇다면 칼빈의 주석에서 중간상태가 어떻게 사용되었는지를 살펴보자. 칼빈은 자신의 주석서의 대부분의 곳에서 이러한 개념들을 사용하는데, 구약주석과 신약주석으로 나누어 개괄적으로 살펴보도록 하자.

### 칼빈 주석에 나타난 중간상태

#### 구약주석에 나타난 포괄적 의미로서의 중간개념:
#### 자연철학과 구원론, 종말론적 차원에서의 중간원인과 우유성

칼빈은 창 1:11의 주석에서 천지창조가 우연히 된 것이 아니라 최초의 원인이신 하나님의 솜씨에 의해 이루어졌다고 말하면서 중세 신학에서 말하는 중간원인 즉 제2원인을 다음과 같이 비판한다.

> 최초의 원인(primus causa)은 자족(自足)하는 것이며, 중간원인과 보다 낮은(inferius) 단계의 원인은 제1원인으로부터 빌어온 것에 불과하다. 그러나 실제로 중간원인의 도움을 받지 않으면 하나님은 빈약하시거나

---

9 Richard A. Muller, *Christ and The Decree: Christology and Predestination in Reformed Theology from Calvin to Perkins* (Durham: The Labyrinth Press, 1986), 24.
10 Muller, *Christ and The Decree*, 180.

불완전한 분이라고 묘사하고 있다.[11]...

그러므로 만약 우리가 어떻게 땅이 열매를 내며 어떻게 씨에서 발아가 되며, 열매들이 영글게 되며 어떻게 여러 가지 종류가 매년마다 재생산 될 수 있을까하고 캐물어 들어간다면 절대로 다른 원인은 발견할 수 없을 것이며, 다만 하나님이 한 번 말씀하셨다는 사실, 말하자면 그분의 영원한 칙령을 선포하신 사실만을 발견할 수 있을 것이다.[12]

칼빈은 중세 신학이 제2원인과 중간원인을 통해, 미래에 일어날 일들의 우발성(contingentia) 또는 우유성(偶有性, accidens)[13]을 지닌다고 생각하였다. 그는 창 1:26의 주석에서 형상과 모양에 대해 해석할 때, 중세 신학의 해석을 언급한다. 중세 신학은 형상(形象, image)과 모양을 구분하여 전자는 실체(實體, substance)에 존재하는 것인 반면, 모양(模樣, likeness)은 모든 것이 우유성에 존재하는 것이라고 소개한다.[14] 아우구스티누스가 아리스토텔레스의 영향을 받아 삼위일체를 이러한 개념으로 해석하여 지성(知性)과 기억(記憶)과 의지(意志)로 본 것에 대해 칼빈은 다음과 같이 비판한다.

---

11  CO 23, 20 (창 1:11 주석). "Fatemur quidem verbo per se satis valere primam cauam, medias vero et inferiores habere quantum ab ipsa mutuantur: sed re ipsa fingimus Deum inopem vel mutilum, nisi ab his adiuvetur."
12  CO 23, 20 (창 1:11 주석). "Si ergo quaerimus qui fiat ut fertilis sit terra, e semine germen nascatur, fruges ad maturitatem perveniant, singula genera quotannis sobolescant: non alia causa invenietur, nisi quia semel loquutus est Deus, hoc est aeternum suum decretum protulit: ... "
13  우발성과 우유성의 차이는 다음과 같다. 어떤 실체에서 부유물이 붙어 있는 존재론적인 것은 우유성으로 이해되고, 실체에서 떨어지는 사건 그 자체는 우발성으로 이해되는데, 이는 움직이고 동작함으로써 발생되는 그 자체로 볼 수 있다. 필연이나 실체와 본질의 반대의 의미로서 우발과 우유로 이해된다.
14  형상은 하나님이 인간의 성품에 전체적으로 부여하신 재능들을 포함하고 있고, 모양은 은혜로운 선물들과 부합되는 것인데, 전자는 타고난 성품이라면, 모양은 후차적으로 얻을 수 있는 은혜의 선물로 이해하였다.

모양으로부터(a similitudine) 형상을 구분하는 것에는 거의 모두가(해석가들) 일치한다. 다른 한 편으로는 형상이 실체(substantia) 속에 존재하고, 모양이 우유 속에 존재하기 위한 이러한 것은 거의 일반적인(communis) 특징(distinctio)이다. 그들이 짧게 정의를 내리는 것, 그들은 하나님께서 인간의 본질 속에 두신 재능을 형상 아래에 포함시킨다. 또한 그들은 모양을 은혜의 선물이라고 설명한다. 그러나 아우구스티누스는 삼위일체를 인간 안에서 조립할 목적으로 지나치게 세밀하게 분석하는 추리를 하고 있다. 아리스토텔레스는 영혼의 세 가지 기능을 상세하게 나열하고 그것들을 지성, 기억, 의지라고 주장하면서 그 후에도 그는 한 삼위일체에서 많은 것을 유출시켰다. … 그는 하나님의 형상에 대하여 정의를 내리기 전에 이 말이 모양이란 말과는 다르다고 하는 것을 부인한다. 왜냐하면 모세가 이후에 동일한 것을 반복할 때, 그는 모양을 그냥 지나쳐 버리고, 자신이 형상을 언급하는 것으로 만족하기 때문이다.[15]

칼빈에 의하면, 형상과 모양은 서로 구분되는 것이 아니라 같은 의미를 지닌 단어이며, 히브리인들은 같은 말을 반복하지 않는다는 것이다. 모세가 양자를 동일한 개념으로 보았다며 위의 견해를 반박했다. 칼빈에 따르면 아리스토텔레스의 형상 개념의 영향을 받는 모양은 어떤 형태로 나타날지 모르는 우연 또는 우발적 상태이며, 중간원인으로서의 우발성을 의미한다.

---

15  *CO* 23, 25-26 (창 1:26 주석). "Inter plerosque tamen, et fere omnes, convenit, imaginem a similitudine distingui. Atque haec fere communis est distinctio, ut imago sit in substantia, similitudo in accidentibus. Qui breviter definire volunt, sub imagine tradunt contineri dotes quas Deus in humanam naturam contulit: similitudinem exponunt dona gratuita. Caeterum Augustinus prae aliis nimium argute philosophatur, ut trinitatem in homine fabricet. Nam quum tres animae facultates recenseantur ab Aristotele, intellectus, memoria, voluntas: illud arripiens, es una trinate multas postes derivat … Ego priusquam imaginem Dei definiam, a similitudine differre nego. Nam quum Moses idem postea repetit, praeterita similitudine imaginem nominasse contentus est."

칼빈은 시 18:13 "여호와께서 하늘에서 우렛소리를 내시고 지존하신 이가 음성을 내시며 우박과 숯불을 내리시도다" 주석에서 중세 스콜라 신학자들의 중간원인을 언급한다. 자연현상에 있어서 차갑고 습기 찬 증기가 건조하고 뜨거운 증기의 상승 진로를 가로막을 때, 양자의 충돌에 의해 천둥이 발생된다고 한다. 이때 증기는 중간원인 즉 제2원인이 된다는 중세 신학자들의 견해를 반박한다. 그는 다윗이 이러한 일기현상을 단순히 자연현상 이상의 것으로서 성령의 섭리 하에 일어나고 있다는 것을 나타내고 있고, 하나님이 이 모든 것의 최고 주권자로 묘사하고 있다고 강조한다. 따라서 칼빈은 이러한 자연현상도 우연이나 자연적인 원인에 의해 우발적으로 일어나는 것이 아니라 제2원인 또는 중간원인에 해당되는 것이 성령에 의해 일어나는 것이라고 주장한다.[16] 만약 불을 밝히라고 명령하는 자에 의해 명령을 받은 자가 실제로 불을 가지고 밝힐 때, 불이 밝혀진다. 이때 그 불이 직접적으로(directly) 작용될 때는 근인(近因)이 되고, 거기에는 그 어떤 중간원인들(intermediate causes)이 개입되지(intervening) 않는다. 그러나 그 불이 다른 원인들에 의해 간접적으로(indirectly) 작용될 때는 원인이 되는데, 다른 원인들의 개입이 바로 중간원인들이다. 불을 붙이는 사람과 불에서 발생되는 효과 사이의 중간원인이 있다는 것이다. 칼을 만드는 철은 어떤 중간원인의 개입 없이 존재하는데 반하여 철에서 추출된 광석은 존재하도록 하는 칼의 먼 원인이다. 이때 철은 중간원인이 된다.

그는 시 115:3 "하나님은 하늘에 계셔서 원하시는 모든 것을 행하셨나이다" 주석에서 중간적 위치를 소개한다. 이는 에피큐로스 학파가 하나님이 행하는 것과 당하는 것의 중간적 위치에 있어 하늘에서 아무 생각 없이 지내신다는 것에 대한 비판이다. 하나님께서 악의 조성자는 아니지만 허용하시는 분으로 소개하면서, 왜 악을 허용하는가에 대해서는 하나님의 은밀한 이유가 있다고 밝힌다. 그러하기에 하나님은 이 세상의 모든 것을 주관하시며, 세상에서 일어나

---

16  CO 31, 177 (시 18:14 주석).

는 일들은 우연히 발생되는 것이 아님을 강조한다.[17] 칼빈은 자연현상에 있어서 중간원인을 인정하지만, 그것이 우발적이거나 우연히 생겨난 것이 아니라 하나님의 은밀한 이유에 따라 발생되는 것이며, 하나님의 숨은 뜻에 의해 일어난 것이라고 말한다. 겉으로 보기에는 칼빈이 스콜라 학자들이 말하는 중간원인을 수용하는 것처럼 보이지만, 그는 그들처럼 개념의 의미상 멀리 가지 않는다. 모든 것을 제1원인자의 섭리 속에서 이해한다. 칼빈에게 있어서 악이 왜 발생하는가 하는 문제도 자연현상과 위의 내용과 동일하게 취급된다.

칼빈은 중세 스콜라 철학자들의 용어상의 개념으로서 중간원인은 인정하지만 내용적으로는 그들의 중간원인을 부인한다. 중세 스콜라 신학에 대한 칼빈의 반응은 선언적이며 총체적이다. 이는 그가 스콜라 철학을 거부하고 있는 한 단면이라고 볼 수 있다. 칼빈은 스콜라 방식으로 중간개념을 다루지 않을 뿐만 아니라 그들의 방식을 거부한다.

칼빈은 렘 51:16 "그가 목소리를 내신즉 하늘에 많은 물이 생기나니 그는 땅 끝에서 구름이 오르게 하시며 비를 위하여 번개를 치게 하시며 그의 곳간에서 바람을 내시거늘" 주석에서 중간원인 또는 종속원인과 특수한 원인 또는 유일한 원인에 대해 언급한다. 그는 철학자들이 말하는 물이 생기는 원인이 중간적이고 종속적인 원인임을 긍정하면서도 이는 근본적이고 특수하고 유일한 원인인 하나님의 지혜와 권능에 따라 이루어진다는 것을 확인시킨다. 인간이 이해할 수 없는 유일한 원인은 하나님께서 감추어 놓으신 보물의 곳간으로 불린다는 것이다.[18] 칼빈은 자연현상이 하나님의 유일하고 특수한 원인에 따라 일어나지만 중간원인을 용어상으로나 자연현상 그 자체로써는 무시하거나 부정하지 않는다. 다만 전체적으로 볼 때 하나님의 권능과 지혜에 따라 일어나는 것이 근본적인 원인임을 강조한다.

---

17　*CO* 32, 184 (시 115:3 주석).
18　*CO* 39, 455 (렘 51:16 강의).

습 1:17 "내가 사람들에게 고난을 내려 맹인같이 행하게 하리니 이는 나 여호와께 범죄하였음이라" 주석에서도 칼빈은 중간원인을 부정하지 않는다. 그는 유대인들이 갈대아인들의 분노를 자아내어 공격하도록 한 것이 중간원인(medias causas)이라고 하면서, 본문에서 그 원인을 고려할 것이 아니라 거기에는 더 높은 차원의 원인(altius principium)이 있다고 한다. 이스라엘이 갈대아의 공격을 받아 멸망당하는 것은 그들이 하나님을 멸시하고 하나님의 거룩한 진리를 모멸한 데 있었다고 말한다.[19]

칼빈은 중간상태를 다양하게 사용한다. 호 3:1 주석[20]에서는 재앙과 용서의 약속 사이의 중간위치를 말하고, 겔 20:35 주석에서도 거절과 화해 사이의 중간상태를 언급하고, 미 5:3 주석[21]에서도 번영상태와 파멸의 중간상태를 나타낸다. 겔 13:9 주석[22]에서도 중간상태를 말하는데, 여기서는 시간적인 의미가 가미된 개념으로 사용한다. 생명책에 기록된 자는 중간에 버림을 받거나 그 이름이 삭제되지 않는다며 하나님의 주권에 의한 결정성을 부각시킨다. 하나님의 선택은 창세전에 생명책에 기록되어 있기 때문에 에스겔 선지자는 "그들이 기록되지 않을 것이다"라고 말한 것이 모순처럼 들린다고 칼빈은 이해한다. 칼빈은 에스겔의 이 문구는 인간의 보편적인 관습에 적용시킨 것이라며 시 69:29을 예를 들어 이를 설명한다. "그들은 의인 중에 등록된 자들이 아니므로 생명책에 지워주소서" 그는 이 말이 우리에게 이상하게 들리는 이유는 생명책에 기록된 자는 중간에 삭제되는 일이 일어날 수 없기 때문이라고 한다. 칼빈은 표면적 중간상태에 놓인 자들은 원래 의인의 명부에 기록되지 않았고, 다만 일시적으로(temporarius)만 경건한 자들의 수에 속한 것으로 보였다고 설명한다. 여기서 칼빈은 중간이라는 단어를 사용하지 않지만 생명책에 기록된 자가 구원의 여정 가운데, 중간에 제거되는 경우는 없다는 것을 강조한다. 칼빈은 겔

---

19  CO 44, 27 (습 1:17 주석).
20  CO 42, 256 (호 3:1 강의).
21  CO 43, 369 (미 5:3 주석).
22  CO 40, 280-281 (겔 13:9 주석).

13:9 주석을 통해 명부에 기록된 사람의 이름이 어떻게 제하여질 수 있느냐 하는 문제를 다루면서 그의 선택론과 구원론의 입장에서 이를 해결한다. 한 번 작정된 사람은 생명책에서 제하여 질 수 없다는 것이 성경과 칼빈의 주장인데, 이 본문에서는 왜 지워지느냐는 것이다. 칼빈은 그들의 이름이 명부에 올려진 것은 일시적인 것으로서 일반선택과 특별선택을 통해 설명한다. 이름이 기록되었다가 삭제된 경우는 일반선택에 해당되는 자들이고, 영원히 삭제되지 않는 자들은 특별선택에 해당되는 자들이다. 그러면 여기에 어떤 부분이 중간상태인가라고 할 때, 앞에서 논의했던 것처럼, 표면적 중간상태로서 일시적으로 기록된 상태라고 말할 수 있다. 그러나 사실상 칼빈은 구원에 있어서 중간상태를 인정하지 않는다. 우리는 여기에서 표면적 중간상태와 이면적 중간상태의 개념을 도입하여 이해할 수 있을 것이다.

### 신약주석에 나타난 중간상태: 일시적인(temporarius) 의미로서 중간상태

칼빈은 행 8:13 주석[23]에서 판단하기 어려운 내용의 중간위치에 대한 개념을 소개한다. 마술사 시몬이 사도들의 이적과 기사를 행하는 능력을 보고 놀라며, 예수를 믿는 믿음을 가졌는데, 나중에는 사도들이 행하는 능력을 돈으로 살려고 했다. 이에 칼빈이 시몬의 믿음을 해석하기를 중간의 어떤 것(aliquid esse medium)으로 정의한다. 신앙과 모양만 갖춘 가장(假裝) 사이의 중간상태라는 것이다. 칼빈은 비록 시몬이 신앙의 모양은 갖추었다 하더라도 양자의 영에 의해 중생되지 않았을 뿐만 아니라 마음으로부터 순전한 사랑으로 스스로 하나님께 복종하지 않았다는 결론을 내린다. 칼빈은 하나님의 이러한 특별한 은혜가 없어도 사람은 진리가 어렴풋이 무엇인지를 알고, 하나님을 두려워하는 마음을 가질 수 있다고 밝힌다. 그런 차원에서 칼빈은 이것이 중간상태라고 지칭한다. 따라서 시몬이 지닌 겉모양의 신앙은 일시적인 것(temporaria)으로 단정된다. 그는 다음과 같이 말한다.

---

23  CO 48, 179-80 (행 8:13 주석).

그러므로 그들은 사람들 앞에서 믿음을 가장(假裝)하지 않는다. 그것은 아무것도 아니다. 그러나 그들은 그를 믿는다고 생각한다. 하지만 이것은 일시적인 믿음이며, 이것은 그리스도께서 마가복음에서 생각하신 것이다.[24]

우리는 여기서 중세 신학자들이 말하는 인간의 지성과 의지에 따라 시몬이 참된 믿음의 자리로 갈 수 있는지 어떤지를 결정하는 중간상태와 칼빈이 위에서 말한 중간상태가 일치하는지를 결정해야 한다. 칼빈이 말하는 중간상태는 사람의 의지에 따라 구원의 상태에 이르는 것이 아니라 단순히 참된 믿음과 믿음 없음의 중간상태이다. 일시적으로 믿음이 있는 것처럼 보이지만 성령으로 중생되지 못한 인간의 자연적인 오성으로 이해한 진리의 상태를 일컬었지 이것이 인간의 영적운명을 좌우할 수 있는 토대로써의 상태는 아닌 것으로 판단된다. 따라서 칼빈의 견해는 중세 신학자들의 것과는 일치하지 않는다.

칼빈은 위와 비슷한 개념의 중간위치 개념을 고전 4:2 주석[25]에서도 언급한다. 고린도교회에 나타난 악한 교사들을 말할 때, 이들은 양의 탈을 쓴 이리와 선한 교사 사이의 중간단계(medium gradum)라는 개념을 확정한다. 칼빈은 이러한 개념이 아우구스티누스가 이미 강조한 것이라고 소개하며, 그의 말을 빌리고 있다. 아우구스티누스는 악한 교사들이 임금을 받고 일하는 삵군으로서 이들은 이리와 참된 선생 사이의 중간위치를 차지하고 있다고 밝힌다.

---

24  CO 48, 180 (행 8:13 주석). "Non ergo fingunt coram hominibus fidem, quae nulla sit, sed credere se putant. Atque haec fides temporaria est, cuius meminit Christus apud Marcum: … "
25  CO 49, 363 (고전 4:2 주석).

## 구약과 신약에 나타난 중간상태에 대한 정리

칼빈은 구약주석에서 다양한 주제로 이중성을 말하는데, 이는 대립과 모순이라는 범주 속에서 이해된다. 축복과 추방, 징계와 위로는 채찍으로써의 바람과 순한 바람으로써의 위로가 이중적으로 나타난다. 사람의 책임에 있어서도 복과 저주의 대립적 관계 속에서의 이중성을 언급한다. 또한 칼빈은 이중선택이 하나님의 은밀한 뜻이라고 밝히면서, 할례와 입양을 통한 일반적인 선택과 그중에서 참된 하나님의 백성으로서의 비밀스런 선택이 있음을 소개한다. 이는 모순된 개념이라고 볼 수 있다. 어떻게 이 모순이 하나님의 뜻으로 나타나는가하는 것은 숨겨져 있다. 이중개념과 중간개념의 관계에 대해서는 일반선택과 특별선택 사이의 중간상태가 있는가? 또 중간원인이 성립되는가?하는 문제가 제기되는데, 이러한 중간개념을 이해하기 위해서는 이중개념을 파악하는 것이 필수적이다. 또한 중세 스콜라 신학에서 말하는 자연철학에서의 제1원인과 제2원인에 있어서 이중개념을 언급하는데, 후자의 원인이 중간원인이라는 것에 대해 토론한다. 칼빈은 자연현상 그 자체로서는 중간원인이 될 수 있지만, 이는 용어상으로 이해되고, 또한 제1원인자에 의한 중간적, 매개적 원인으로 이해한다. 따라서 칼빈은 스콜라 신학자들이 제2원인 그 자체로 결정권을 지닌다고 주장하는 중간원인에 대해 비판한다. 여기서 칼빈의 중간원인의 성격이 뭐냐라고 할 때, 이는 구원론과는 전혀 상관없는 단지 자연현상으로서의 중간원인만을 인정하는 것이다.

신약에서의 이중개념도 하나님의 비밀스런 경륜으로서 나타나는데, 이는 구원론과 관련된다. 하나님의 부르심에 있어서 외적 부르심과 내적 부르심의 이중성이 있고, 복음을 전했을 때, 어떤 이는 듣고 순종하는 반면, 어떤 이는 거부하는 것이 있는데, 이것이 표면적으로는 사람의 선택에 따라 일어난 일로 여겨지지만, 하나님의 숨은 비밀스런 경륜에 의해 이루어진다는 것이다. 칼빈은 또 사람이 외형적으로 신앙이 있는 것처럼 보이지만 성령으로 중생하지 않으면 일시적인 믿음이라고 박수 시므온을 통해 소개한다. 따라서 칼빈이 여기에서 언급하는 중간개념은 어떤 상태나 위치를 의미하는 것이 아니라 시간적인 의미로서 이해하고 있음을 알 수 있다.

## 『기독교강요』의 중간상태

칼빈은 1559년 라틴어 최종판을 통해 중간개념을 그의 주석에서만큼이나 상세하게 논의하고 있다. 최종판에서는 '중간적'이라는 용어가 빈번하게 나타나는 반면 1536년 라틴어 초판에서는 거의 나타나지 않고, 1541년 프랑스어 초판에서는 아주 드물게 이 용어가 나타난다. 따라서 라틴어 최종판을 중심으로 개괄적으로 살피고자 한다.

### 중세 스콜라 신학과 칼빈의 일치점과 차이점

이중개념에서 중간개념으로의 전환은 중세 스콜라 신학에서 있어왔다.[26] 중세 스콜라 신학자들에 따르면, 필연과 우연 사이, 제1원자와 제2원인자 사이, 원인과 결과 사이, 가능태와 현실태 사이의 중간상태 또는 중간지식은 제1원인자의 예지 안에서 결정의 부재 또는 비결정성을 포함한다. 칼빈의 『기독교강요』에서도 중세 스콜라 신학에서 말하는 중간상태의 개념이 등장하는지, 그 개념이 중세 스콜라적 개념과 일치하는지, 차이가 있는지를 살펴보자.

### 자유의지의 관점에서 중간상태

칼빈은 『기독교강요』 2.2.3에서 플라톤의 의지론을 언급한다. 교부들이나 중세 스콜라 학자들이 플라톤의 의지론에 영향을 받았고, 그들의 사고의 출발점을 여기에 두고 있다. 칼빈에 따르면, 플라톤은 지성과 감각과 욕구 또는 의지는 영혼 안에 자리 잡고 있어서, 지성에는 이성이 있고, 이성은 그 자체의 우

---

26 제2장 "역사적 고찰" 참조.

수성을 견지하며 자연이 부여한 힘을 발휘할 수 있다. 감각은 사람을 오류와 착각으로 이끄는 것이지만, 이성의 채찍으로 길들이며 점진적으로 극복할 수 있다는 것이다. 또한 플라톤은 의지의 위치를 가리키는데, 이는 이성과 감각의 중간에 놓여 있다(Voluntatem porro inter rationem et sensum medium locant)고 강조한다.[27] 따라서 의지에는 독자적인 권리와 자유가 있어서, 이성에 복종하거나 감각이 원하는 것을 행하여 더럽게 될 수 있다는 점을 소개한다.

칼빈은 크리소스톰(Chrysostom)과 제롬(Jerome)이 플라톤의 사상에 입각하여 하나님께서 인간에게 자유로운 선택과 결정을 허락하셨다고 말한다. 또한 그는 이 문제에 있어서 아우구스티누스를 제외한 대부분의 교부들이 인간의 의지를 찬양하면서 서로 다른 주장을 펼친다고 평가한다.[28] 오리겐(Origen)도 자유의지는 선악을 구별하는 이성의 능력이며 선악을 선택하는 의지와 능력으로 정의한다고 칼빈은 지적한다.

칼빈은 『기독교강요』 2.2.5에서 중간적인 것(res medium)이라는 용어를 사용한다. 스콜라 학자들은 하나님 나라에 속하지 않은 것으로서 인간의 자유로운 결정(libero hominis consilio)에 속한 것을 중간적인 것이라 칭한다. 그러나 칼빈에게 참된 의는 하나님의 특별한 은혜와 특별한 중생에서 비롯되는 것이다.[29] 칼빈은 의지와 자유의 문제를 다루면서 교부나 중세 스콜라 학자들을 언급한다.[30] 칼빈은 자유의지는 지성과 의지 사이의 중간에 있으면서도 보다 의지에 기울어지는 선택적 능력이라[31]고 주장하는 토마스의 정의를 옳다고 받아들인다. 그러나 칼빈은 토마스의 인간의 자유의지가 지성과 의지 사이 중간에 있다

---

27  Inst., 2.2.3. 칼빈은 플라톤의 Republic Ⅳ. 14ff. & Laws Ⅰ. 644E 와 아리스토텔레스의 De anima Ⅲ. x.433을 인용한다.
28  Inst., 2.2.4. 칼빈은 크리소스톰의 De proditione Judaeorum, hom. i (MPG 49. 377)과 제롬의 Diologus contra Pelagianos Ⅲ. 1(MPL 23. 569)와 오리겐의 De principiis Ⅲ. i .3(GCS 22. 197)을 인용한다.
29  Inst., 2.2.5.
30  Thomas Aquinas, Summa Theologica, Ⅰ.Q.83,art.3.
31  Thomas Aquinas, Summa theologicia, Ⅰ.Q.83,art.3.

는 것을 옳다고 여기면서도, 그의 인간의 자유선택과 자유의지에 대해 비판한다. 자유선택의 능력은 욕구에서 찾을 것이 아니라는 것이다. 욕구는 마음이 숙고한 결과가 아니고 자연적인 경향에서 생기는 것이기 때문에, 동물의 욕구와 같다는 것이다. 인간이 선을 알고도 그것을 선택하지도 않고, 이성을 가지고 신중히 고려하거나 지성을 경주하지도 않는다는 것이다. 따라서 칼빈은 이 부분에 있어서 두 가지의 오해를 경계해야 한다고 다음과 같이 말한다.

> 첫째, 여기서의 욕구는 의지의 충동이 아니라 본성의 경향을 의미한다. 둘째, 선은 덕성이나 공의를 말하는 것이 아니라 일들이 잘 될 때와 같은 상태를 의미한다. 요컨대 사람은 선한 것을 따르고 싶어 하면서도 실제로는 그대로 따르지 않는다. 영원한 복락을 좋아하지 않는 사람은 없지만, 성령의 충동을 받지 않으면 아무도 그것을 추구하지 않는다.[32]

또한 칼빈은 본 주제와 관련해서 스콜라 학자들의 중간상태 사상을 비판한다. 그는 요일 3:9의 하나님께로서 난 자마다 죄를 짓지 아니하나니 이는 하나님의 씨가 그의 속에 거함이라는 말씀을 근거로 해서 궤변가들의 이 사상을 비판한다. 그들은 사람의 자유의지로 수락할 수도 있고 거부할 수도 있는 중간적인 움직임이 하나님의 견인의 효과를 제외시킨다.[33] 칼빈은 중세 스콜라 학자들이 이 문제를 해결하기 위해 사용한 중간상태의 사상을 정확하게 꿰뚫고, 이것이 인간의 측면에서 긍정적인 것도 있지만, 하나님의 구원에 있어서는 인간의 의지의 자유는 상실되었다고 주장한다. 또한 칼빈은 본 주제와 관련해서 스콜라 학자들의 중간상태 사상을 비판한다. 그는 요일 3:9의 하나님께로서 난 자마다 죄를 짓지 아니하나니 이는 하나님의 씨가 그의 속에 거함이라는 말씀

---

32 *Inst.*, 2.2.26 (CO 2, 207), "Nam et appetitus hic non proprius voluntatis motus, sed naturalis inclinatio, et bonum, non virtutis aut iustitiae appellatur, sed conditionis: ut scilicet homo bene habeat. Denique ut maxime appetat homo assequi quod bonum est, non tamen sequitur. Sicuti nemo est cui non grata sit aeterna beatitudo, ad quam tamen nemo nisi spiritus impulsu aspirat."
33 *Inst.*, 2.3.10.

을 근거로 해서 궤변가들의 이 사상을 비판한다. 그들은 사람의 자유의지로 수락할 수도 있고 거부할 수도 있는 중간적인 움직임이 하나님의 견인의 효과를 제외시킨다는 것이다.[34] 이 문제는 나중에 다루기로 하자.

### 인간의 몸과 영혼의 사이의 중간상태

칼빈은 2.3.1.에서 인간의 영과 몸 사이의 중간적인 것에 대해 언급한다. 그는 요 3:6의 말씀을 근거로 영과 육은 완전히 대립되어 중간적인 것이 있을 수 없다고 논증한다. 사람에게서 영적인 것이 아닌 것은 모두 육적인 것이라 부르게 되며, 중생하지 않고는 결코 영을 가질 수 없고, 나면서부터 육에 속해 있다고 강조한다.[35] 영에 속했던지 아니면 육에 속했던지 둘 중 하나에 속한 것이 인간의 본성이라는 것이다. 따라서 중생하지 않으면 영을 가질 수 없기 때문에 인간의 의지에 따라 선택할 수 있는 중간적인 영역이 남아있지 않다는 것이다.

### 권징과 중간상태

4.12.6.에서 권징에 대한 교리를 말할 때도 중간개념을 사용한다. 죄를 구별할 때, 공적인 죄, 사적인 죄, 그리고 비밀에 속한 죄로 설명한다. 공적인 죄는 한 두 사람만이 본 것이 아니라 공개적으로 지은 것이고, 비밀한 죄는 위선자들이 짓는 죄로써 교회가 판단할 수 없는 교묘히 숨겨져 있는 죄악이다. 그렇지만 이 죄는 사람들에게 완전히 숨겨졌다는 뜻이 아니라, 아는 사람은 있으나 아직 공개되지는 않은 죄라고 말하는데, 이것이 중간적인 것이라고 말한다. 아직 공개되지 않은 것으로서 언젠가는 드러나게 될 개연성이 있는 죄가 중간적인 것이다.[36] 칼빈은 또한 4.14.10.에서 성례를 일컬어 중간적인 광채라고 말한다. 태양광선을 우리 몸에 비추어서 우리로 하여금 확실한 믿음 위에 서게 하며, 확신을 얻게 한다. 이처럼 상징적 의미를 지닌 성례도 중간의 매개라는 차

---

34  *Inst.*, 2.3.10.
35  *Inst.*, 2.3.1.
36  *Inst.*, 4.12.6.

원에서의 중간적 광채라고 설명한다.[37]

## 선택과 중간상태

칼빈은 3.21.7.에서도 중간상태(medium quiddam)의 개념을 제시한다. 이는 피터 릴백이나 화란의 현대 개혁신학자들이 중세 스콜라 신학자들의 중간사상 개념과 동일시하는 아주 중요한 부분에 해당된다. 해당 라틴어 본문에 등장하는 문장을 해석하면 다음과 같다.

> 그러나 그들을 보존하기 위해 확실한 것으로서 내부의 효과적인 은혜 없이 외적인 변화는 인류의 유기와 선택받은 소수의 경건한 자들 사이의 중간상태이다.[38]

칼빈은 개인의 실제적인 선택을 논하면서, 이스라엘 안의 선택받은 남은 자와 유기된 자들에 대해 설명한다. 많은 사람들이 탈락하여 사라지고 극히 적은 일부만이 남는 경우가 있다고 논증한다. 그는 탈락하는 자들에 대해 말하면서, 아직 중생의 영을 받지 않고 외적인 변화만 주어진 자들이 중간상태에 놓여있다고 말한다. 중간상태는 하나님께서 끝까지 참고 견디게 하는 중생의 영을 즉각적으로 주시지 않고 외적으로 변화된 존재의 상태를 지칭한다.[39] 따라서 이 상태에 있는 사람은 중생의 영을 받을 수 있는 개연성이 다분히 있다. 그런 의미에서 칼빈은 중간상태의 개념을 제시한다. 차후에 구원을 받을지 어떤지에 대해 모르는 상태에 대해서는 중세의 중간상태 개념이나 칼빈의 개념이 동일하다. 그러나 스콜라 신학자들은 중간상태에 있는 인간이 자신의 이성이나 의지의 노력으로, 자신의 선택적 결정에 따라서 구원을 얻을 수 있다고 주장하

---

37 Inst., 4.14.10.
38 Inst., 3.21.7 (CO 2, 686), "Sed externa mutatio absque interiori gratiae efficacia, quae ad eos retinendos valida esset, medium quiddam est inter abiectionem humani generis, et electionem exigui piorum numeri."
39 Inst., 3.21.7.

는 반면, 칼빈은 시간적인 개념을 포함시키는 듯하다. 언제인지는 모르지만 하나님께서 중간상태에 있는 특정한 개인에게 양자의 영을 주실 때에만 구원을 얻을 수 있고, 남은 자가 될 수 있음을 주장한다. 칼빈은 이와 비슷한 개념을 3.13.4.에서도 도입한다. 하나님께서 믿음을 통해서 우리를 거저 부르시며 의롭다하심으로써 설득해 주실 필요가 있는데, 이는 영원한 예정으로부터 미래의 영광에 이르는 중간상태(medius quidam)에 놓여있다고 말한다.[40]

**성령과 중간상태**

칼빈은 3.2.11.에서 성령의 사역을 말할 때, 보다 낮은 단계의 사역(inferior spiritus operatio)을 소개한다. 이는 성령께서 버림받은 사람들 속에서도 역사하셔서, 낮은 단계이지만 확신을 줄 수도 있고, 말씀에 대한 이해를 가질 수도 있다고 피력한다. 그러나 이것은 구원을 주는 양자의 영이 아니며, 그야말로 보다 낮은 작용으로서의 성령의 활동이라는 것이다.[41] 칼빈은 이러한 성령의 작용에 의해 생겨진 믿음을 '일시적인 믿음(fide caduca ad tempus)'이라고 지칭한다. 또한 칼빈은 행 22:16 주석에서 성령을 속인 아나니아의 구원을 다룰 때, 구원을 위한 성령의 작용을 두 가지로 설명한다. 성령의 외적인 사역과 내적인 사역인데, 전자는 보다 낮은 단계의 작용이고 후자는 그야말로 양자의 영에 의한 확실한 구원이다. 칼빈은 성령의 보다 낮은 단계의 작용으로써 복음의 가르침이나 세례 자체가 주어진다고 말한다.[42]

베르너 크루쉐(Werner Krusche)는 그의 저서 『칼빈의 성령론(Das Wirken des Heiligen Geistes nach Calvin)』에서 이 문제를 다룬다. 그는 칼빈에게 있어 성령의 사역을 크게 두 종류로 보면서, 보다 낮은 단계의 성령의 작용과 특별한 사역으로써 구원을 위한 양자의 영으로 나눈다. 그는 이를 선택과도 연결시킨다.

---

40  *Inst.*, 3.13.4.
41  *Inst.*, 3.2.11.
42  *CO* 48, 496 (행 22:16 주석).

전자는 일시적이고 일반선택에 속한 것이라면, 후자는 영구적이고 특별선택에 속한 것으로 규정한다. 또한 보다 낮은 단계의 성령의 사역은 타락한 신앙(fides reproborum)과 가상적인 신앙(Scheinglaube) 그리고 시간적인 신앙(fides tempralis, Zeitglaubens)을 양산하며 일반선택과 관련이 있다고 강조한다.[43] 그는 시간적인 신앙 또는 임시적인 신앙(Glauben auf Zeit)은 단순한 시늉(Verstellung)과 참된 신앙 사이에 존재하는 중간물(Mittelding)이라고 주장한다.[44] 사실상 시간적 신앙은 가장(假裝)과 참된 신앙 사이의 중간이라는 것이다. 크루쉐는 성령의 보다 낮은 단계의 사역과 양자의 영, 일반선택과 특별선택에 속한자 모두가 원주 안의 같은 공간 안에 있다고 말하면서, 거기에서 특별한 은혜가 주어진다고 강조한다. 그는 칼빈의 일반선택 자체가 중간상태 또는 중간물로서 유기와 소수의 경건한 자들 사이에 존재하는 것이라고 주장한다.[45] 그가 의미하는 중간상태는 시간적이고, 임시적인 것이다. 중세 신학자들처럼 이 중간상태에서 인간의 의지와 선택에 따라 일반선택에서 특별선택으로 옮겨지는 것이 아니라, 성령의 내적 사역을 통해 옮겨질 수 있는데, 칼빈은 이것이 표면적으로는 중간상태로 나타나지만, 이면적으로는 하나님의 숨겨진 작정에 포함된다고 주장한다.

## 서신에 나타난 중간개념

칼빈의 서신 전체를 통해 살펴볼 때, 중간상태 개념은 매우 드물게 나타난다. 칼빈이 타인에게 보낸 서신에서와 타인이 칼빈에게 보낸 것에서 발견된다. 칼빈이 타인에게 보낸 서신만을 살펴보고자 한다.

---

43  베르너 크루쉐, 『칼빈의 성령론』, 정일권 역 (부산: 개혁주의학술원, 2017), 383.
44  크루쉐, 『칼빈의 성령론』, 384-85.
45  크루쉐, 『칼빈의 성령론』, 361.

칼빈은 르네 드 프랑스 부인에게 보내는 편지에서 부인을 진리에서 떠나도록 하는 미혹하는 자에게서 돌아서라는 충고를 한다. 부인을 미혹하는 자(부인의 궁중 사제)는 로마 가톨릭의 미사가 그렇게 나쁘거나 가증스럽지 않으며, 미사가 나쁘다고 생각하는 사람들은 연약한 양심을 가진 자로 혼란에 빠지기 때문에 도움을 받아야 한다고 주장했다. 칼빈은 부인에게 그 논리가 얼마나 가증스럽고 비진리인지를 논박하면서 설득시킨다. 이때 칼빈은 중간적인 개념을 소개한다. 궁중 사제가 부인을 미혹할 때, 미사는 선하지도 나쁘지도 않는 것이며, 하나님의 명령에 불순종하는 것이 아니라고 했다. 칼빈도 하나님의 말씀 중에 이래도 좋고 저래도 좋은 중간적인 것들이 있다고 말한다. 그것이 성도들의 자유에 맡겨졌다고 하는데, 그렇다 하더라도 칼빈은 미사가 성도들에게 덕을 세우는 것이 아니라면 나쁜 것이라는 논리를 피력한다.[46] 칼빈은 중간적인 것이 아디아포라(adiaphora)로써 자유의 의미를 지닌다는 것을 다음과 같이 언급한다.

> 우리에게 중간적이고 자유로운 것들, 곧 기회에 따라 행하거나 생략할 수 있는 것들에 관해서는 우리 자유가 사랑에 굴복하도록 우리의 형제들에게 맞춰야 한다.[47]

칼빈은 중간상태로서 자유로운 것이 우리에게 있다손치더라도 그것이 성도들에게 덕을 세우지 않고, 선을 넘는 것이라면 죄를 짓는 것이라고 경고한다. 또한 미혹하는 자들, 덕을 세우지 않고 자유를 남용하는 자들이 도를 지나쳐 죄를 지을 때까지 기다리면, 그것이 자유가 아니라 걸림돌임을 알게 될 것이라고 강조한다. 칼빈이 이 서신을 통해 소개하는 중간적 개념은 아디아포라로써 이래도 저래도 하나님의 법에 저촉되는 것 없이 자유로운 것임을 밝힌다.

---

46  1540 - 1544년 까지의 칼빈의 서신 (CO 11. 336-37).
47  1540 - 1544년 까지의 칼빈의 서신 (CO 11. 337). "quod vero ad iila attinet quae quod ad usum media sunt, ut a nobis usurpari omittive possint integra conscientia, in illorum usu videndum, ne nihil non fratribus concedamus, ut libertas illa nostra caritatis legi perpetuo inserviat."

칼빈은 이름은 없지만 그의 사랑하는 친구들에게 보낸 긴 서신을 통해 불경건한 자들의 불법적인 의식(retes)에 대해 논박하면서 기독교 신앙의 거룩성을 말한다. 그는 의식 그 자체는 중립적이고 중간개념을 지닌 것이지만 그것이 성경의 테두리를 벗어나 하나님께 참을 수 없는 모욕을 드러낸다면 그것은 매우 악한 것이라고 강조한다.[48]

## 결론

칼빈이 말한 중간상태 개념은 그의 작품에서 다양한 의미로 발견되었다. 제1원인과 제2원인으로서의 중간원인, 중세 스콜라 신학에서의 중간개념, 에피쿠로스학파의 중간개념, 유일한 원인과 종속적 원인으로서의 중간개념, 재앙과 용서의 약속 사이의 중간상태, 번영과 파멸의 중간상태, 시간적 의미로서의 중간상태(생명책에 기록된 자는 중간에 버림을 받거나 삭제되지 않는다는 것), 타락 전 아담과 하와의 상태가 죄를 지을 수 있는 가능성을 지닌 상태로서 중간상태, 부활하신 예수님의 승천하시기 전의 중간상태의 몸, 구원을 이루어가는 시간의 상태로서의 중간의 계획 또는 중간의 상태, 중간상태로서의 마술사 시몬의 믿음, 양의 탈을 쓴 이리와 선한 교사 사이의 중간위치로서 악한 교사, 지성과 의지 사이의 중간적 위치로서 자유의지, 하나님 나라에 속하지 않은 인간의 자유로운 결정으로서 중간적인 것, 선택과 유기 사이의 중간상태, 영과 몸 사이의 중간, 하나님과 사람 사이의 중간적 존재로서 양심, 공개되지 않은 죄로서 권징교리의 중간개념, 중간적인 광채로서 성례, 미사의 중간개념 등이 나타난다.

---

48  John Calvin, *Selected Works of John Calvin: Tracts and Letters*, ed. Henry Beveridge and Jules Bonnet, vol. 3, Tracts, Part 3 (Grand Rapids: Baker Book House, 1983), 391.

칼빈이 말하는 중세 스콜라 신학의 중간개념은 하나님이 제1원인이라면 이보다 낮은 단계의 제2원인이다. 제2원인은 형상과 모양에 있어서 모양에 해당되는데, 이는 우유성을 지니며, 우발적으로 발생되는 사건이다. 또한 칼빈에 의하면, 중세 스콜라 신학에서의 중간개념은 하나님 나라에 속하지 않은 것으로서 인간의 자유로운 결정에 속한 것이다.

중간상태에 대하여 칼빈과 중세 스콜라 신학과의 비슷한 부분, 공통적인 특징이 발견된다. 중생의 영을 받지 않고 외적인 변화만 주어진 자들이 중간상태에 놓여 있다고 하는 것은 양자가 모두 주장하는 바이다. 칼빈도 이 상태가 중간상태임을 긍정하고, 중세 스콜라 신학에서도 그러하다. 이것만 놓고 볼 때는 칼빈과 중세 신학자들과의 별 차이가 없어 보이고, 칼빈과 그들의 연속성을 주장할 수 있을 것이다.

그러나 칼빈은 중세 신학의 중간상태 개념을 비판한다. 제2원인을 인정하면서도 제1원인성의 섭리 안에서의 역할을 인정할 뿐이지, 그것의 자발적인 결정이나 우발성을 인정하지 않는다. 칼빈은 토마스 아퀴나스가 주장한 고넬료가 구원을 얻은 것은 행위로 미리 준비한 것, 즉 중간원인에 의해 발생된 구원의 준비를 강하게 비판했다. 칼빈은 중간원인으로서 인간의 자유로운 의지의 활동으로 인한 결정 또한 비판했다. 인간의 측면에서 중간상태의 개념이 긍정적인 면도 있지만 하나님의 구원에 있어서는 인간의지의 자유는 상실되었다고 주장했다. 또한 이러한 중간적인 움직임이 하나님의 견인의 효과를 제외시킨다고 강조했다. 따라서 중간상태 개념에 있어서 칼빈과 중세 스콜라 신학과의 관계는 불연속적이다.

칼빈의 중간상태에 나타난 특징은 원인적이거나 장소 또는 위치적 개념이 아니라 시간적 개념이다. 칼빈은 양자의 영을 받지 않았지만 외형적인 변화가 있는 사람을 일컬어 중간상태에 놓여 있다고 정의했다. 칼빈의 이 설명은 논란의 여지가 있다고 판단된다. 그러나 그 전체 문맥을 살펴 볼 때, 이러한 중간상태는 시간적인 의미 속에서 일시적인 것이지 인간의지의 결정이 포함되지 않는다. 다만 외형적으로 볼 때, 이것이 인간의 결정에 의해 비롯된다고 할 수 있지만, 그러나 하나님의 은혜에 의해 비롯되는 것이다. 양자의 영을 받지 않은 사람, 그리하여 내적인 변화가 없이 외적인 변화를 지닌 사람이 양자의 영을 받을지 어떨지에 대해서는 알 수 없는 하나님께만 속한 영역이다. 따라서 칼빈의 중간상태 개념의 특징은 시간적으로 일시적인 의미를 지닌다고 볼 수 있다.

IV

칼빈의
예정론에 나타난
중간상태

Calvin's Theory of Predestination and Providence

# 칼빈의 예정론에 나타난 중간상태

우리는 앞에서 칼빈의 작품을 통해 이중개념과 중간상태 개념[1]을 개괄적으로 살펴보았다. 이제 칼빈이 사용한 중간상태 개념을 그의 신학을 통해 본격적으로 다루고자 한다. 본 장에서 그의 예정론을 중심으로 살펴보자.[2] 이 책의 주

---

1  김재용, "칼빈에게 있어 이중적 개념과 중간적 개념에 대한 개괄적 이해", 「갱신과 부흥」 22 (2018): 39.
2  칼빈의 예정론의 발전과정과 위치는 다음과 같다. 1.『기독교강요』 1536년판 : 여기서의 예정론은 아직 독립적인 교리로 나타나지 않는다. 다만 두 곳에서 언급을 하는데, 첫째는 사도신경의 두 번째 항을 설명할 때와 둘째, 교회론의 위치인 네 번째 항으로써 교회가 처한 핍박과 관련해서 설명할 때이다. 2.『교리문답서』(1537년에 불어로, 1538년에 라틴어로 기록됨)에서는 제13항인 '선택과 예정'(De Electione et Praedestinatione)의 항목으로 다뤄진다. 여기서는 독립적인 항목으로 자리 잡았다. 선택과 유기라는 이중예정을 제목으로 잡지 않은 것에 대해 칼빈은 유기보다 선택에 관심이 있었다고 주장하는 학자들이 있지만 내용상, 선택과 유기에 대한 설명이 나타난다. 선택과 유기는 동일한 하나님의 결정으로 언급된다. 3.『기독교강요』 1539년판 : 여기서는 예정론이 완성된 형태로 나타난다. 제8장 '하나님의 예정과 섭리에 관하여'라는 제목으로 독립된 위치에서 예정론으로 다룬다. 칼빈은 여기에서 예정론에 관한 위험성을 지적하는데, 하나님의 예정에 대한 지나친 호기심을 야기시키지 말아야 할 것과 선택교리에 대해 침묵하라고 경고한다. 칼빈은 "주께서 비밀로 숨겨 두신 것은 조사해서는 안되며, 공개하신 것은 경시하지 말아야 한다. 그러면 우리는 한편으로는 지나친 호기심을 가졌다는 비난을 피하면서도 다른 한편에서는 은총을 모른다는 비난을 피할 수 있다"(Inst., 3. 21. 3.)고 말한다. 예정의 정의, 선택과 구원의 확실성, 그리스도 안에서의 선택, 예정의 궁극적인 원인에 대한 내용으로 구성되었고, 이러한 배치는 1554년판까지 유지되었다. 4. 예정론 논쟁 시기 : 『기독교강요』 1539년판이 출판된 뒤 칼빈의 예정론은 논쟁의 대상이 되었다. 1542년에는 알버트 피기우스(Albert Pighius)를 비롯해, 1551년에는 제롬 볼섹(Jerome Bolsec), 1543년에는 장 트롤리에(J. Trolliet), 1554년에는 세바스챤 카스텔리(Sebastian Castelli)의 논쟁이 있었다. 볼섹은 다음과 같이 주장했다. 첫째, 영원한 선택은 그리스도 안에서, 그리스도를 통하여, 그리스도 때문에, 역사 안에서 일어나며, 둘째, 선택받은 자들과 유기된 자들은 실제로 진행 중인 세계의 역사 속에서

제와 관련해서 칼빈의 예정론이 가장 밀접하게 관련되어 있기 때문이다. 두메르그(Emile Doumergue) 제베르크(Reinhold Seeberg), 베버(Hans Emil Weber)를 포함한, 대부분의 칼빈 연구가들은 칼빈의 예정론과 섭리론의 관계가 서로 가깝게 관련되어 있다는데 동의한다.[3] 이 책은 양자의 관계에 대해서는 다루지 않을 것이다. 먼저, 예정론에 있어서는 선택과 유기 사이에 중간적 위치가 있는지를 고찰할 것이고, 이 개념을 좀 더 좁혀서 선택에 있어서 일반선택과 특별선택 사이의 중간개념을 다룰 것이다. 이 개념이 타락 전 선택(supralapsarismus)과 타락 후 선택(infralapsarismus)과 어떤 관련이 있는지, 또한 타락 전과 타락 후 사이에 중간개념이 있는지를 논의할 것이다. 칼빈의 예정론에 나타난 중간상태 개념이 중세 스콜라 신학의 것과 일치하는지 불일치하는지를 다룰 것이고, 어떤 차이점과 공통점이 있는지를 고찰하고자 한다.

---

그들의 신앙의 결여에 의해 일어나며, 셋째, 선택의 주된 배경은 은총과 보편적 조명으로서 신앙과 불신앙이 중요하며, 넷째, 신앙은 하나님의 선물인데 반해 죄는 멸망의 유일한 원인이다. 칼빈은 볼섹의 주장을 조목조목 반박한다. 첫째, 영원한 선택은 하나님의 의지와 선한 기쁨에 의해 비롯되었고, 둘째, 선택된 자들과 유기된 자들은 하나님의 영원하고 불변한 작정에 의해 분리되며, 그 작정은 역사 속에서의 궁극적인 원인이며, 셋째, 주된 배경은 죄와 보편적 타락이며, 넷째, 신앙은 하나님의 선물이고 죄는 멸망의 이차적인 원인이다. 5. 『기독교강요』 1559년판 : 여기에서는 위의 논쟁의 결과로 예정론이 확대되고 강화되었다. 유기에 관련된 구절들이 눈에 띄게 많아졌고, 훨씬 확장된 형태로 나타난다. 1543년에서 1550년까지는 21개의 장에서 다루었지만, 최종판에서는 80개 장으로 확대되었다. 섭리론과 예정론이 분리되어 섭리론은 제1권 신론에서 다뤄지는 반면, 예정론은 제3권 구원론에 자리를 잡고 있다(3권 21장에서 24장). 칼빈은 예정론을 성경 위에서 수립하면서도, 인간의 경험과 조화된다는 점을 강조한다. 칼빈은 선택이 경험적으로 확인 가능하다는 것을 확신한다. 계속되는 은혜는 선택의 결과이며, 선택은 은혜로 확인된다. 특별히 선택과 신앙의 인과관계가 명료화되고, 조화된다. 예정론이 섭리론과의 관계에서 보면, 큰 변화가 있었다. 같은 항목에서 다루다가 섭리론은 창조론과 관련 배치시키고, 예정론은 계속 구원론과 관련시킨다. 6. 칼빈의 예정론은 교회론적 배경에서 전개되었다. 이전에는 사도신경의 해석부분에 위치되어 섭리와 예정이 하나로 다뤄졌다. 이후 선택론을 중심으로 예정론의 형식으로 독립된 교리로서 위치를 차지하게 되었다. 1539년판에서는 거의 완전한 형태의 예정론으로 발전하였다. 그 후 논쟁을 거치면서, 칼빈은 그의 예정론을 강화시켜 최종판에 반영시켰다고 볼 수 있다. 교회의 그 권세는 사도신경 해석에서 신앙이란 제목 하에 논해졌지만 최종판에서는 제4권에 위치하고 있다.

3 Doumergue, *Jean Calvin*, IV, 354. quoted in C. *Calvin and Classical Philosophy* (Leiden: E. J. Brill, 1977), 134. Reinhold Seeberg, *Lehrbuch der Dogmengeschchichichte*, IV.2, 5th ed. (Basel: Benno Schwabe & Co., 1960), 580. Hans Emil Weber, *Reformation, Orthodoxie und Rationalismus* I (Darmastadt: Wissenschaftliche Buchgesellcdhaft, 1966 (1937), 243. in Partee, *Calvin and Classical Philosophy*, 134. J. Bohatec, "Calvin Vorsehungslehre," *Calvinstudien* (Leipzig: Rudolf Haupt, 1909), 394. quoted in Partee, *Calvin and Classical Philosophy*, 134. 김종희, "칼빈의 섭리론과 예정론의 관계", 「성경과 신학」 80 (2016): 134.

## 문제제기

화란의 개혁신학자 빌렘 판 아셀트(Willem J. van Asselt), 테오 플레이지어(T. Theo J. Pleizier), 피터 라우웬달(Peter L. Rouwendal), 마르턴 비세(Maarteen Wisse), 에프 데커(Eef Dekker)와 미국의 개혁신학자 리처드 멀러(Richard A. Muller) 등은 종교개혁 당시의 신학자들을 포함하여 16-18세기 개혁파 신학이 중세 스콜라 신학의 영향력으로부터 자유롭지 않았다고 주장한다.[4] 멀러는 칼빈도 중세 스콜라 신학의 아리스토텔레스적 방법론을 도입하였고, 중세 신학의 영향 하에 있었다고 강조한다. 멀러는 그의 책 Christ and Decree에서 칼빈이 중세 신학에서 사용된 제1원인과 제2원인 그리고 우연이라는 용어를 사용할 뿐만 아니라 여기에 담긴 의미도 수용하였다고 다음과 같이 주장한다.

> 칼빈은 스콜라적 아우구스티누스주의의 제1원인과 제2원인의 용어를 사용한다. 인간이 자신의 의지를 사용함으로써 어떤 사건들의 책임이나 우발적인 성격의 제2원인 또는 보다 못한 원인을 무시함 없이 제1원인의 필연적인 질서와 함께 할 수 있다는 뜻에서 이러한 용어들을 사용한다.[5]

멀러는 칼빈이 제1,2원인과 우발성(contingency)이라는 용어 자체를 사용했을 뿐만 아니라 그 의미까지도 수용하고 있다는 것을 강조한다. 이는 제1원인과 우발성[6]이 가미된 제2원인이 조화롭게 양립한다는 것으로 이해된다. 멀러는

---

[4] Willem J. van Asselt & Peter L. Rouwendal & Maarteen Wisse, *Introduction to Reformed Scholasticism* with contributions by T. Theo J. Pleizier ⋯ [et al.], translated by Albert Gootjes (Grand Rapids: Reformation Heritage Books, 2011).
[5] Muller, *Christ and Decree*, 24-27.
[6] 우연(accidence)과 우발성(contingent)의 개념을 구분하기가 쉽지 않은데, 전자는 본질과는 상관 없는 것 또는 본질의 변화를 초래하지 않는 상태를 말한다. accidence는 라틴어 어원 accido에서 왔다. 이는 '자르다', '죽이다', '멸하다', '사라지다'의 뜻을 지닌다. 따라서 본질은 변하지 않지만 본질에서 파생된 형상들은 모두 사라질 수 있는 것을 말한다. 후자는 사물이든지 자연이든지 하나님의 창조의 결과물로써 하나님께 의존적이고 종속적이면서도 이는 어떻게 움직일지 사람이 알 수 없는 상태를 가리킨다.

또 칼빈이 중세 신학의 실천적 삼단논법(practical syllogism)을 자신의 신학에서 선택의 확신을 위해 사용했다고 판단한다.[7] 멀러는 칼빈이 둔스 스코투스(Duns Scotus)에 의존해 있다[8]고 하면서, 신적인 결정은 신적 자유를 침해하지 않는다고 주장한다.[9] 멀러는 불링거를 언급하면서 인간이 지니고 있는 의지를 두 가지로 분류하는데, 의지를 나타내는 라틴어 단어인 voluntas와 arbitrium으로 이를 구분하여 설명하였다. 전자는 죄를 억제할 수 있는 능력을 상실한 의지인 반면, 후자는 선을 선택할 수 있는 의지의 자유로써 타락한 인간에게 남아있다고 말한다.[10] 멀러의 의도는 인간이 선을 선택하고 좋은 것을 행할 의지의 능력은 그대로 남아있기 때문에 인간은 그 의지의 사용 여부에 따라, 상을 받을 수도 있고 죄책을 받을 수도 있다는 것이다. 그는 『기독교강요』 2.2.7-12,26을 인용함으로써 이것이 칼빈의 견해라고 주장한다. 멀러는 위의 불링거의 사상과 칼빈의 사상을 일치시킨다.[11]

멀러는 불링거나 칼빈의 견해가 중세 스콜라 신학자들의 개념 구별에서 비롯되었다고 말하는데, 이것이 칼빈 자신의 견해인지에 대해서는 나중에 구체적으로 살펴보아야 할 것이다. 또한 멀러는 〈웨스트민스터 신앙고백서〉[12]에 나타난 우발성(contingency)의 문제를 토론하면서, 칼빈을 포함한 개혁파 신학자들이 주장하는 하나님의 예정 속에 '이차적 원인의 자유와 우발성'이 포함된다

---

7　Muller, *Christ and Decree*, 25.
8　Muller, *Christ and Decree*, 175.
9　Muller, *Christ and Decree*, 180. "This is indeed a deterministic system, but as with Calvin, the stress is upon hope in Christ and the utterly free grace of the transcendent God in making possible the salvation of believers; and the divine determination, lodged in another order of being, does not infringe upon the freedom of contingency of events in this, the order of finite being."
10　Muller, "Grace, Election and Contingent Choice: Arminius's Gambit and the Reformed Response", 27. ed. Thomas Schreiner & Bruce Ware, *The Grace of God, the Bondage of the Will*, vol 2 (Grand Rapids: Baker Book House, 1995), *Historical and Theological perspectives on Calvinism*, 1995, 251-79.
11　Cornelis P. Venema, *Heinrich Bullinger and the Doctrine of Predestination*, Author of "the Other Reformed Tradition" (Grand Rapids: Baker Academic), 2002, 68. Venema는 여기에서 불링거가 칼빈의 이중예정을 비판한다고 밝힌다. 불링거와 칼빈의 사상이 구원에 관해 동의하는 부분이 많지만 첨예하고 결정적인 부분에서는 확연한 차이를 보이고 있다.
12　웨스트민스터 신앙고백 5장 2항에서 하나님의 섭리(providence)를 구체적으로 다루고 있다.

고 말한다. 이는 철학적인 결정론 즉 인간에 있어서 엄격한 형태의 형이상학적 결정론이 아니라 구원의 문제에만 적용되는 것이라고 한다.[13] 멀러는 칼빈의 하나님의 은혜와 주권을 강조하면서도, 하나님이 물리적 차원의 인간의 상황 속에서만 관여하시지, 형이상학적 상황에서는 아니라고 주장하는 셈이다. 이 또한 중세 스콜라 신학의 주장으로서, 칼빈과 이들의 사상은 동일한 것으로 멀러는 파악한다. 그는 칼빈이 중세 스콜라주의에 대한 것에 완전히 부정적인 태도를 취하지 않았다고 주장한다.[14] 칼빈이 『기독교강요』에서 소르본대학의 신학자들을 공격했지 중세 스콜라 전체는 거부하지 않았다는 것이다.[15] 그러나 칼빈은 자신의 주석 여러 곳에서 중세 스콜라 학자들의 우연성과 제2원인들에 대해 신랄하게 비판하는데 과연 멀러의 주장이 합당한지를 살펴보아야 할 것이다.

미국 웨스트민스터신학교의 피터 릴백(Peter A. Lillback)은 그의 책 The Binding of God에서 칼빈의 언약론을 다룬다. 그는 칼빈의 이중선택론에 있어서 일반선택과 특별선택 사이에 행위의 조건이 발견된다고 주장하였다. 그는 칼빈이 『기독교강요』 3.21.7에서 언급한 '중간상태(medium quiddam)'에 대해 해석하기를 언약을 지키고자 하는 노력 여하에 따라 언약을 지켜낼 수가 있고,

---

13 Muller, "Grace, Election and contingent choice:", 251-79.
14 멀러, "개신교 스콜라주의: 개관과 정의", 57. 『종교개혁과 스콜라주의』, 빌렘 판 아셀트, 에프 데커 엮음, 한병수 옮김 (서울: 부흥과 개혁사, 2014).
15 칼빈은 『기독교강요』 여러 곳에서 중세 스콜라 학자들을 비판한다. Inst., 2.2.4, 여기서는 토마스의 인간의 선택능력에 대해 비판한다. 또한 중세 스콜라학파와 롬바르두스와 제롬의 이성과 의지와 은총을 다루는 문제에 대해 비판한다. Inst., 2.2.5,에서도 스콜라학자들이 세 가지 자유를 구별하였는데, 이는 필연성과 강제를 혼동한 것이라고 비판한다. Inst., 3.2.33,에서는 스콜라 철학자들의 지식에서 오는 단순한 동의를 믿음과 동일시하고 심령의 확신과 확실성을 무시해 버린다고 비판한다. Inst., 3.2.38,에서는 스콜라 철학자들이 각 사람 스스로 은혜를 받을 자격이 있다고 생각하는 것에 대해 은혜는 도덕적 판단으로 알 수 있을 뿐이라고 주장하는 것에 대해 비판한다. 3.4.1,에서 스콜라 학자들이 주장하는 회개에 대해 비판한다. Inst., 2.4.27,에서 토마스가 주장한 처음으로 죄의 용서를 받을 때 은혜만 작용하나, 그 후에 타락하면 행위가 협력해서 두 번째 용서를 얻는다는 것에 비판한다. Inst., 3.11.13,에서 선행이 의로움을 위하여 유효하다고 주장하는 스콜라 사상을 비판한다. Inst., 3.11.15,에서 믿음이 공로에 대한 보상을 기다리는 양심의 확신이라는 것과 은혜로 값없이 의를 전가해 주는 것으로 해석하지 않는 것에 대해 스콜라 학자들을 비판한다.

이를 파기할 수도 있다고 말한다.[16] 언약을 잘 지켜냈을 때 특별선택에 속한 사람으로 판명된다는 것이다. 화란의 흐라플란트(C. Graafland)도 이 견해에 동의하여, 그의 책에서 이를 인용하였다.[17] 사실상, 릴백도 칼빈을 중세 스콜라적인 시각으로 해석한 것으로 판단된다. 이러한 모든 것은 칼빈사상에 대한 새로운 해석에 해당된다. 칼빈의 사상이 위의 내용대로 판명된다면, 칼빈의 신학체계는 우리가 기존에 알고 있는 것과 전혀 다른 것이 될 수 있다. 여기에서 이들의 주장이 옳은지 구체적으로 살펴야 할 필요성이 제기된다.

## 예정론에서의 중간상태

칼빈의 예정론은 이중적이다. 선택과 유기, 일반선택과 특별선택으로 나뉜다. 칼빈과 중세 스콜라 신학의 연속성을 주장하는 자들은 양자 사이의 중간상태를 강조한다.[18] 선택과 유기 사이에 있는 사람이 어떻게 선택 또는 유기로 갈 수 있는지에 대해 토론한다. 그들은 중간상태에 놓인 인간의 이성과 의지로 자유로운 선택을 할 수 있다고 주장한다. 그들에 의하면 칼빈의 신학사상에서도 이러한 개념이 발견된다며 중세 스콜라 신학과 칼빈을 연결시킨다. 칼빈의 예정론을 통해 이를 자세히 살펴 칼빈에게서 이들이 말하는 중간상태가 발견되는지, 또한 그의 이해가 그들과 같은가를 살펴보자.

### 선택과 유기

예정의 이중성은 선택과 유기로 나뉜다. 칼빈은 그의 작품 전반에 걸쳐 예정을 언급한다. 그의 예레미야 주석에서 선택과 유기개념이 더욱 상세히 거론된다. 렘 10:25 강해에서 칼빈은 어떤 사람은 선택되었지만 다른 사람은 버림받

---

16  Lillback, *The Binding of God*, 210-30.
17  Graafland, *Van Calvijn tot Comrie*:, 83-91.
18  *CO* 38, 95 (렘 10:25 강의).

았다고 분명히 언급한다.[19] 예레미야 선지자에 의하면 하나님은 선민에게는 아버지이지만 버림받은 자에게는 심판자이다.[20] 그러나 여기에는 많은 반론이 존재한다. 우선 불링거(Heinrich Bullinger)는 칼빈과 동시대 개혁자로서 하나님께서 백성들을 선택은 하셨지만 유기는 하지 않았다고 주장했다. 불링거는 하나님의 선택이 예수 안에서 이루어졌다고 말하면서, 복음이 모든 사람에게 공평하게 선포되었기 때문에, 이를 받아들이는 자는 선택된 자이지만, 거부하는 자는 자신이 불신의 책임을 져야한다고 강조한다.[21] 아울러 그는 불변의 유기 작정(immutable decree of reprobation)에 대해 말하지 않는다.[22] 베네마는 그가 선택만 강조하고 유기에 대한 언급을 피하는 온건한 입장을 고수했다고 평가한다.[23] 웨인 베이커(J. Wayne Baker)도 불링거는 언약의 조건성을 강조하면서 선택에 있어서 인간행위의 책임을 강조했고, 선포된 복음에 믿음으로 반응하는 자가 선택된 자이며, 유기의 작정에 대해서는 말하지 않았다고 주장한다.[24] 피터 로우웬달(Pieter Rouwendal)에 따르면 베이커는 불링거와 칼빈의 차이가 분명하다고 밝힌 반면, 베네마는 양자가 근본적으로는 같지만 단지 강조점(accent)에 있어서 차이가 날 뿐이라고 소개한다.[25] 로우웬달은 지나치게 칼빈과 불링거의 차이를 부각시키려는 것으로 보인다. 베이커는 불링거가 이중예정을 수용하지 않았다는 결론을 내린다.[26] 그는 불링거가 도르트총회에 참석하였다면 제한적 속죄 조항을 거절하였을 것이라고까지 표현한다.[27] 그가 이러한 과격한 결론을 내린 것은 불링거가 유기라는 용어를 사용하지 않았다는데 있다고 본

---

19  CO 38, 95 (렘 10:25 강의).
20  CO 38, 95 (렘 10:25 강의).
21  J. Wayne Baker, *Heinrich Bullinger and the Covenant: The Other Reformed Tradition* (Athens: Ohio University Press, 1980), 47. Bullinger, *Creeds* 3, 252-54.
22  Baker, *Heinrich Bullinger and the Covenant*:, 47. Bullinger, *Bekerung*, fol. 8-8b.
23  Cornelis P. Venema, *Heinrich Bullinger and the Doctrine of Predestination*, 52-53.
24  Baker, *Heinrich Bullinger and the Covenant*:, 45-47.
25  Pieter Rouwendal, "The Doctrine of Predestination in Reformed Orthodoxy", *A Companion to Reformed Orthodoxy*, Edited by Herman J. Selderhuis, (Leiden/Boston, 2013), 563.
26  Baker, *Heinrich Bullinger and the Covenant*:, 47. "His doctrine of predestination throughout the 1560s was essentially a restatement of his teaching in the Decades. Throughout his life Bullinger taught a carefully stated single predestination with overtones of universalism."
27  Baker, *Heinrich Bullinger and the Covenant*:, 47.

다. 그러나 불링거의 초기작품에 나타난 예정교리에 대한 베네마의 평가에 의하면, 그는 어거스틴과 개혁주의 전통을 따랐고, 칼빈과 제네바의 영향에서 벗어난 다른 개혁파 전통의 저자가 아니라고 말한다.[28] 또한 그는 불링거가 유기된 자의 구원받지 못함과 하나님의 의지 사이를 연결 짓는 어떤 토론도 회피한다고 주장한다. 그는 불링거가 어거스틴의 예정론 전통에 서 있기 때문에, 유기를 반대하지는 않았다는 결론을 도출한다.[29] 베이커와 베네마의 견해가 상반되지만, 하나의 개혁주의 전통이라는 구조 속에서 불링거를 생각할 때, 베네마의 견해를 수용하는 것이 정당하다고 보여진다. 따라서 베네마의 견해를 통해 살펴본다면, 불링거에게는 하나님의 의지와 구원받지 못함 사이, 또는 하나님의 선택과 유기 사이의 중간상태는 존재하지 않는다. 사실상 불링거는 1566년에 자신이 작성한 제2차 헬베틱 신앙고백서(The Second Helvetic Confession) 제10장 예정과 관련해서 유기에 대해 언급한다. 그는 하나님께서 소수의 사람을 선택했다는 것을 인정한다하더라도, 어떤 사람을 유기한 것에 대해서는 성급하게 판단하지 말아야 한다고 규정했다.[30] 그의 강조점은 단지 유기를 쉽게 말해서는 안되며, 이에 대한 판단은 신중하게 행해져야 한다고 주장했던 것이다.

양신혜도 불링거와 칼빈의 차이를 설명한다.[31] 그는 그의 논문에서 칼빈의 1552년의 '하나님의 영원한 예정'과 1559년의 『기독교강요』에 나타난 예정론이 다르다는 노이저(Willhelm Neuser)의 견해를 비판한다. 그에 의하면 전자에는 엡 1:4-5의 '그리스도 안에서'라는 문구가 있는 반면, 후자에는 이것이 나타나지 않기 때문에 이중예정이 아니라 단일예정이라는 노이저를 논박한다. 그 이유 중에 하나는 칼빈이 볼섹과의 예정론 논쟁에서 사용한 방법인데, 이성적인

---

28  Venema, *Heinrich Bullinger and the Doctrine of Predestination*, 53.
29  Venema, *Heinrich Bullinger and the Doctrine of Predestination*, 55.
30  Heinlich Bullinger, *The Second Helvetic Confession*, chap. 10, 15.
    https://www.ccel.org/creeds/helvetic.htm. "We are to have a good hope for all. And although God knows who are his, and here and there mention is made of the small number of elect, yet we must hope well of all, and not rashly judge any man to be a reprobate."
31  양신혜, "칼빈의 예정론 이해", 「한국개혁신학」 49 (2016), 126-27.

논증의 방법을 사용했다는 것이다. 그렇기 때문에 교인들에게 설교로 부드럽게 표현하고자 사용된 '그리스도 안에서'라는 문구가 생략되고 이성적 논증이 강하게 나타났다고 주장한다. 그는 칼빈이 볼섹과의 논쟁에서 스위스 종교개혁자들에게 자문을 구한 사실을 언급하면서, 그들의 반응에 주목한다. 그들이 구원으로 이끄는 값없는 택정의 교리에는 동의하였으나, 논쟁에서 가장 중요한 점이었던 절대적이고 영원한 유기라는 불가해한 신비에 대해서는 회피하는 입장을 취했다고 밝힌다. 따라서 그는 이에 대한 취리히 종교개혁자 불링거의 중용과 관대한 입장이 칼빈과 볼섹의 공통점에 집중하였다고 언급한다. 취리히에서 온 편지를 다음과 같이 소개한다. "형제들이여 우리는 당신들에게도 절제가 있기를 기대하고 있습니다. 왜냐하면 당신들이 보낸 편지에서 우리는 당신들이 지나치게 엄격하다는 인상을 받았기 때문입니다."[32] 불링거는 볼섹과의 논쟁에서 칼빈에게 절제와 관용을 요구하고 있다고 판단된다. 양신혜는 이를 통해 칼빈과 불링거 사이에는 강조의 차이일 뿐 근원적인 차이가 없다는 것으로 파악한다.

따라서 칼빈은 유기를 부정하는 자들을 교만하다고 단정하면서 선택과 유기에 대한 자신의 견해를 다음과 같이 피력한다.

> 참으로 많은 사람들은 하나님으로부터 미움을 받지 않으려는 듯이 선택을 용인하면서도 누군가 버림받는 자가 있다는 것을 부정한다. 그러나 이것은 대단히 무지하고 유치한 짓이다. 유기와 대조되지 않으면 선택은 성립될 수 없다. 하나님께서는 구원하시기로 정하신 사람들을 따로 구별하신다고 말하면서, 선택만이 소수에게 주는 것을 다른 사람들은 우연히 또는 자기의 노력으로 얻는다고 말하는 것은 심히 어리석은

---

32 Philp E. Huges, *The Resister of The Company of Pastors of Geneva in the Time of Calvin* (Grand Rapids: Eerdmans, 1966), 177-78, 양신혜, "칼빈의 예정론 이해"에서 재인용.

짓일 것이다.[33]

## 일반선택과 특별선택

칼빈은 선택에 있어서도 일반선택과 특별선택, 즉 이중선택[34]이 있다고 밝힌다. 일반선택에 속한 자들은 할례를 받은 이스라엘 민족 전체로서 하나님께서 그의 모든 후손을 믿음으로 받아들이시고, 그의 모든 언약을 제공한 자들이다. 특별선택에 속한 자들은 일반선택 안에서 중생을 체험하거나 양자의 영을 받은 자들을 말한다.[35] 칼빈은 하나님의 숨은 뜻으로서 태초에 사람이 태어나기 전 사람의 운명을 예지하셨고, 예정하셔서 어떤 자는 선택하시고 또 다른 자는 유기하셨다는 바울의 입장을 그대로 고수한다. 또한 롬 9:8의 이스라엘 민족 안에서 육신의 자녀와 약속의 자녀가 있다는 일종의 이중선택이 인정된다. 앞에서도 언급했듯이 이런 하나님의 선택에는 하나님이 모든 것 심지어 악의 원인도 되신다는 것과 인간에게 일어나는 모든 행위의 책임도 하나님이 져야 한다는 문제가 남아 있다. 칼빈은 아우구스티누스의 영향을 받아 이 문제에 대해 깊이 생각하였고, 성경적 사고를 훼손하지 않고 성경의 논리를 그대로 따랐다. 이 문제에 대해서는 섭리에 대한 논의에서 다루기로 하자.

릴백이나 흐라플란트는 이 문제를 또 다른 방식으로 풀어나간다.[36] 칼빈에게서 중세 스콜라 학자들의 중간개념이 발견된다는 것이다. 그들은 칼빈도 이 문제를 해결하기 위해 중세의 중간개념을 도입했고, 그의 작품에 등장한다고 주장한다. 사실상 칼빈은 그의 작품에서 '중간상태', '중간위치' 등의 용어를 사용한다. 칼빈이 이 용어를 사용한 의도가 스콜라적인지 어떤지에 대해서 판단하

---

33 *Inst.*, 3.23.1 (CO 2, 698). "Ac multi quidem, ac si invidiam a Deo repellere vellent, *electionem ita fatentur, ut negent quemquam reprobari. Sed inscite nimis et pueriliter: quando ipsa electio, nisi reprobationi opposita, non staret. Dicitur segregare Deus quos adoptat in salutem: fortuito alios adipisci, vel sua industria acquirere, quod sola electio qaucis confert, plus quam insulse dicetur."
34 CO 8, 323 (De aeterna Dei Praedestinatione).
35 CO 42, 454 (호 12:3 주석).
36 Lillback, *The Binding of God*:, 210-30. Graafland, *Van Calvin tot Comrie*:, 83-91.

기가 어려울 정도의 표현이 있어 논란이 되는 부분이기도 하다. 칼빈이 사용한 부분들을 추적해 가면서 그의 의도를 파악해보자.

이 문제는 앞에서도 언급했는데, 중요한 부분인 만큼 심도있는 논의가 필요하다. 위에서 언급한 대로 릴백과 흐라플란트는 자신들이 다루는 칼빈의 언약 개념에서 이 문제를 집중적으로 논의한다. 칼빈이 여기에서 사용한 '중간상태' 개념은 일반선택과 특별선택 사이의 불확실한 상태이다. 거기에 인간의 행위의 조건성 또는 언약의 조건성이 작용하여 언약이 지켜지기도 하고, 파기되기도 한다는 것이다. 따라서 언약을 지키거나 파기하는 것은 순전히 인간의 책임이며, 행위의 조건에 따라서 선택이나 유기 쪽으로 기운다. 이에 대해 칼빈은 다음과 같이 설명한다.

> 하나님께서는 언약을 맺는 사람들에게 끝까지 참고 견디어 언약을 지킬 수 있게 하는 중생의 영을 즉시 주시지 않는다. 그러나 그들을 보존하기 위해 확실한 것으로서 내부의 효과적인 은혜 없이 외적인 변화는 인류의 유기와 선택받은 소수의 경건한 자들 사이의 중간상태이다.[37]

이는 일반선택과 특별선택 사이에서도 동일하게 적용되는데, 사람의 책임여하에 따라 일반선택에 머물러 있든지, 특별선택을 받은 자로 드러나게 된다는 것이다. 그러면 칼빈이 사용한 본문을 살펴보자.

> 육신에 의하여 신자의 자녀가 된 많은 사람들이 자기 자신들의 불신앙으로 인하여 성도의 가족으로부터 스스로 추방(제거)시키기 때문이다. 이런 많은 사람들이 적자(嫡子)가 아닌 서자(庶子)로 판명된다는 것을 나

---

37 Inst., 3.21.7 (CO 2, 686). " ··· quia cum quibus paciscitur Deus non protinus eos donat spiritu regenerationis, cuius virtute usque in finem in foedere perseverent; sed externa mutatio absque interiori gratiae efficacia, quae ad eos retinendos valida esset, medium quiddam est inter abiectionem humani generis, et electionem exigui piorum numeri."

는 인정한다. 그러나 이것도 하나님께서 그의 은혜에 참여하도록 신자들의 자녀들을 부르시고 받아들이시는 일을 조금도 방해하는 것은 아니다. 일반적인 선택은 모두가 다 유효하지는 않지만 개별자를 위해서는 특별한 선택에 이르는 문은 열려있다.[38]

위의 두 인용문은 칼빈의 중간상태 개념을 보여준다. 일반선택이 특별선택에 이르는 문을 열어준다는 것은 표면적으로 볼 때, 혈통적으로 일반선택에 속한 사람이 자신의 행위에 따라 특별한 선택으로 갈 수 있다는 것을 나타낸다. 그런 점에서 일반선택과 특별선택 사이의 중간상태가 있다고 볼 수 있다. 그러나 이는 위의 두 인용문은 하나님께서 중생의 영을 즉시 주시지 않고, 보류한 상태를 의미한다. 중생의 영을 받지 않고 표면적으로 아브라함의 혈통에 속한 자들의 상태를 일반선택의 상태라 한다. 이 상태는 개연성과 가능성을 지니고 있다. 중생의 영을 받을 수도 있고 그렇지 않을 수도 있다. 가능태가 현실태로 드러날 수도 있고, 그렇지 않을 수도 있다. 이것을 중세 스콜라 신학자들의 개념으로 이해하면, 사람의 판단과 선택에 따라 가능태에서 현실태로 옮겨갈 수 있다. 그들은 이 상태를 구원의 불확실한 스콜라적 교리(Scolastico dogmate de incertitudune salutis)[39]로 생각하였다. 사람의 노력 여하에 따라 결과가 결정되기 때문에 가능태로서의 불확실한 상태라는 것이다. 우리가 앞에서 다루었던 보에티우스, 안셀무스, 토마스 아퀴나스, 둔스 스코투스는 공통적으로 이렇게 주장한다.[40] 이때 인간의 의지와 선택은 제2의 원인자가 되고, 이는 그 원인에서 발생되는 활동이 우발성을 지닌다고 주장한다. 하나님은 인간의 모든 활동의 과거와 미래의 모든 일들을 현재적으로 동시에 아시는데, 이것이 그들이 주

---

38 CO 48, 76 (행 3:25 주석). "Fateor quidem multos, qui ex fidelibus secundum carnem nascuntur, spurios censeri, non legitimos, quoniam sua infidelitate a sancta progenie se abdicant. Sed hoc non obstat quominus semen piorum Dominus in societatem gratiae suae vocet ac admittat, atque ita communis electio quamvis non sit in omnibus efficax, ianuam speciali aperiat: … "
39 CO 49, 165 (롬 8:34 주석), 칼빈은 로마서 8장에서 양자의 영으로 말미암은 구원의 확신을 말할 때 중세 스콜라 신학자들의 불확실성을 비판한다.
40 제2장 "역사적 고찰" 참조.

장하는 예지의 개념이다. 보에티우스는 이 개념에서 하나님의 결정을 아예 배제시켜 버렸다.[41] 그는 하나님께서 예지하셨지만 예정은 하지 않으셨다고 주장했다. 안셀무스 이후부터는 예정의 개념을 포함시켰지만 인간의 행위를 제2원인자로서 중간원인이 된다는 논지를 피력했다. 사실상 불링거나 릴백, 그리고 흐라플란트는 개혁파 신학을 추구했지만 이러한 부분에서는 중세 스콜라 신학의 개념을 따르고 있다고 본다. 그들은 하나님이 제1원인자로서 그의 절대성을 인정하지만, 인간의 책임 부분에 무게를 많이 두었다. 형이상학적인 차원에서의 하나님의 결정을 이해하고 수용하기보다는 인간의 상황과 활동과 의지의 결정을 통해 이루어지는 것에 더 많은 관심을 보인다.

그러면 칼빈도 이러한 개념으로 중간상태라는 용어를 사용했을까? 표면적인 것으로만 관찰하면 그렇게도 볼 수 있을 것이다. 그러나 만약에 칼빈이 이것을 그렇게 보았다면 그의 전체 신학체계가 흔들리게 된다. 칼빈신학의 특징 중의 하나가 일관성인데, 그것이 상실된다. 그의 견해를 위의 논리대로 판단하면, 중생의 영을 받기 이전의 상태가 중간상태라고 볼 수 있을 것이다. 그러나 칼빈은 표면적으로 사람이 율법을 존중히 여기고 이를 따르고 지켜낼 때 그는 중생의 영을 받은 사람으로서 두 번째 선택(secunda electio)[42] 즉 특별한 선택을 받은 사람으로 나타난다고 주장한다. 문제는 그것이 사람의 뜻으로 된 것이냐, 아니면 하나님의 작정 속에서 된 것이냐에 관한 것이다. 물론 전체적으로 볼 때, 모든 것이 제1원인자로서 하나님의 작정 속에서 이루어졌지만, 중세 스콜라주의자들은 여기에서 발견될 수 있는 모순의 가능성을 제2원인으로서 중간원인과 우발성으로 풀어갔다. 그러나 칼빈은 이것을 언약의 문제로 해결해 간다. 언약에도 행위언약과 은혜언약이 있는데, 행위언약은 언약의 조건성 속에 놓여 있고, 은혜언약은 언약의 무조건성에 놓였다고 말한다. 조건성을 지닌 행

---

41　박승찬, 『생각하고 토론하는 서양철학 이야기2』, 68.
42　CO 49, 175 (롬 9:6 주석), 칼빈은 일반선택을 말하고서 이어서 특별한 선택을 일컬어 두 번째 선택이라고 언급한다.

위언약은 모세의 율법이다. 모든 백성들이 조건적으로 지켜야하는 하나님의 계명이었다. 그러나 무조건성을 지닌 은혜언약은 중생의 영을 받은 소수의 백성들이 믿음 안에서 성령의 능력으로 계명을 사랑하고 이를 지키는 것을 의미한다. 칼빈은 다음과 같이 말한다.

> 그리고 하나님께서는 분별없이 모든 사람을 다 깨닫게 하시고 마음에 빛을 비춰주는 분이 아니다. 다만 적은 수의 사람들에게 성령의 은혜를 베풀어 주신다.[43]

그러면 우리는 "왜 어떤 사람은 중생의 영을 즉각적으로 받아 특별선택의 대상이 되고, 어떤 사람은 이를 즉시 받지 않아 일반선택에 머물러 있어야 하는가"하는 질문을 제기할 수 있다. 중생의 영을 주시는 분은 하나님이시고, 하나님의 기쁘신 뜻대로 주시는 것이다. 이는 하나님의 주권에 달려 있기 때문에 인간은 하나님의 심오한 뜻을 다 알 수 없다는 것이 칼빈의 견해이다. 이에 대해 칼빈은 겔 20:40의 주석에서 다음과 같이 말한다.

> 그러나 그들 중에서도 선택된 자와 남은 자들은 이스라엘의 산으로 올라가 진실하게 하나님을 예배할 것이다. 그러므로 이스라엘은 여기에서 두 가지 모습을 나타낸다. 수많은 이스라엘 사람은 명목상으로만 그런 것이고, 소수의 참된 이스라엘 사람만이 선택된 이스라엘이다. 이들은 바울이 '은혜로 말미암아 남은 자들'이라고 부를 성도들과 같다 (롬 11:5).[44]

---

[43] CO 47, 296 (요 12:38 주석), "Deus autem non omnes vulgo illuminet, sed paucos spiritus sui gratia dignetur."
[44] CO 40, 509 (겔 20:40 주석), " … et tamen venturos in montem Israel, ut sincere illum colant. Nam hic duplex Israel nobis pontitur ante oculos. Multi enim titulo tenus erant tunc Israelitae. Sed nunc disserit propheta de electis, quos Paulos vocat reliquias gratiae."

또한 칼빈은 아버지께서 영광을 베푸는 사람만이 특별선택의 위대한 축복에 참여하게 된다는 것과 모든 사람들에게 진리의 빛을 비추어 깨닫게 하지 않는다고 『요한복음주석』을 통해 다음과 같이 밝힌다.

> 그러므로 그리스도께서는 믿는 자의 수가 극히 적은 이유를 대고 있다. 아무도 자신의 직관에 의해 믿음에 도달할 수는 없기 때문이다. 모든 사람은 하나님의 성령에 의하여 깨우침을 받기 전에는 눈이 먼 상태이기 때문에, 아버지께서 참여토록 영광을 베푸는 사람만이 이 위대한 축복에 참여하게 되는 것이다. … 우리는 믿음은 성령의 숨은 계시에서 말미암는다고 하는 사실 때문에, 많은 사람이 복음을 믿지 않는다고 그리스도께서 말씀하시는 취지를 파악해야 한다.[45]

많은 아브라함의 자녀들 중에 오직 약속의 씨만 하나님의 백성이라고 한 것과 그들이 스스로 율법을 파기함으로써 언약에서 떨어져 나간 것에 대해, 이는 하나님의 결정이었다고 로마서 9장 주석에서 밝히고 있다.[46] 신인협력설이 아니라 양자의 영으로 하나님의 계명을 사랑하므로, 그 계명의 정신을 온전히 이해하여 지킬 수 있었고, 부족한 부분이 있었다하더라도 율법의 중보자이신 그리스도를 믿음으로 모든 죄악이 용서되었다. 그러므로 이 모든 것은 하나님의 은혜로 된 것이며, 인간의 공로가 개입될 여지가 조금도 없다. 그것이 적합한 공로(congruity)이든 당연한 공로(condignity)이든 칼빈은 그 어떤 공로의 개념도 거부한다. 칼빈은 다음과 같이 말한다.

---

45  CO 47, 161 (요 6:65 주석), "Quod ergo tanta est fidelium paucitas, causam assignat Christus, quia ad fidem sua perspicacia nemo hominum perveniat: omnes enim caecos esse, donec a spiritu Dei illuminentur, solos igitur esse tanti boni compotes, quos eius participatione dignatur pater … tenendum est enim Christi consilium, non multos evangelio credere, quia nonnisi ex arcana spiritus revelatione nascatur fides."

46  CO 49, 175 (롬 9:6 주석), CO 49, 176 (롬 9:7 주석), CO 49, 177-78 (롬 9:11 주석).

또한 확실히 우리에게 주어진 그리스도의 은혜를 던진다: 즉 그(바울)는 앞에서 살펴본 모든 인간의 공로를 배제시킨다. 그는 우리의 공로에 대한 대가를 주시는 것이라고 하는 스콜라의 교리를 반대하면서 논쟁한다. 나는 하나님께서 축복으로 주신 은사를 정당하게 사용하도록 하기 위해서 더 많은 은혜를 베풀어 주심에 대하여 반대하지는 않지만 스콜라의 교리가 가르치듯 공로로만 얻어진다는 데는 반대하고, 하나님께서 주시고자 하는 자유에 따라 그리고 그리스도의 공로로 얻는다고 본다.[47]

칼빈은 하나님의 선택이 선행이나 악행에 달려있는 것이 아니라는 것을 밝히면서, 유기의 직접적인 이유를 언급한다. 아담으로부터 물려받은 저주가 직접적인 이유가 되지만, 그러나 칼빈에 의하면 바울은 로마서 9장에서 이런 생각을 하지 못하도록 했다. 그러면서 오직 하나님의 선하시고 기뻐하시는 뜻이 선택과 유기의 정당하고 확실한 이유이다.[48] 따라서 칼빈은 중세 스콜라 신학자들이 말하는 중간원인 또는 중간상태를 다음과 같이 부정한다.

> 그러므로 소피스트(소르본느학파)들처럼, 인간이 자유를 따를 수도 있고, 거절할 수도 있는 중립적인 어떤 것(동기)이 있다고 생각해서는 안 된다.[49]

---

47 CO 52, 22 (빌 1:29 주석), " … vel certe super Christi gratia nobis donari: quo excludit omnem meriti respectum. Pugnat etiam hic locus adversus scholasticum dogma: quo tradunt posteriores gratias, praemia esse nostri meriti, quia prioribus recte usi fuerimus. Equidem non nego quin Deus rectum gratiarum suarum usum remuneretur in nobis gratiis amplioribus, modo ne meritum gratuitae eius liberalitati et Christi mrito opponas, quod illi faciunt."
48 CO 49, 178 (롬 9:11 주석).
49 CO 55, 336 (요일 3:9 주석), "Quare ne imaginemur cum sophistis medium aliquem motum, quem homini liberum sit vel sequi, vel respuere: … "

그러나 릴백이나 흐라플란트 등에 의해 거론되고 있는 중간상태도 칼빈의 의도와는 다른 의미로 사용되었다. 칼빈은 선택과 유기 사이의 중간상태 또는 일반선택과 특별선택 사이에서 인간의 의지에 따라 좌우되는 중간상태를 말하지 않았다. 그는 롬 2:8 주석에서 "주님의 율법에 복종하기를 거부한 사람들에게는 그들을 죄의 굴레에 빠지지 않도록 해줄 중간지대란 없다"[50]고 말했다. 동일한 의미로서 히 10:27 주석에서도 "중간 길이란 없다(Neque enim media est conditio)"[51]고 강조했고, 또 시 51:11 주석에서 "그러나 중간의 자리를 사람의 이성(또는 자유의지)에다 돌림으로써 그들(소피스트)은 하나님께서 가지신 영광의 큰 부분을 빼앗고 있다"[52]고 비판하였다.

### 시간과 영원

구원으로 선택된 백성은 하나님의 정하신 때에 중생의 영을 받아 거듭나게 된다. 이것이 만세전에 하나님의 예정의 작정 속에 이루어지고, 때가되면 현실로 나타난다. 그런 의미에서 칼빈의 중간상태 개념은 시간적인 성격을 지니고 있다. 인간 의지의 선택에 따라 인간의 운명이 결정되는 것이 아니라, 하나님의 작정에 따라 이루어지지만, 그 시기는 아무도 모른다. 그러한 뜻에서 칼빈은 그 시간적 상태가 바로 중간상태임을 밝히고 있다. 이 시간은 영원한 개념의 시간이 아니라, 일시적이고 임시적인 시간이다. 하나님의 작정은 하나님의 영원한 시간개념에서 비롯되었다면, 인간에게 일어나는 시간은 하나님에 의해 피조되고 제한된 제약을 지니는 시간이다. 인간에게 일어나는 믿음도 영원한 하나님의 작정의 시간에서 나온 것인지, 아니면 인간과 함께 창조된 일시적인 시간 속에서 임시적으로 나온 것인지에 따라 그 믿음의 질이 결정된다. 따라서 칼빈은 예정은 하나님이 하시는 일이기 때문에, 사람의 이해 속에 감추어져 있

---

50 CO 49, 35 (롬 2:8 주석). "quia nihil medium est, quominus in peccati servitium mos condedant, qui subiugari a Domini lege noluerunt."
51 CO 55, 135 (히 10:27 주석),
52 CO 31, 518 (시 51:12 주석), "Dei tamen gloriam extenuant vel obscurant, dum in medio gradu constituunt rationem hominis quae eligat, … "

지만, 시간이 흘러감에 따라 때가 되면 사람이 인식할 수 있다는 것을 말하고 있는 셈이다. 영원한 시간개념에 속한 하나님의 작정이 피조된 시간 속에 들어와 세월이 흘러감에 따라 그 믿음의 정체가 확인된다는 것이다.

칼빈은 하나님의 때에 중생의 영을 주시기까지의 시간적인 의미의 중간상태가 있음을 이해하고 있을 뿐만 아니라 부정적인 측면에서 시간의 중간상태를 소개한다. 그는 겔 13:9 주석을 통해 하나님의 구원의 명부에 기록된 사람의 이름이 어떻게 제거될 수 있는가 하는 문제를 다룬다. 그는 이 문제를 일반선택과 특별선택의 중간상태로서 해결한다. 명부에 기록되었다가 제하여진 사람들은 일반선택을 받은 사람들로서 일시적으로(temporarius) 경건한 자들의 수에 속해 있었다는 것이다. 이들의 이름은 삭제되지만, 그러나 특별선택에 속한 사람들은 영원히 삭제되지 않는다고 강조한다. 베르너 크루쉐(Werner Krusche)도 이러한 관점에서 칼빈의 성령론을 다룬다. 그는 성령의 보다 낮은 사역(inferior operatio Spiritus)의 활동을 소개한다. 이 활동으로 인해 발생되는 결과로써의 신앙은 임시적인 신앙(Glauben auf Zeit) 또는 일시적인 신앙(fides temporalis)에 해당된다. 이 신앙은 단순 시늉(Verstellung)과 참된 신앙 사이에 존재하는 하나의 중간의 것(Mittelding)이다.[53] 이 모든 것은 시간에 포함된 중간상태이다. 표면적으로는 인간의 의지가 포함된 중간상태로 나타나지만, 이면적으로는 하나님의 뜻과 때에 나타나는 시간적인 의미로서의 중간상태이다.

### 『사도행전 주석』 8:13에 나타난 중간상태

칼빈은 사도행전 8장에 나타나는 마술사 시몬의 신앙을 해석하면서 중간상태 개념을 소개한다. 행 8:13에서 시몬은 사도들이 전한 복음을 듣고 믿었다. 그런 그가 사도들의 이적행하는 능력을 보고서 돈으로 사려고 했다. 베드로는 그에게 악독이 가득하고 불의에 매인바 되었다며 회개하라고 경고한다. 과연 여기에서 시몬이 중생의 영을 받아 거듭난 자인가 하는 문제가 제기된다. 칼빈

---

53  크루쉐, 『칼빈의 성령론』, 384-85. CO 48, 179 (행 8:13 주석).

은 본문을 해석하면서 중간상태를 다음과 같이 언급한다.

> 신앙과 단순한 위장(simulatio) 사이에는 어떤 중간위치가 있다. … 그러나 한편 많은 사람들이 비록 양자 되게 하는 영에 의하여 중생되지 않았을지라도, 또는 그 마음으로부터의 순전한 사랑으로써 스스로 하나님께 복종하지는 않는다 하더라도 말씀의 능력으로 정복을 당하며, 가르침을 받은 바가 진리임을 깨달을 뿐만 아니라, 하나님에 대한 두려움을 느끼게 되어 그로 인하여 가르침을 받아들이게 된다. 왜냐하면 그들은 구원의 창시자도 되시며 이 세상의 심판자도 되시는 하나님께 귀를 기울여야 한다는 사실을 알고 있기 때문이다. 그러므로 그들은 사람들의 눈앞에서 존재하지 않는 신앙을 있는 것처럼 위장하지는 않지만, 그러나 자기들은 믿고 있다고 생각하는 것이다. 그리고 그것은 그리스도께서 마가복음 4장에서 말씀하신 일시적인 신앙이다. 즉 마음에 뿌려진 말씀의 씨가 즉시 여러 가지 세상의 걱정이나 나쁜 욕망으로 인하여 질식되어서 결코 성숙한데 이르지 못하고 오히려 그 반대로 차라리 쓸데없는 잡초로 변질되어 버린다. 그러므로 시몬의 신앙은 바로 그와 같은 것이었다. 그는 복음의 가르침이 참되다고 느끼며 또 그의 양심의 자각으로 인하여 그것을 부득이 받아들일 수밖에 없었다. 그러나 근본적인 것이 결여되어 있었다. 즉 자기부정이 없었던 것이다. 이 사실에서 그의 마음은 조금 후에 그가 나타낸 위장 속에 싸여 있었다는 결론이 따르게 된다.[54]

---

[54] CO 48, 179-80 (행 8:13 주석), "Respondeo, inter fidem et meram simulationem aliquid esse medium. … At multi sunt, qui utcunque spiritu adoptionis non sint regeniti, nec vero cordis affectu se Deo addicant, verbi tamen potentia victi, non modo verum esse agnoscunt quod docetur, sed tanguntur Dei timore, ut doctrinam recipiant. Concipiunt enim Deum esse audiendum, illum et salutis autorem esse et mundi iudicem. Non ergo fingunt coram hominibus fidem, quae nulla sit, sed credere se putant. Atque haec fides temporaria est, cuius meminit Christus apud Marcum: dum scilicet verbi semen animis conceptum mox tamen suffocatur variis mundi curis, aut pravis affectibus, ut nunquam maturescat, imo potius in herbam inutilem degeneret. Talis ergo fuit Simonis fides: sentit veram esse evangelii doctrinam, et conscientiae suae sensu ad eam recipiendam cogitur: sed deest fudamentum: hoc est, sui abnegatio. Unde sequitur, animum eius

칼빈은 마술사 시몬의 영적상태가 일반선택과 특별선택 사이의 중간상태를 말하고 있는 셈이다. 양자의 영을 받지 않아도 얼마든지 복음을 듣고 믿음의 반응을 보일 수 있고, 복음의 가르침을 받을 수 있고, 심지어 그것이 참되다는 것까지도 알 수 있다고 말한다. 그러나 그것은 양자의 영을 받지 않았기 때문에 하나의 위장(僞裝)이라고 설명한다. 칼빈은 이때의 신앙상태 즉 중간상태를 일컬어 "일시적인 신앙이다(haec fides temporaria est)"[55]라고 규정한다. 아직 분명한 신앙을 나타내는 확신의 상태가 아니라 시간적으로 잠시 생겼다가 사라지는 상태로서의 신앙이다. 그는 그것이 자기부정이나 참된 제자도가 결여되어 있는 위장된 것이라고 주석한다. 여기서도 우리는 칼빈의 중간상태 개념이 인간의 운명을 스스로 결정하고 선택하는 상태가 아니라 중생의 영이 주어진 상태인가 아닌가 하는 문제임을 알 수 있다. 물론 시몬은 회개하고 뉘우칠 수 있는 중생의 영을 받을 수도 있고 그렇지 않을 수도 있다. 이 문제는 순전히 인간의 의지에 달린 것이 아니라 하나님의 숨은 뜻에 달려 있다는 것임을 알 수 있다. 따라서 시몬이 세례를 받은 것에 대해 어떻게 이해할 수 있는가 하는 것은 선택으로 가장한 유기의 상태로 칼빈이 이해했다고 볼 수 있다. 바버라 피킨(Babara Pitkin)도 칼빈의 『기독교강요』 3.2.8-10을 통해 형식적인 신앙과 참된 신앙을 다루면서 전자는 일시적인 신앙이라고 말한다.[56] 그는 이 부분에 있어 폭스그로버(Foxgrover)가 "참된 믿음과 단지 위장된 믿음의 극단 사이에 떨어지는, 보다 덜한 위선의 종류"[57]라고 언급한 내용을 인용한다. 우리는 보다 덜한 위선의 종류가 곧 중간상태라고 볼 수 있겠다. 피킨은 여기에서 참된 믿음은 하나님의 말씀이 마음에 관통해야 함을 강조하면서, 말씀을 붙잡는 강도 즉 세기의 정도(decree)의 차이라고 해석했다. 뉘앙스에 따라 '보다 덜한 위선 또는 위장의 믿음'이 참된 믿음으로 성장해 갈 수 있다는 여지를 줄 수 있지만, 이는

---

simulatione fuisse involutum quam mox prodit."
55 CO 48, 179-80 (행 8:13 주석).
56 Babara Pitkin, *What Pure Eyes Could See: Calvin's Doctrine of Faith in Its Exegetical Context* (New York: Oxford University Press, 1999), 136-37.
57 David Foxgrover, "'Temporary Faith' and Certainty of Salvation," *Calvin Theological Journal* 15 (1980), 227.

칼빈의 견해가 아니다. 또한 피킨은 마술사 시몬이 믿는 체 한 것이 아니라 실제적으로 믿었지만 하나님의 말씀에 의한 믿음이 아니었고, 그리스도와 진정한 연합이 아니었다는 칼빈의 견해를 수용했다.[58]

쉐퍼드도 칼빈의 『기독교강요』 3.2.6과 사도행전 8:13 주석을 통해 중간상태의 문제를 다룬다.[59] 믿음과 위장(mere pretence) 사이의 '중간상태'가 무엇인가? 라는 질문에 답하면서 그는 마술사 시몬이 이 중간상태에 속한 사람이라고 규정짓는다. 중간상태에 있는 사람이라도 말씀에 영향을 받고, 신적인 능력과 복음의 맛을 보기 시작하여, 가르침을 받은 진리를 인정하고 하나님이 심판자임을 알고 두려워한다. 그러나 이들은 양자의 영을 받지 않았고, 자비의 말씀에 정복당한 자들이 아니었고, 마음으로부터 우러나온 참된 사랑을 하나님께 드리지 않은 상태라며 칼빈의 견해를 설명한다.[60] 중간상태에 있는 사람은 그들이 믿고 있다고 생각하기 때문에 '보통의(ordinary)' 불신자들과는 다르며, 그들은 다른 사람들의 눈에 믿음이 없는 사람으로 보이지 않는다. 믿음이 있는 체 하지도 않는다. 말씀에 대한 경건한 태도 속에서 말씀에 동의하지만, 복음의 교훈을 따라 말씀이 그들의 마음을 관통하지 못한다. 말씀에 정복당하는 것처럼 보이지만, 효력 있는 자비의 말씀에 의해 정복당한 것이 아니라고 정의한다.[61]

### 『고린도전서 주석』에 나타난 중간상태

칼빈은 고전 12:3 주석에서 성령의 이중적 사역에 대해 언급한다. 어떤 사람이 성령을 받아 열광적으로 그리스도를 찬양한다 하더라도, 중생의 은사 즉 양자의 영은 받지 않았을 수도 있다는 것을 다음과 같이 논증한다.

---

58 Pitkin, What Pure Eyes Could See, 137.
59 Victor A. Shepherd, The Nature and Function of Faith in the Theology of John Calvin (Macon: Mercer University Press, 1983), 122-23.
60 Shepherd, The Nature and Function of Faith in the Theology of John Calvin, 122.
61 Shepherd, The Nature and Function of Faith in the Theology of John Calvin, 123.

어떤 사람은 불신자들이 열광적인 말로 그리스도를 찬양하는 노래를 할 때, 그들이 하나님의 성령을 가진 것이 아니냐고 질문할 것이다. 나는 물론 그 결과에 관한한, 그들은 하나님의 성령을 가졌음이 틀림없다고 대답하겠다. 그러나 중생의 은사는 그것대로 다르며, 또 단순한 실제적 지식의 은사는 중생의 은사와는 별개의 것이다. 가룟유다도 그가 복음을 전파할 때는 그 은사를 받았기 때문이다.[62]

칼빈은 중생의 은혜와 일반적인 성령의 은혜를 구분하고 있다. 사람이 일시적으로 성령을 받아 강렬하게 복음을 전할 수 있고, 그리스도를 높이며 찬양도 할 수 있지만, 성령의 중생하는 은혜인 양자의 영을 받지 않으면, 가룟유다와 같은 범주에 속할 수 있다는 것을 경고하고 있다. 우리는 여기에서 성령의 일반적인 은혜를 받은 상태가 중간상태이며, 이는 일시적으로 성령이 임함으로써 성령의 보다 낮은 사역으로 이해할 수 있겠다. 칼빈은 버림 받은 사람들에게도 믿음이 있는가 하는 질문에 그들도 선택받은 사람들과 거의 같은 감동과 하늘의 은혜를 맛보며, 잠시 동안 믿는다고 다음과 같이 말한다.

구원받기로 예정된 사람들을 제외하고서, 믿음으로의 광명을 받지는 않았지만, 복음의 효력을 느낀 사람들의 경험이 있다. 이는 버림받은 사람들이 때로는 선택된 사람들과 거의 같은 감동을 가지며, 그들 자신의 생각으로는 선택된 사람들과 거의 차이가 없다는 것을 우리는 경험으로 알 수 있다. 그러므로 사도가 그들도 하늘의 은혜를 맛본다고 한 것이나, 그리스도께서 그들도 잠시 동안 믿는다고 하신 것은 조금도 불합리하지 않다. 이것은 그들이 영적인 은혜의 힘과 믿음의 확실한 빛을 굳게 잡는다는 뜻이 아니라 주께서 그들의 죄를 더욱 명백하게 하며 변

---

[62] CO 49, 497 (고전 12:3 주석), "Quaeritur hic: quum impii praelare interdum de Christo splendide disserant, an habeant Dei spiritum. Respondeo, eos procul dubio habere, quod ad effectum illum spectat: sed aliud est donum regenerationis, aliud donum nudae intelligentiae, qua Iudas quoque praeditus fuit quum evangelium praedicaret."

명할 여지를 주시지 않기 위해서 그들의 마음에 잠입하여 양자로 삼는 영은 받지 못하더라도 주의 선하심을 맛보게 하시기 때문이다.[63]

그러면 신자들이 양자가 된다는 확신을 가질 근거가 어디 있는가라는 질문에 칼빈은 다음과 같이 대답한다.

> 하나님의 선택을 받은 사람들과 일시적인 믿음을 받은 사람들은 서로 유사점이 많지만, 선택받은 사람들에게서만 바울이 칭송한 확신 즉 높은 소리로 아바 아버지라고(갈 4:6, 롬 8:15) 부르는 확신이 풍성하게 자란다.[64]

칼빈은 계속해서 버림받은 사람에게 역사하시는 성령의 은혜에 대해 언급하는데, 성령께서 이들의 마음속에 보다 낮은 정도의 작용을 하신다고 강조한다. 그는 다음과 같이 말한다.

> 그러나 성령께서 버림받은 사람들의 마음속에서 보다 낮은 정도의 작용을 하시지 못하도록 방해하는 것은 아니다. 동시에 신자들에 대해서는 조심스럽고도 겸손하게 자기반성을 하며, 육의 확신이 잠입해서 믿음의 확신을 밀어내지 못하도록 하라고 가르치신다. 이뿐 아니라 버림받은 사람들은 은혜에 대한 인식이 언제나 혼돈된 상태를 면하지 못하고 그것의 견고한 실체보다 그림자를 잡을 뿐이다. 엄밀한 의미에서 성

---

63 *Inst.*, 3.2.11 (CO 2, 406). "Qui tamen nodus facile solvitur: quia etsi in fidem non illuminantur, nec evangelii efficaciam vere sentiunt, nisi qui preaeordinati sunt ad salutem; experientia tamen ostendit reprobos interdum simili fere sensu atque electos affici, ut ne suo quidem iudicio quidquam ab electis different Quare nihil absurdi est quod coelestium donorum guestus ab apostolo, et temporalis fides a Christo illis adscribitur: non quod vim spiritualis gratiae solide percipiant ac certum fidei lumen, sed quia Dominus, ut magis convictos et inexcusabiles reddat, se insinuat in eorum mentes, quatenus sine adoptionis spiritu gustari potest eius bonitas."
64 *Inst.*, 3.2.11 (CO 2, 406). "quamvis magna sit similitudo et affinitas inter Dei electos, et qui fide caduca ad tempus donatur, vigere tamen in solis electis fiduciam Ulam quam celebrat Paulus(Gal. 4,6), ut pleno ore clament, abba, pater."

령께서는 선택된 사람들에 한하여 그들의 마음속에 죄의 용서를 확인시켜 주시며, 이 사람들이 특별한 믿음으로 그 용서를 선용할 수 있게 하신다. 그러나 버림받은 사람들이 그들에 대한 하나님의 자비를 믿는다고 하는 것은 옳은 말이다. 이는 그들도 비록 혼란하며 불분명하면서도 화해의 선물을 받기 때문이다. 하나님께서 자신의 은혜를 인식할 만한 광명을 그들의 마음에 주신다는 것을 부정하지 않는다. 그러나 하나님께서는 그들에게 자비를 베푸시지만 그들을 참으로 죽음에서 구출해 그의 보호 하에 두시지는 않고, 다만 임시로 자비를 보이실 뿐이다. 선택받은 사람들만이 믿음의 산 뿌리를 받을 자격이 있다고 여기셔서 그들이 끝까지 견딜 수 있게 해 주신다[65]

칼빈은 성령의 이중의 사역을 언급하면서, 성령께서 주시는 특별한 믿음(specialis fides)과 성령의 보다 낮은 정도의 사역(inferior spiritus operatio)의 대조를 피력한다. 동일한 성령께서 역사하셨지만 버림받은 사람들에게는 일시적이고 임시적인 믿음의 요소가 나타난다고 주장하는 것으로 판단된다.[66] 따라서 성령의 보다 낮은 정도의 사역으로 인해 주어진 일시적인 믿음의 상태가 칼빈이 말한 중간상태 개념임을 알 수 있다. 쉿트차이켈(Heribert Schützeichel)도 성

---

[65] *Inst.*, 3.2.11 (CO 2, 406-407). "Sed hoc minime obstat quin illa inferior spiritus operatio cursumm suum habeat etiam in reprobis. Interea docentur fideles, sollicite et humiliter se ipsos excutere, ne pro fidei certitudine obrepat carnis securitas. Adde quod reprobi nunquam sensum grariae nisi confusum percipiunt, ut umbram potius apprehendant quam solidum corpus: quia peccatorum remissionem spiritus proprie in solis electis obsignat, ut eam speciali fede in usum suum applicent. Merito tamen dicuntur reprobi Deum credere sibi propitium, quia donum reconciliationis, licet confuse nec satis distincte, suscipiunt: non quod eiusdem vel fedei, vel regenerationis participes sint cum filiis Dei, sed quia commune cum illis fidei principium habere videntur, sub integumento hypocriseos. Nec vero nego quin hucusque eorum mentes irradiet Deus, ut eius gratiam agnoscant; sed sensum illum a peculiari testimonio quod reddit suis electis, ita distinguit, ut ad solidum effectum et fruitionem non perveniant. Non enim ideo se propitium illis demonstrat, quia vere ex morte ereptos in custodiam suam recipiat, sed tantum illis manifestat praesentem misericordiam. Viva autem fidei radice solos electos dignatur, ut in finem usque perseverent."
[66] Pitkin, *What Pure Eyes Could See*, 137. 피킨도 칼빈의 히브리서 6:4-6 주석을 언급하면서 일시적인 신앙에 있어 성령의 보다 낮은 정도의 사역 (transitory faith to the lower working of the Spirit)임을 밝히고 있다. 그는 여기서 유기된 자들과 성령의 보다 낮은 사역을 연관시킨다. 유기된 자들이 일시적으로 믿음을 가졌지만, 중생의 영의 사역이 아니라 보다 낮은 성령의 사역이라고 칼빈의 견해를 수용한다.

령의 이중적 사역을 시간적인 관점에서 언급한다.[67] 이신열에 따르면, 쉿트차이켈의 시간적 개념과 칼빈의 개념에는 차이가 있다. 그가 시간적인 입장에서 성령의 서로 다른 두 영역 즉, 계시를 통한 지식과 성령을 통한 인치심을 구분한다. 쉿트차이켈은 인간의 마음에 주어지는 첫 번째 계시가 먼저 주어진 후에 비로소 성령의 인치심에 의한 마음의 확증이 주어진다고 해석한다.[68] 그의 시간적 개념과 칼빈의 것과는 엄연히 차이가 난다. 그의 개념은 시간의 발전을 의미하지만 칼빈은 계속적인 성장과 발전이 아니라, 믿음의 정체성 그 자체임을 규정하는 것이다. 피킨도 칼빈에게 있어 일시적인 신앙은 참된 신앙을 위한 준비단계가 아니라고 말하면서[69] 쉿트차이켈의 견해와 차이를 보인다.

## 타락 전 선택론(supralapsarianism)과
## 타락 후 선택론(infralapsarianism)에 나타난 중간상태

### 예비적 고찰

칼빈신학에서는 타락 전 선택설, 타락 후 선택설이라는 용어는 없지만, 사실상 칼빈의 예정론에 타락 전/후 선택설이 나란히 놓여 있다고 주장하는 학자들이 대부분이다. 칼빈이 타락 전 선택설을 주장했는가 아니면 타락 후 선택설을 주장했는가 하는 문제는 오래 전부터 제기되었다. 이 책에서는 타락 전/후 선택설과 중간상태 개념의 존재 여부를 찾고, 이를 통해 칼빈의 중간개념이 무엇인지를 이해하고자 한다. 또한 타락 전 선택설과 타락 후 선택설의 논쟁은 다루지 않고, 중간상태와의 관련성을 밝히고자 한다.

---

67　Heribert Schützeichel, *Die Glaubenstheologie Calvins* (München: Max Huber, 1971), 170.
68　이신열, "성령의 인치심에 대한 칼빈의 이해", 「갱신과 부흥」 11 (2012): 123.
69　Pitkin, *What Pure Eyes Could See*, 137.

하나님의 영원한 작정에서 타락을 중심으로 타락 전 선택(supralapsarianism) 과 타락 후 선택(infralapsarianism) 사이에 논쟁이 있다. 전자는 타락이 작정되기 이전에 이미 선택과 유기가 결정되었다는 것이고, 후자는 타락이 작정된 이후에 선택과 유기가 결정되었다고 주장하는 순서상의 논쟁이다. 타락 전 선택을 지지하는 학자들은 데오도르 베자(Theodore Beza, 1519-1605)를 비롯하여, 16세기 영국의 윌리엄 휘테이커(William Whitaker, 1548-1595), 윌리엄 퍼킨스(William Perkins, 1558-1602), 17세기 네덜란드의 프란시스쿠스 고마루스(Franciscus Gomarus, 1563-1641), 기스베르투스 푸치우스(Gisbertus Voetius, 1589-1676), 웨스트민스터 총회의 초대의장인 윌리엄 트위스(William Twisse, 1578-1646), 최근에는 게할더스 보스(Geerhardus Johannes Vos, 1862-1949) 등이다.[70] 타락 후 선택을 지지하는 학자들은 불링거(Heinrich Bullinger, 1504-1575)와 도르트회의 참석자들이 대부분이었는데, 레이든 학파의 대표적 학자들(Polyander, Walaeus, Thysius, Lubbert)[71]과 영국의 대표자들, 하이델베르크 대표자들, 제네바, 베레멘, 엠덴, 벨직, 북부 홀란드, 제이란드, 위트레히트, 프리스란드, 호로닝겐에서 온 대표자들 등이다.

### 중간상태

이제 두 개념 속에 나타난 중간상태를 앞에서 다룬 2장의 역사적 고찰을 근거해서 살펴보자. 타락 전 선택에서는 '표면적'으로 중간상태 개념의 폭이 넓다고 볼 수 있다. 타락의 작정 전에 하나님의 선택이 결정되었으니, 실제의 삶 속에서 복음을 듣고 구원의 확신을 얻기까지 모든 사람은 중간상태에 있다고 판단된다. 하나님께서는 예정하시고, 구원받을 자에 대한 자신의 뜻을 숨겨놓으셨기 때문에 인간이 이를 파악할 수 없다. 영원한 작정 속에 이루어진 하나님의 계획이 오랜 시간이 흘러 성취되기 때문에, 구원으로의 초대되기까지는 모

---

70   Robert L. Reymond, "A Consistent Supralapsarian Perspective on Election", *Perspectives on Election-Five Views*, ed. Chad Owen Brand (Nashville, TN: Broadman & Holman Publishers, 2006), 177.
71   이신열, "레이든대학의 신학교육", 『종교개혁과 교육』, 이신열 (편) (부산: 개혁주의학술원, 2017), 218.

두 중간상태에 놓여있는 것이다. 따라서 이러한 중간상태는 칼빈이 앞에서 말한 시간적으로 일시적 또는 임시적인 차원의 것이지, 중세 스콜라 학자들이 말하는 의미상 또는 이면적인 상태로서의 중간상태는 아니다.

타락 후 선택은 유기 대신 간과(preterition)라는 용어를 사용한다. 유기를 포기하고 간과를 선택한 것에 대해 의견이 분분하다. 간과에는 하나님의 의지가 포함되지 않았다는 주장이 제기되기도 한다. 하나님의 의지가 배제된 간과의 개념이라면, 인간의 조건적 행위가 포함되므로 선택과 유기 사이에 중간상태가 존재할 수 있다. 그러나 대부분의 개혁주의 학자들은 타락 후 선택에서 말하는 간과 개념은 유기개념을 포괄한다고 주장한다.[72] 간과도 하나님의 주권 속에서 작정된 것으로 본다. 칼빈에게 있어 유기가 하나님의 의지의 결정에서 비롯되었듯이 간과도 그러하다고 이해한다. 이렇게 볼 때, 타락 후 선택설에는 선택과 유기 사이의 중간상태는 존재하지 않는다. 레이몬드는 타락 후 선택설은 하나님의 선택의 작정이 조건적 작정에 기인한 것으로 평가한다. 따라서 하나님이 일부 죄인들을 버리시는 것이 하나님의 공의의 행동으로 보일 수 있도록 노력하는 것이라고 결론지었다.[73] 하나님께서 악의 저자가 아니라는 것을 증명하기 위하여 하나님의 공의의 행동을 부각시켜, 인간의 죄를 평가하게 한다는 것이다. 그는 타락 후 예정설의 논지가 조금만 더 나가면 아미랄두스주의와 아르미니안주의로까지 나갈 수 있다고 날카롭게 지적한다. 그러나 대부분의 개혁파학자들은 레이몬드가 주장하는 타락 후 선택설에 대한 비판은 과격하고 위험하다고 본다. 불링거의 간과개념에 유기개념이 포함되어 있는데, 이는 단지 목회적 차원에서 신앙이 약한 자들을 위한 부드러운 표현이라고 지적한다.[74] 그럼에도 불구하고 불링거의 언약의 조건성과 조건적 작정은 하나님의 주권성을 약화시킬 수 있다는 비판이 제기된다. 그것이 레이몬드의 지적처럼

---

72  벌코프, 『조직신학 상』, 319, 이신열, "도르트회의와 칼빈주의 5대교리", 『교리학당』, 이신열 (편) (부산: 개혁주의학술원, 2016), 109.
73  Reymond, "A Consistent Supralapsarian Perspective on Election", 170.
74  이신열, "도르트회의와 칼빈주의 5대교리", 『교리학당』, 109.

조건적 작정이라면 거기에는 중간상태 개념이 존재하게 된다. 그러나 영원한 작정 가운데 예지를 통해 사람의 행위에 따라 간과를 결정했다는 것은 행위의 조건적 차원을 드러내지만, 그것이 중간상태를 뜻하지는 않는다.

칼빈의 신학은 하나님의 영원한 작정을 하나님의 숨겨진 작정 또는 숨겨진 뜻에 남겨 놓았다. 인간의 이성으로는 알 수 없는 신비로운 비밀에 해당된다는 것이다. 칼빈은 바울사도의 논증에서 소개된 이 원리를 그대로 자신의 예정론 신학에도 적용시켰다. 타락 전/후 선택설은 하나님의 영원 전 작정 속에 이루어졌으므로 무조건적 선택을 근간으로 하고 있기 때문에 양자에는 중간상태 개념이 나타나지 않는다.

클로스터는 유기에 대한 칼빈의 견해를 소개하면서 선택은 '무상(無償)의'라는 말로, 유기는 '공의(公義)로운' 것으로서 이해된다고 언급한다. 이에 대한 칼빈의 견해를 밝힌다. 클로스터는 인간의 죄악된 행위는 유기의 정죄적 측면에서의 직접적인 원인이지만, 그러나 칼빈은 인간의 행위를 결코 선택의 직접적인 원인으로 언급하지 않았다고 주장한다.[75] 또한 그는 칼빈이 인간의 죄악된 행위를 어떤 사람은 택하시고 어떤 사람은 버리시는 하나님의 주권적 유기의 직접적 원인으로 생각하지 않았다고 말한다. 그는 또한 칼빈은 이 결정이 오직 하나님의 자유의지와 그의 주권적인 뜻에 기인하는 것으로 믿었다고 밝힌다. 하나님이 그의 은혜로서 어떤 사람에 대해 유기하시기로 작정하시는 것은 그의 죄악된 행위 때문이 아니며, 아직 행동으로 나타나지도 않고 예지되지도 않은 인간의 행위가 이 점에 있어서는 결코 아무런 역할도 하지 않았다는 것이다.[76] 인간의 죄악된 행위가 유기의 직접적 원인이라면 선택은 있을 수 없을 것이라고 그는 다음과 같이 말한다.

---

75 Fred H. Klooster, *Calvin's Doctrine of Predestnation* (Grand Rapids: Baker Book House, 1977), 75-76.
76 Klooster, *Calvin's Doctrine of Predestnation*, 76.

죄악된 행위는 오직 유기의 정죄적 측면의 직접적 원인이다. 하나님께서 그의 작정적 의지를 따라 어떤 사람에 대해 주권적으로 간과하실 때, 그들에 대한 하나님의 궁극적 정죄의 근거는 그들의 죄악과 죄책인 것이다. 이 죄는 우리의 죄이며, 불신자들의 정죄에 관한 한 그것은 유기의 직접적 원인을 형성한다. 그러나 죄가 선택과 유기를 궁극적으로 구별하는 근본적, 또는 직접적 원인이 아니라는 사실을 주목하는 것은 참으로 중요한 일이다.[77]

따라서 클로스터도 유기개념이 간과보다는 하나님의 영원 전 작정에 놓여있다고 주장하는 셈이다. 유기를 간과의 개념으로 이해하려는 시도는 하나님의 공의를 나타내는 것으로서 이는 죄에 대한 하나님의 처벌임을 주장하려는 것으로 이해할 수 있다. 그러므로 칼빈에게 나타나는 타락 전/후 선택설에는 중간상태 개념이 발견되지 않는다. 다만 이는 시간적인 개념에 지나지 않을 따름이다.

### 타락 후 선택설

타락 후 선택설은 1619년대 도르트총회에서 결정하여, 도르트신조에 포함되어 있다. 이는 하나님의 영원 작정 속에서 하나님께서 먼저 인간의 타락을 허용하신 후에, 죄인들을 간과하시고 그 가운데 일부를 선택하셨다는 것이 핵심 논지이다. 하나님의 의지와 목적을 중심으로 한 것이 아니라, 역사적, 연대기적 순서로 배열한 것이다. 창조와 타락의 작정이 선택과 유기의 작정에 선행하는 것이 특징이다.[78] 도르트총회는 타락 전 선택을 부정하지 않는 가운데 타락

---

[77] Klooster, *Calvin's Doctrine of Predestnation*, 76. "Sinful actions are the proximate cause only of the condemnation aspect of reprobation. While God sovereignly passes some by in His decretive will, the ground of His final condemnation of them is their sin and guilt. This sin is our sin; it constitutes the proximate cause of reprobation as far as the unbelieve's condemnation is concerned. It is important to observe, however, that sin is not the ground or the proximate cause of God's ultimate discrimination between elect and reprobate."

[78] 헤르만 바빙크, 『개혁교의학 2』, 박태현 역 (서울: 개혁과부흥사, 2011), 478.
타락 후 선택설의 순서는 다음과 같다. 1. 하나님은 자신의 영광을 나타내고, 인간과 교제하기 위해 인간

후 선택을 지지한 것으로 잘 알려져 있다. 도르트총회가 타락 후 선택을 지지한다고 해서 유기를 포기하고 간과(preterition)만 지지했다고 볼 수 없다. 벌코프에 따르면, 도르트신조에는 유기와 간과개념이 똑같이 언급되고 있다고 소개한다. 다만 벨기에 신앙고백서에는 유기 대신 간과의 용어만 사용되었다.[79] 벌코프는 타락 후 선택이 유기에 대한 하나님의 결정을 보다 부드럽게 표현하기 위해서 간과라는 용어를 유기와 함께 사용한 것이지, 그것이 하나님의 결정이나 주권에서 이탈된 것은 아니라고 설명한다. 그는 타락 전 선택자들에 의해 타락 후 선택설이 비판받는 이유를 언급하는데, 이는 간과가 하나님의 허용적 작정으로서 하나님의 예지 속에서 결정 없이 지나쳐 버린다는 것이었고, 알미니안주의의 진영에 들어선다는 의혹을 받게 된다는 것이었다.[80] 그러나 벌코프는 그것은 하나의 오해에 불과한 것으로 타락 전/후 선택설이 성경에서 모두 지지를 받는다고 다음과 같이 설명한다.

> 우리는 타락 전 혹은 타락 후 선택설을 절대적인 반대 명제로서 간주할 수 없다는 사실을 추론할 수 있게 된다. 그들은 서로 다른 견해들로부터 동일한 신비를 고려하는데, 한 견해는 관념론적 혹은 목적론적인 순서에 주목하고, 다른 견해는 역사적인 작정들의 순서에 주목하고 있다. 어느 정도 그들은 서로 병행되어야 한다. 양자가 다 성경에서 지지된다. 각 견해는 그것이 옹호하는 어떤 것이 있는데, 전자는 하나님을 정당화하려는 대신에 단순히 하나님의 주권적이고 거룩하고 선하시고 기뻐하심 속에 거하며, 후자는 좀 더 온건하고 부드러워서 실제적인 삶의 요구와 필요들을 고려한다.[81]

---

을 창조하기로 결정하셨다. 2. 인간이 타락하는 것을 허용하도록 하셨다. 3. 타락한 인간 중에서 어떤 인간은 선택하기로 결정하셨다. 4. 타락한 인간을 위해서 그리스도를 통해 실제로 구원하기로 결정하셨다.
79 벌코프, 『조직신학 상』, 319.
80 벌코프, 『조직신학 상』, 319.
81 벌코프, 『조직신학 상』, 328.

벌코프는 타락 후 선택설이 좀 더 온건하고 부드러워 삶의 실제적인 필요를 고려한 것뿐이라고 이 논쟁을 정리한다. 그러나 레이몬드는 타락 후 선택설의 간과개념에는 인간행위의 조건성이 내포되어 있다고 한다. 그는 타락 후 선택자들중 유기를 반대하고 간과를 지지한 학자들이 결국 주장하는 것이 하나님의 조건적 작정으로서, 하나님께서 일부 죄인들을 버리시는 것을 공의의 행동으로 본 것이라고 비판한다. 그는 더 나아가 간과에 알미니우스가 주장한 "하나님은 사람에 대한 운명을 결정하실 때, 자신의 순수한 작정에 의해서 하시는 것이 아니라 사람들의 행동에 대한 반응으로써 결정하신다"[82]는 주장이 은밀히 포함되어 있다고 판단한다. 뿐만 아니라 레이몬드에 의하면, 존 거스트너(John H. Gerstner)는 알미니우스주의의 '허용적 작정'의 입장에 동의한 것으로 보인다. 거스트너는 다음과 같이 주장한다.

> 선택은 '적극적 작정'으로 불리지만, 유기는 대개 '허용적 작정'으로서, 이는 하나님은 죄인들이 악한 행위를 하도록 구원 행위에 하신 방식과 같이 실제적으로 주도하시거나, 치우치게 하시거나 힘을 주시거나 하지 않으신다는 말이다. 그러면서도 하나님은 죄인들의 악에 대한 선택이 이루어지도록 하는 모든 여건들을 정하심으로써, 죄인들의 행동들을 예정하셨다는 것이다. 단순히 하나님은 스스로 악한 행위들을 허용하신 것이다. … 이런 경우에 하나님은 적극적 행동을 삼가시는 것이다.[83]

> 사람들이 하나님의 복음을 거부하는 것은 하나님의 작정에 의한 것이 아니라, 오직 인간의 마음 안에 있는 악함 때문이다. … 우리는 우리의 의지를 실제적으로 강압할 수 있는 이 세상에서, 어떤 힘에도 정통할 수 없다. … 이 세상의 힘들은 실제적으로 자신들이 원하는 것을 할 수

---

82　Reymond, "A Consistent Supralapsarian Perspective on Election", 169-70.
83　John H. Gerstner, *A Predestination Primer* (Winona Lake, Ind.: Alpha Publications, 1980), 7.

있다. 그러나 그 힘들이 결코 침해할 수 없고 강압할 수 없는 한 가지 영역이 있는데, 그것은 바로 우리 자신의 주권적인 의지이다. … 심지어 전능하신 하나님조차도 나에게 이런 선택의 능력을 주신 이후로는, 나를 강요하거나, 어떤 선택을 하도록 강압하실 수 없다.[84]

레이몬드는 여기에서 거스트너의 오류를 지적하면서 이러한 사고가 인간의 의지가 자유하다는 그의 입장에서 나온 것이라고 보았다. 만약 거스트너의 말이 사실이라면, 하나님은 택함 받은 죄인들조차도 영생의 길을 선택하도록 실제적으로 주도하시거나, 발생하게 하시거나, 능력을 주시거나 하실 수 없는 것이다. 왜냐하면 택자들 또한 '침해할 수 없고 강압할 수 없는' 의지를 가지고 있기 때문이라고 주장한다.[85]

레이몬드의 이러한 입장이 옳다면, 타락 후 선택설은 예정에 있어 유기를 포기하였기 때문에 이중예정이 부인되는 것이다. 그러나 이는 개혁주의 예정론적 사고가 아니다. 이승구는 레이몬드가 거스트너가 주장하는 유기에 대한 허용적 작정이 알미니안주의라는 주장은 지나치다고 비판한다.[86] 전택설과 후택설 모두를 수용하는 개혁주의 입장에서는 레이몬드가 위험해 보인다. 후택설에 대한 아주 날카로운 비판과 전택설을 옹호하는 입장이 완고한 것처럼 여겨진다. 타락 전/후 선택설 모두 하나님의 무조건적 선택에서 비롯된다. 여기에서 이러한 선택설이 알미니우스의 예지예정론과 다르다고 분명히 선을 그어야 할 필요가 있다. 레이몬드가 알미니우스의 허용적 작정에 동의한 것으로 본 거스트너를 강하게 비판하였지만, 여기에서는 도르트총회의 무조건적 선택이라는 결정의 범위 안에서 이루어지고 있다는 것을 환기(喚起)할 필요가 있다. 알미니우스는 타락 후 선택설자가 아니기 때문이다. 사실상 타락 후 선택설도 타

---

84  Gerstner, *A Predestination Primer*, 29.
85  Reymond, "A Consistent Supralapsarian Perspective on Election",
86  이승구, "레이몬드의 타락 전 선택설 주장에 대한 논의", 「한국개혁신학」 11 (2002): 310-11.

락 전 선택설과 마찬가지로 선택과 유기 사이의 중간상태의 개념을 허용하지 않는다. 하나님의 영원한 작정 속에서 무조건적인 선택이 근간을 이루고 있기 때문이다.

하나님의 은혜에 있어 언약의 조건적 차원을, 앞서 언급된 개혁파 신학자인 취리히의 불링거를 통해 살펴보자. 박상봉은 불링거와 칼빈의 일치점을 확인하고 이를 공고히 하면서도 양자의 아주 미미한 차이를 설명한다. 그는 "불링거에게서 선택은 하나님의 주권적인 의지의 행위이지만, 반면에 유기는 자유의지를 가진 인간이 하나님의 죄의 허용 속에서 스스로 죄를 지은 결과로부터 연유된 것임이 분명히 되었다"[87]고 말한다. 그러면서 그는 유기는 하나님의 주권에서 벗어난 것이며, 인간이 의지의 자유를 가지고 스스로 지은 죄의 결과라고 정리하고 있다. 그에 의하면 불링거는 유기를 하나님의 작정과 연결시키지 않고, 오히려 타락한 인간의 비참한 상태와 섭리 속에서 그리스도 밖의 개념과 연결시킨다. 이것은 그가 유기를 선택과 동일한 대상으로 이해하길 원치 않았다는 것을 보여준다.[88] 박상봉의 견해는 우리의 입장과 다른 것으로 보인다. 불링거는 구원은 전적인 하나님의 은혜라는 토대 위에서 인간행위의 책임을 강조함과 동시에 은혜 속에서의 인간의 행위의 상호성을 주장했다. 그러나 우리는 불링거가 간과개념을 사용했다고 해서, 그가 이중예정을 부인했다고 볼 수 없다. 불링거 역시 하나님의 은혜에 의한 선택과 구원을 강조하기 때문이다. 이러한 점에 있어서 칼빈의 예정론과 일치한다고 볼 수 있다. 그가 생각한 간과는 칼빈이 말한 유기개념으로서 단지 목회적 차원에서의 부드러운 표현에 해당된다고 볼 수 있다.

---

87　박상봉, "1556년 이후 하인리히 불링거의 예정론", 「신학정론」 34 (2016), 229.
88　박상봉, "1556년 이후 하인리히 불링거의 예정론", 316, 그는 칼빈과 불링거의 예정론이 하나님의 주권에 관련된다는 본질적인 면에서는 같다고 보면서도, 유기의 작정 측면에서는 차이를 보인다고 결론짓는다. 319-21.

## 타락 전 선택설

타락 전 선택설은 타락이 작정되기 이전에 이미 선택과 유기가 결정되었다는 것으로서 이를 주장하는 자들의 일반적인 배열은 다음과 같다. 첫째, 그리스도 안에서 어떤 이들은 구원으로 선택하고 다른 이들은 유기하는 구별의 작정이다. 둘째, 세상과 두 종류의 사람들을 창조하기로 작정하였고, 셋째, 모든 사람들을 타락시키기로 작정하였으며, 넷째, 그리스도의 십자가 사역을 통해 현재 죄인으로 있는 택자들을 구속하기로 작정하였고, 다섯째, 이러한 택함 받은 죄인들에게 그리스도의 구속의 은혜를 적용시키기로 작정하였다.[89] 이러한 개념은 다른 타락 전 선택론자들 이를테면, 제롬 잔키우스(Jerome Zanchius, 1516-1590), 헤르만 훅스마(Herman Hoeksema), 고든 클락(Gordon Haddon Clark) 등은 이를 좀 더 일관성 있게 다음과 같이 수정 보완하였다. 첫째, 구별시키는 작정으로 그리스도 안에서 어떤 죄인들은 구원으로 선택하시고 택자들에 대한 하나님의 은혜로운 자비의 부요함을 드러내기 위해 나머지 죄인들은 유기하셨다. 둘째, 택함 받은 죄인에게 그리스도의 구속의 은혜를 적용시키기로 작정하셨고, 셋째, 그리스도의 십자가 사역을 통해 택함 받은 죄인들을 구속하기로 작정하셨고, 넷째, 사람들을 타락시키기로 작정하셨으며, 다섯째, 세상과 사람들을 창조하기로 작정하셨다.[90] 이는 예수 그리스도 안에서 성취시킬 영원한 목적에 따라 자신의 지혜와 은혜의 영광을 드러내기 위하여 만물을 창조하신 것이라고 믿는다. 앞의 것과의 차이는 하나님을, 죄인으로 유기된 사람들 가운데서, 구별시키는 분으로 묘사하는 것이다. 따라서 그리스도 안에서 이런 택함 받은 죄인들에 대한 선택과 구원은, 하나님의 영원한 목적의 다른 모든 요소들과의 통일성과 조화를 나타낸다고 레이몬드는 주장한다.[91] 그는 또 타락 전 선택설은 목적론적으로 배열한 반면 타락 후 선택론은 연대기적으로 배열하였다

---

89 Reymond, "A Consistent Supralapsarian Perspective on Election", 178.
90 Herman Hoeksema, Reformed Dogmatics (Grand Rapids: Reformed Free Publishing Association, 1996), 183.
91 Reymond, "A Consistent Supralapsarian Perspective on Election", 178.

고 강조한다(not a chronological but a teleological order within the divine plan).[92]

그러면 칼빈의 선택론은 타락 전 선택인가? 아니면 타락 후 선택인가? 바빙크는 칼빈의 선택론이 타락 전 선택이었다고 말하면서도, 타락 후 선택설 지지자들이 인정하는 바, "하나님은 단순한 예지를 통해 타락과 죄 그리고 많은 사람의 영원한 형벌을 미리 본 것이 아니라 자신의 작정 가운데 포함시키고 결정한 것이다. 따라서 작정 자체와 그 내용에 대하여 전혀 차이가 없다"며 칼빈에게 두 가지 견해가 동시에 나타난다고 말한다.[93] 그러나 타락 후 선택설 지지자들이 그 내용상 칼빈의 견해와 동일한 것을 주장한다고 해서, 칼빈이 타락 후 선택설을 지지했다는 주장에 대해서는 더욱 깊은 연구가 요구된다. 왜냐하면 칼빈은 하나님의 영원 전 선택에 의해 이루어진 가능성의 일들이 실제로 현실에서 일어날 것이라고 보았기 때문이다.

칼빈은 말라기 주석(1:5)과 에베소서 주석(1:4-7)에서 하나님의 선택하심이 아담의 타락보다 앞서며, 그리스도 안에서 천지창조 이전에 선택되었고, 아담의 타락이 하나님의 결정보다 시간적으로 앞섰다고 전제하지 않고, 나타난 일은 모든 시대 이전에 하나님이 정하신 것이라고 말한다. 우리는 칼빈이 "하나님께서 야곱은 사랑하시고 에서는 미워하셨다"(말 1:2, 롬 9:13)라는 말씀을 해석한 것에서도 이를 잘 알 수 있다. 야곱과 에서가 태어나기도 전에 이미 하나님께서 그들의 운명을 정해 놓으신 것임을 칼빈은 강조한다. 그리고 그는 하나님께서 우리를 택하신 것은 그분의 은밀한 계획 속에 감추어져 있음을 피력하면서, 우리가 이 신비를 파헤치고자 하더라도 그것은 거대하고 깊이를 알 수 없는 심연으로서 우리의 모든 생각은 사라지고 만다는 것을 언급한다.[94] 따라서

---

92  Reymond, "A Consistent Supralapsarian Perspective on Election", 185.
93  바빙크, 『개혁교의학 2』, 479. 이남규도 바빙크가 칼빈을 두 가지 견해로서 타락 전/후 선택설을 주장했다고 언급한다. 바빙크가 타락 전 선택설을 주장하는 학자들의 이름을 열거할 때, 칼빈의 이름은 없고, 베자부터 시작하고 있다고 말한다. 이남규, "헤르만 바빙크의 타락 전/후 선택설 이해", 「長老敎會와 神學」 10 (2013): 166.
94  CO 44, 405-6 (말 1:5 주석), CO 51, 147-50 (엡 1:4-7 주석).

아담이 타락하기 전 하나님께서 그의 운명을 결정하셨기 때문에 선택과 유기 사이에 중간상태는 발견되지 않는다.

## 결론

칼빈은 자신의 예정론을 통해 선택과 유기 사이와 일반선택과 특별선택 사이의 중간상태의 개념을 언급했다. 그의 중간상태 개념이 표면적으로는 중세 스콜라적인 것과 유사한 면이 있지만, 이면적으로는 큰 차이가 있다는 것을 밝혔다. 『기독교강요』 3.21.7에서 사용한 칼빈의 중간상태 개념은 독자들로 하여금 일반선택과 특별선택 사이의 중간상태에서 이쪽과 저쪽을 선택할 수 있다는 오해를 줄 수 있었다. 칼빈의 이러한 표현을 통해 개혁파 신학자들 사이에서도 칼빈의 사고가 인간이 선택의 자유를 할 수 있다는 근거를 나타내었다고 주장했다. 그러나 칼빈의 이 개념의 사용은 인간의 자유로운 선택이 가능하다는 것이 아니라, 하나님의 중생의 영이 택한 자들에게로의 오실 때까지의 시간적인 의미로서의 중간상태였다. 베르너 크루쉐도 이러한 관점에서 칼빈의 성령론을 다루었다. 성령의 보다 낮은 등급의 활동으로서 이는 일시적인 신앙(fides temporalis)이라고 규정했다. 따라서 이는 가장(假裝)으로서의 신앙과 참된 신앙 사이에 존재하는 중간상태이다. 칼빈은 중생의 영을 받지 않으면 결코 하나님의 언약을 지킬 수 없고, 사람의 행위도 열납하지 않으신다고 말한다. 적합한 공로(congruity)이든 당연한 공로(condignity)이든 어떤 공로의 개념도 개부했다.

칼빈은 『사도행전주석』 8:3에서도 중간상태의 개념을 사용하였다. 이 본문은 마술사 시몬이 예수를 믿고 세례를 받은 이후에 사도들이 행하는 이적을 돈으로 사려고 했다. 베드로가 그를 악독이 가득하고 불의에 매인 자라고 하면서 회개를 촉구했다. 칼빈은 세례를 받았지만 아직도 중생하지 못한 시몬의 영적 상태가 중간상태라고 규정했다. 따라서 그가 언제 회개하고 중생의 영을 받을

지는 모르지만, 현재의 상태는 일시적인 신앙이다(haec fides temporaria est)라고 주장했다. 아직 분명한 신앙을 나타내는 확신의 상태가 아니라 시간적으로 잠시 생겼다가 사라지는 상태라는 것이다. 그는 이 상태를 일컬어 중간상태라고 강조했다.

칼빈은 『고린도전서주석』 12:3에서도 중생의 영을 언급하면서 중간상태의 일시적인 신앙의 상태를 소개한다. 중생의 영을 받지 않더라도 얼마든지 뜨거운 찬양을 부를 수 있고, 신앙적 외양을 보일 수 있다고 말한다. 그러나 그것은 중생의 영을 받기까지는 일시적인 신앙이다. 나중에 중생의 영을 받을지 어떤지에 대해서는 모르지만, 중생의 영을 받지 못한 현재의 상태는 일시적 신앙이다. 이때의 성령의 사역을 일컬어 성령의 낮은 등급의 사역, 또는 성령의 저급한 사역이라고 부를 수 있다.

또한 도르트회의에서 다루었던 예정론의 중요한 문제로써 타락 후 선택설(infralapsarianism)의 경우 중간상태 개념은 많은 주의가 요구되었다. 도르트회의는 무조건적 선택의 맥락에서 알미니우스의 예지예정론을 부인하였다. 타락 후 선택설은 '간과(preterition)'의 개념을 도입함으로써 유기를 약화시켰다는 비판의 여지가 있는 것이 사실이다. 그러나 하나님께서 유기를 먼저 작정하신 것이 아니라 타락의 작정 이후 죄인들을 간과하신 것이라고 결론지었는데, 이는 하나님께서 죄의 원인자가 되지 않고, 죄의 책임을 지지 않아야 한다는 이유 때문이었다. 불링거는 구원에 있어 하나님의 은혜를 강조함과 동시에 인간의 책임에 무게를 두었다고 볼 수 있다. 불링거의 언약의 조건성과 맞물리면서 인간의 책임을 부각시켰다. 하나님의 영원한 작정 속에서, 예지 가운데 타락을 생각하고 선택과 유기 및 간과가 있었다면, 이는 하나님께서 인간의 행위의 타락을 미리 내다 보신 것이었고, 인간 행위의 조건에 따라 결정된 것으로 이해될 수 없다. 대부분의 개혁주의 학자들이 불링거의 간과개념과 칼빈의 유기개념을 동일한 것으로 간주하는 것은 정당하다고 볼 수 있다.

이런 이유에서 불링거가 주장했던 간과의 개념은 선택과 유기 사이에 중간상태로 간주될 수 없다.

V

섭리론과
중간상태

Calvin's Theory of Predestination and Providence

Calvin's Theory of Predestination and Providence

# 섭리론과 중간상태

예정론을 통해 칼빈에게 중간상태가 나타나는가를 살펴보았다. 이제 그의 섭리론[1]을 통해 중간상태를 살펴보자. 섭리론은 이 세상에 대한 하나님의 보존과 통치를 다루고 있는데, 중간개념이 가장 두드러지게 나타나는 부분이라 할 수 있다. 어떤 이는 보존, 협력, 통치라는 범주 속에서 섭리를 설명한다. 여기

---

[1] 칼빈의 섭리론의 발전과정은 다음과 같다. 1. 『기독교강요』 1536년판 교회론에서 예정론과 섭리론을 다루었다. 교회는 거룩하다. 이는 하나님의 영원한 섭리에 의해 선택된 많은 사람들이 교회의 구성원으로 받아들여져 주님에 의해 거룩해지기 때문이다. 사도신경 첫 부분인 창조주 하나님에 대한 해설에서도 섭리론을 다룬다. 2. 『기독교강요』 1539년판에서는 발전된 사고 속에서 예정론과 섭리론은 독자적으로 한 장을 구성한다. 3. 1545년 『자유주의자 반박론』 제14장에서 섭리론을 다루었다. 여기서 그는 하나님의 섭리를 셋으로 구분하였다. 첫째, 자연의 질서, 둘째, 특별섭리, 셋째, 구원의 은총이었다. 칼빈은 이때 주장한 것을 그 후의 등장하는 『기독교강요』 증보판에서 다시 주장하지 않는다. 다만 일반섭리와 특별섭리로만 구분할 뿐이다. 4. 1552년 예정론에 관한 소론에서 예정론을 다룬 후반에 섭리론을 다루었다. 이때 다룬 내용들은 『기독교강요』 1559년 최종판에 그대로 반영되었다. 5. 『기독교강요』 1559년판에서는 예정론과 섭리론을 분리시켜 섭리론은 제1권 창조론 다음에 두었고, 예정론은 구원론을 다루는 제3권에 두었다. 칼빈은 1559년판에 와서 다시 섭리론과 교회론을 관련시킨다. 칼빈이 섭리론을 교회론과 관련시킨 것에 대해 큰 의미를 부여하기도 하지만, 1536년판에서 관련시킨 것과 1559년판에서 관련시킨 것의 의미는 다르다고 할 수 있다. 전자에서 칼빈은 단순히 기독교 교리를 다루면서 교회론 안에 섭리론을 포함시켰지만, 1559년판에서는 제네바 시에서 일어나는 세상적인 모든 일들을 관찰한 뒤 이 세상을 통치하시는 하나님의 통치에서 교회가 중심적인 위치를 차지하고 있음을 인식하고 섭리론에 있어서 교회의 중심역할을 강조했다고 볼 수 있다. F. Wendel, Calvin: *The Origins and Development of His Religious Thought* (Lamperter: Collins, 1963), 177. 이양호, "하나님의 섭리", 『현대와 신학』 22 (1997) 참조. 이양호는 칼빈의 섭리론을 교회론적으로 파악함으로써 전자를 후자에 지나치게 포함시키는 인상을 주고 있다. 이는 칼빈의 일반섭리를 약화시키거나 또는 망각하는 오해를 줄 수 있다고 판단된다.

에는 우연 또는 우발², 필연, 허용, 의지, 협력의 개념이 포함된다.

이 세상이 하나님의 뜻과 의지에 따라 움직인다면, 하나님이 모든 악의 원인자가 아닌가 하는 질문이 야기된다. 중세의 섭리론과 개혁주의 섭리론은 모두 하나님이 악의 저자가 아니라고 분명히 밝힌다. 섭리론에서 가장 중요한 핵심은 제1원인자인 하나님께서 악의 저자가 아니라면, 제2원인자인 인간이 악의 저자인가라는 질문이 제기된다. 중세 신학은 하나님께서 악의 원인자가 아니라는 것을 증명하기 위해 중간지식과 중간원인의 개념을 도입한다. 하나님께서 이 세상의 모든 일을 알고는 계시지만, 사물 그 자체가 원인이 되어 일어나는 우발적인 일에 대해서는, 그 원인이 중간지식을 포함하는 중간원인이다. 여기에서 인간의 의지가 자유롭다는 것이 논증된다. 인간의 자유로운 선택에 의해 일어나는 일이기 때문에 인간이 그 행위에 대해 책임을 져야한다. 하나님은 사물의 본성 자체를 방해하지 않는다.

섭리론에 있어서 개혁주의 신학의 대표격이라 할 수 있는 투레틴과 헤페도 비슷한 방식으로 논증하지만, 중세 신학자들과는 약간 다른 결론을 도출해낸다. 투레틴은 중세 신학자들의 중간지식을 부정한다. 하나님이 제1원인자로서 이 세상에 일어나는 모든 일들의 원인자임을 확실히 한다. 그에게 제2원인자의 의지는 제1원인자에게 종속되어 있다. 그는 하나님께서 이 세상의 모든 사건의 원인자임을 밝히면서도, 하나님은 악의 원인자가 아님을 명쾌한 논리로 증명해 낸다. 그는 중세 신학자들과는 약간 다른 아이디어로 이 문제를 해결하는데, 제1원인자와 제2원인자 사이의 협력을 강조한다. 그는 아리스토텔레스의 질료(質料)와 형상(形象)이라는 범주를 통해 이를 설명한다. 하나님의 의지는 질료에 해당되고, 인간의 의지는 형상에 해당된다. 질료에 해당되는 의지는 물

---

2  김재용, "칼빈에게 있어 이중적 개념과 중간개념에 대한 개괄적 이해", 「갱신과 부흥」 22 (2018): 49, 각주 32를 참조하시오. 대부분의 중세 스콜라 학자들이나 개혁파 정통주의자들은 섭리론에서 우연과 우발이라는 용어를 동의어로 사용하고 있으며, 칼빈도 두 용어를 그렇게 활용하고 있다. 따라서 본 장(章)에서도 동일한 의미로 사용하고자 한다.

리적인 것으로서 선도 악도 아닌 반면, 형상에 해당되는 의지는 인간의 의도와 목적이 포함되어 있으므로, 그 의지에서 비롯된 모든 행위의 책임은 인간이 져야 한다는 것을 강조한다. 이들의 섭리론은 본론에서 좀 더 구체적으로 다루도록 하겠다.

그리고 중세의 섭리론은 예정 안에 섭리가 포함되는 구도를 지니고 있다.[3] 이는 예정 안에 모든 것이 포함되어 있다는 뜻으로 이해할 수 있다. 그러나 칼빈의 섭리론은 중세의 섭리론과 투레틴, 헤페 등의 섭리론과는 차이가 있다고 판단된다. 투레틴의 섭리론과 칼빈의 섭리론의 결론은 성경적이며, 유사하지만, 그 차이가 있음을 밝히고자 한다. 이들의 섭리론에 중간상태 개념이 존재하는지, 존재한다면 어떻게 존재하며 어떤 위치를 지니는지를 살펴보자. 거기에 나타나는 중간상태 개념이 무엇이며, 왜 섭리론에 이 개념이 도입되는가를 고찰해보자. 또한 이러한 개념이 후대 개혁주의 신학에 어떤 영향을 미치고 있는지도 전망해보자.

## 예정론과 섭리론의 관계와 중간상태

### 중세 스콜라 신학의 예정론과 섭리론의 관계

보에티우스는 운명(fatum)이란 "가변적 사물들의 내재적 성향으로, 섭리는 이를 통해 모든 것을 그 질서에 따라 연결한다"라고 말했다.[4] 이는 이신론적 의미가 강한 표현이라고 생각된다. 하나님께서 모든 것을 알고 계시지만, 하나님의 비결정 속에서 인간은 자신의 자유로운 의지에 따라 행하게 된다는 것이다. 그는 하나님의 예지를 부각시키기 위해서 하나님의 결정을 부정했다. 이러한

---

3  바빙크, 『개혁교의학2』, 747. 바빙크는 토마스주의자들이 예정 안에 섭리가 포함되는 구도를 지닌 것으로 이해했다.

4  Boethius, *De consolatione Philosophiae*, 4, pros. 6. "fatum uero inhaerens rebus mobilibus dispositio per quam prouidentia suis quaeque nectit ordinibus."

견해는 안셀무스를 거쳐 토마스 아퀴나스에게 영향을 미치게 된다. 안셀무스와 토마스 아퀴나스는 보에티우스의 예지론을 포괄적으로 수용하면서도 하나님의 예정을 부정하지 않는다.

토마스주의자들은 섭리를 자연적 예정(praedeterminatio physica), 장차 시행되어야 할 것에 대한 적용(applicatio ad operandum)으로 이해했다.[5] 바빙크는 중세의 섭리와 예정의 관계에 대해 "하나님의 섭리는 '종말을 위한 사물들의 배열의 방식', 즉 자신의 확정된 목적을 위해 하나님이 영원부터 만물을 정돈했던 하나님의 지성과 의지의 행위로 정의되었다"라고 말한다.[6] 보에티우스도 "배열의 방식으로서 섭리는 물론 시간 속에서의 시행(施行), 즉 보다 구체적으로 '통치(gubernatio)'라는 명칭을 지닌 '배열의 집행(exsecutio)'과는 구별될 수 있다"[7]라고 양자의 관계를 정리한다. 중세는 섭리와 예정의 순서에 있어서 예정이 앞설 뿐만 아니라, 예정이 섭리를 포괄한다.

헤르만 셀더르하위스는 중세 신학이 철학자 에피쿠로스(BC 341-271)의 하늘에 앉아서 아무것도 하지 않고 '활동하지 않는 존재로서의 신' 개념과 아리스토텔레스의 최초의 원인일 뿐 '움직여지지 않는 최초의 움직이는 존재'로서의 신 개념에 큰 영향을 받았다고 설명한다.[8] 따라서 중세 신학에서의 섭리는 예정하신 하나님께서 2차적 원인으로서 인간의 자유의지에 따라 행하도록 하셨다는 것으로 파악된다.

---

5  Aquinas, S Th, 1, 2, qu. 9, art. 6, ad 3; qu. 79, 109. Idem., Summa contra gentiles, 3, 67-70, 16
6  바빙크,『개혁교의학2』, 467.
7  Boethius, De consolatione philosophiae, 4, pros. 6.; P. Lombardus, Sententiarum, 1, dist. 35, n. 1.; Thomas Aquinas, ST, 1, qu. 22, art. 1. Idem., Summa contra gentiles, 3, 77.
8  헤르만 셀더르하위스,『중심에 계신 하나님: 칼빈의 시편 신학』, 장호광 역 (서울: 대한기독교서회, 2004), 129-30.

데이비스(Horton Davies)도 토마스 아퀴나스에게 예정론이 섭리론을 포괄하고 있다고 평가한다. 그는 하나님의 섭리와 예정에 관련된 세 개의 주제가 서로 관련되어 있다고 다음과 같이 말한다.

> 우리는 이 장에서 신적 섭리에 관련된 세 가지의 주제들에 집중할 것이다: 세 가지는 예정과 선택과 유기이다. … 예정이 그것의 목적에 관한 것으로서 섭리의 한 부분이라는 것이 분명하다. … 유기는 영생의 마지막으로부터 몇 사람들이 떨어져 나가도록 허용하는 하나님의 섭리의 한 부분으로 정의된다.[9]

데이비스에 의해, 토마스의 섭리론과 예정론의 관계를 알 수 있다. 데이비스는 토마스를 따라 대상에 관한 예정은 섭리의 한 부분이라고 언급한다.[10] 데이비스에 의하면, 하나님에 의해 예정되고 배치된 피조물이 마지막을 향하는 두 가지가 있다. 하나는 피조물 본성의 모든 부분과 기능을 능가하여, 영생과 복의 비전을 주는 반면, 다른 하나는, 장차 예정된 것이 나타나도록 운명 지어진 것이 그대로 되어져야 하는 마지막이다. 그는 또 토마스가 하나님께서 선택한 사람의 숫자에 대해 언급한 것을 인용하는데, 그 숫자는 얼마가 될 것인가에 대해서는 천사의 수와 같을 것이라는[11] 견해를 소개한다. 보에티우스로부터 비롯된 토마스의 이 견해는 섭리론이 예정론에 포괄되어 형이상학적인 인상을 주고 있다.[12] 한 인간의 전체 인생사에서 하나님께서 그를 어떻게 인도하셨고, 어떻

---

9  Horton Davies, *The Vigilant God: Providence in the Thought of Augustine, Aquinas, Calvin and Barth* (New York: Peter Lang Publishing, 1992), 79. "consideration in his section of our chapter will concentrate on three themes related to the Divine providence: Predestination, Election and Reprobation. … Thus is it clear that Predestination as regards its objects is a part of Providence. … Reprobation is defined as a part of God's Providence to permit some to fall away from the end of Eternal Life, … "
10 Davies, *The Vigilant God*, 79.
11 Davies, *The Vigilant God*, 80.
12 Davies, *The Vigilant God*, 82. 데이비스는 아퀴나스의 섭리론을 비판하는데, 그의 섭리교리가 제2원인의 긍정적인 것과 부정적인 효과는 허용하지만, 정작 인간의 자유선택이 신의 전지(omniscience)와 전능(omnipotence)을 서로 관련시키는 기초적인 어려움을 극복하지 못했다고 말한다. 이는 아퀴나스의 섭

게 인도하고 계시며, 어떻게 인도하실 것인가에 대한 통치의 섭리는 약화된다고 볼 수 있다. 중세의 섭리론은 구원론에만 한정된다는 인상을 준다. 하나님의 창조와 피조물에 대한 포괄적인 개념이 부각되지 않는 한계를 보이고 있다.

### 칼빈의 섭리론과 예정론의 관계

칼빈의 예정론과 섭리론의 관계를 정립하는 것은 이 책에 중요한 영향을 끼친다. 칼빈의 신학에서 중간상태를 설명할 때, 가장 논쟁점이 되는 부분이 예정론과 섭리론이다. 양자의 관계가 정립될 때, 각각의 분야에서의 중간상태도 함께 정립될 것이다. 예정론에서의 중간상태 개념이 섭리론에서는 어떻게 나타나는가 하는 문제제기가 중요한 이슈가 될 수 있다. 칼빈의 예정론에서 밝혀진 중간상태 개념이 그의 섭리론에서는 다른 중간상태 개념으로 나타날 수 없기 때문이다. 만약 각각의 분야에서 서로 다른 중간상태 개념이 등장하게 된다면, 칼빈의 신학은 일관성이 없는 것이 된다.

셀더르하위스는 칼빈의 하나님의 섭리에 대해 정리할 때, 보하텍(Bohatec)의 "천상의 철학에서 가장 중요한 장(章) 중에 하나이다"[13]를 인용한다. 그도 역시 칼빈이 중세에 횡행하고 있었던 에피쿠로스의 '활동하지 않는 신관'과 아리스토텔레스의 '부동자(不動者)의 동자(動者)의 신관'을 매우 비판했다고 규명하면서, 칼빈에게 있어 하나님의 섭리가 '진정한 섭리'라고 평가한다.[14] 이신열도 칼빈에게 있어, 섭리론이 창조론 이후에 다루어지는 다른 모든 교리들의 전제를 넘어서는 진정한 신학이자 하나님의 현존을 다루는 신학이라고 정의한다.[15] 보하텍이나 셀더르하위스 그리고 이신열은 칼빈에게 있어 섭리가 가장 우선적이며, 모든 것을 포괄한다고 주장하는 셈이다. 중세가 예정에 섭리를 포함시켰

---

리론이 지성적인 면에 치우쳐 있다는 것으로 볼 수 있다.
13  J. Bohatec, "Calvins Vorsebungslehre", in: Calvinstudien-Festschrift zum 400. Geburtstage Jobann Calvins (Leipzig 1909), 339-441, 셀더르하위스, 『중심에 계신 하나님』, 127에서 재인용.
14  셀더르하위스, 『중심에 계신 하나님: 칼빈의 시편 신학』, 131.
15  이신열, "칼빈의 『공관복음 주석』에 나타난 섭리 이해", 「개혁논총」 24 (2012): 154.

다면, 칼빈은 섭리에 예정을 포함시켰다는 말이다. 이는 또한 칼빈의 섭리론은 구원론이나 교회론에 국한되는 것이 아니라, 이보다 더 큰 범주 속에 섭리론이 자리잡고 있다는 것을 의미한다. 칼빈은 섭리론과 구원론 중에 어느 한 쪽에 더 기울어져 있지 않다. 만약 그것이 한 쪽으로 기울어진다면 문제가 발생될 수밖에 없다. 칼빈은 어느 하나를 더 우선적이거나 더 중요한 것으로 보지 않는다. 중세는 연역적인 방법으로 섭리의 문제를 바라보았다면, 칼빈은 귀납적인 방법으로 보았다고 볼 수 있다. 칼빈은 예정론과 섭리론을 구분하여 다룬 후에 양자가 상호보완적이고 상관적인 관계에 있음을 나타내는 것으로 보여진다. 칼빈의 섭리론과 예정론의 관계에 있어, 구원론을 부각시키기 위해 칼빈의 섭리론이 3분법으로 구분되어 있다고 주장한다. 그러나 보하텍이나 셀더르하위스의 견해에 의하면 이러한 3분법은 아무런 의미를 지니지 못한다. 그럼에도 불구하고 칼빈의 전체 신학체계와 관련해서 이러한 구분법을 살핌으로써 섭리론을 이해하는데 유익을 얻을 수 있다고 본다.

그러면 이 둘의 관계를 살펴보도록 하자. 파티(Charles B. Partee)는 칼빈신학에서 예정론과 섭리론의 관계를 구체적으로 설명하기는 쉽지 않다고 말한다.[16] 그는 예정이 섭리론의 일부인가, 아니면 섭리가 예정론의 일부인가, 아니면 둘이 비슷하면서도 구별되는 가르침인가 하는 문제를 제기한다. 대부분의 칼빈을 연구하는 학자들은 칼빈의 섭리론이 2분법인가 아니면 3분법인가 하는 문제와 함께 예정론과 섭리론의 문제를 풀어간다. 칼빈의 섭리론에 있어 보편섭리와 특별섭리와 예정론의 관계를 설정하는데, 특별히 예정론과 특별섭리와의 관계를 규정한다. 따라서 예정론이 특별섭리에 종속되어 있다는 학자도 있고, 양자가 하나님의 의지라는 범주 속에서 동의어로 사용되고 있다는 학자도 있다. 김종희는 하나님의 의지가 하나님의 섭리로 이해될 때, 이는 예정과 동의어로 사용되는 하나님의 작정도 하나님의 의지이기 때문에 서로 동일한 의미를 지닌다고 말한다. 그러면서 그는 하나님의 의지 속에서 특별섭리와 동의어

---

16  Charles B. Partee, *Calvin and Classical Philosophy* (Leiden: E. J. Brill, 1977), 134.

로 불려지는 예정론과 관련시켜, 구원섭리라고 하는 제3의 섭리이론을 주장한다.[17] 따라서 그는 칼빈의 섭리론은 3분법으로 구성되어 있다고 강조한다. 김종희는 예정을 하나님의 의지로 봄으로써 그 자체로 모순을 보이고 있다. 이는 중세의 섭리론의 시각이라고 할 수 있다. 하나님의 의지가 하나님의 예정에 종속된다는 인상을 주기 때문이다. 이외에도 에티엔느 드 페이(Étienne de Peyer)도 칼빈의 섭리를 보편섭리, 개별섭리, 특별섭리로 구별한다.[18] 그가 구별한 세 가지의 구별은 개별 대신 교회를 향한 섭리로 대체하기도 한다. 이 섭리는 예정과 관련이 되는데, 여기서 예정론과 섭리론의 관계를 설정하려고 한다. 그러나 파티가 말했던 것처럼, 칼빈은 특수한 섭리와 개별선택을 같은 의미로 생각하며, 또한 특별섭리와 예정을 구별하지 않는다고 말한다.[19] 양자는 통일성을 지니고 있으며, 서로 상호보완적이라고 설명한다.[20] 이양호도 3분법을 주장한 드 페이의 이론은 한계가 있다고 지적한다. 그는 칼빈이 1545년 이 논문에서 주장한 것을 그 후의 『기독교 강요』 증보판에서 다시 주장하지 않고 단지 일반섭리와 특별섭리 둘만을 말했다며 그 이유를 제시한다.[21] 콜(Henry Cole)도 칼빈의 '하나님의 영원한 예정과 하나님의 은밀한 섭리'라는 논문들을 번역할 때, 번역자 서문에서 예정과 섭리의 관계를 지나가면서 살짝 언급한다. "영광스러운 이 두 교리의 진리는 자연적 결과의 문제로써(as a matter of natural consequence) 그의 모든 저작과 복잡하게 섞여있다(interwoven with the whole of his written)고 말한다.[22] 그는 본질적이고 쌍둥이 같은 성경의 진리가 필연적이고 서로 분리되지 않게 연결되어 있고(these twin cardinal truth of the Bible ever stand necessarily and inseparably connected..)[23], 또 이 두 교리가 결과에 따른 필연성(consequent

---

17 김종희, "칼빈의 섭리론과 예정론의 관계", 148-52.
18 Étienne de Peyer, "Calvin's Doctrine of Providence," *The Evangelical Quaterly* X (1938), 37. quoted in Partee, *Calvin and Classical Philosophy*, 127.
19 Partee, *Calvin and Classical Philosophy*, 141-42.
20 Partee, *Calvin and Classical Philosophy*, 141.
21 이양호, "칼빈의 섭리론", 「현대와 신학」 22 (1997): 3.
22 John Calvin, *Calvin's Calvinism*: Treatises on the Eternal Predestination of God & the Secret Providece of God, trans. Henry Cole (Grand Rapids: Reformed Free Publishing Association, 2006), 6.
23 Calvin, *Calvin's Calvinism*, 213.

necessity)이라고 언급한다.²⁴ 그는 이 두 교리를 일컬어 '두 개의 본질적인 교리들(two essential doctrine)', '두 개의 영원한 복음의 위대한 교리들(two great doctrines of the everlasting Gospel)'²⁵이라고 둘의 관계를 설정한다. 따라서 김종희나 페이가 주장하는 대로 칼빈의 섭리론은 3분법으로 이해하는 것이 아니라 칼빈이 분명하게 표명한 대로 보편섭리와 특별섭리로 2분법으로 보는 것이 옳다. 이는 칼빈이 성경을 이해할 때, 이중적인 인식방법(Duplex Cognition)과 일치한다고 볼 수 있다.²⁶ 칼빈은 중세 스콜라 학자들처럼 개념을 세분화해서 설명하지 않는다. 이양호도 칼빈이 스콜라주의적 미로와 인문주의적 심연을 동시에 두려워했다고 윌리엄 부스마(William Bouwsma)를 인용했다.²⁷ 그는 단지 긍정적 이중의 인식방법을 따를 뿐이다. 칼빈은 특별한 섭리로써 예정을 이해했고, 특수한 섭리로써 하나님의 개별선택을 깨달은 것이었다. 사실상, 칼빈이 언급하는 일반선택과 특별선택, 일반은총과 특별은총, 일반섭리 또는 보편섭리와 특수 또는 특별섭리는 같은 범주에서 이해될 수 있는 개념이다.²⁸

칼빈의 예정론과 섭리론은 시대와 경우에 따라 그 위치가 변화되었지만, 칼빈에게 있어 이 둘은 분리할 수 없는 상호보완적 관계임을 알 수 있다. 다우이(Edward A. Dowey)는 칼빈의 예정론과 섭리론을 아주 밀접한 관계로 보았으며 이를 다음과 같이 밝힌다.

> 칼빈은 항상 예정으로부터 섭리를 인도했고, 신앙에서 예정으로 인도했다. … 그러나 내가 읽은 칼빈에게 있어서는 이러한 위험들은 단지 '운명이 지배할 때' 위협이 된다는 것이다.²⁹

---

24  Calvin, *Calvin's Calvinism*, 216.
25  Calvin, *Calvin's Calvinism*, 214.
26  Edward A. Dowey, Jr., *The Knowledge of God in Calvin's Theology* (Grand Rapids: Eerdmans, 1994), 41-49.
27  William J. Bouwsma, *John Calvin A Sixteenth Century Portrait* (New York: Oxford University Press, 1988), 162. 이양호, "칼빈의 섭리론", 2.
28  칼빈은 '매우 특별한 섭리'라는 용어를 사용하기도 한다. 그러나 이는 특별한 섭리에 포함되는 것이 옳다고 판단된다. 칼빈도 『기독교강요』에서는 일반섭리와 특별섭리로만 구분하고 있다.
29  Edward A. Dowey, Jr., *The Knowledge of God in Calvin's Theology* (Grand Rapids: William B. Eerdmans

따라서 칼빈의 예정론에서 인식되었던 중간상태가 섭리론에서는 다르게 나타날 수 없다. 칼빈의 예정론과 섭리론은 서로의 상관성과 보완 속에서 일치를 보이는 일관성을 지니고 있다.

### 중간상태

중간상태는 중세 스콜라 신학자들이 사용했던 '중간지식'이나 '중간원인'과는 약간의 차이가 있다. 중간이라는 맥락에서는 비슷하게 보이지만, 상태와 원인은 서로 약간의 차이를 지니고 있다. 상태는 그라운드(ground)의 개념으로서 사람의 의지가 이것이나 저것을 선택할 수 있는 위치를 의미한다.[30] 원인이나 지식은 제1원인과 제2원인 사이의 중간의 원인으로서 그것에 대한 지식을 의미한다. 사람이 성냥불을 켜서 초의 심지에 갖다 댈 때, 심지에 불이 붙는다. 이때, 성냥의 유황에서 나오는 불이 중간원인이 된다.

중세 신학이나 개혁파 정통신학에서는 이러한 중간상태를 통해 하나님의 예정이나 섭리를 이해해왔다. 섭리론에 있어서 우연 또는 우발개념, 필연, 허용, 협력, 의지의 개념을 이해하는데, 이러한 중간상태가 등장한다. 개혁파 정통주의에서는 몰리나의 중간지식 개념을 부정하고 비판한다. 그럼에도 불구하고 그들에게 이러한 중간상태가 여전히 남아있다고 보여진다. 계속해서 이를 살피고, 규명해보자. 또한 칼빈의 섭리론에도 이러한 중간상태가 존재하는지 살펴보자.

---

Publishing Company, 1994), 273. "He always led into providence from perdestination, and into predestination from faith. … But for the Calvin I read, these dangers threaten only "if Fortune rules" … "
30　제1장 "서론" 참조.

## 칼빈의 섭리론과 중간상태

### 칼빈과 스콜라주의의 영향

칼빈이 중세 스콜라 신학의 영향을 받았는가 하는 논쟁은 오래전부터 있어 왔다. 학문의 내용은 아니지만 방식에 있어서 스콜라주의에 큰 영향을 받았다고 하는 주장이었다. 이 논쟁을 다루는데 있어, 먼저 칼빈의 저작을 살펴보고, 그 후 2차 자료를 통해 스콜라주의의 영향을 받았다는데 찬성하는 학자들과 반대하는 학자들의 견해를 소개하고자 한다. 이 논쟁에 대한 정의를 통해, 칼빈의 섭리론이 어디에서 비롯되었는지 그 기원을 알 수 있기 때문이다.

그러면 이러한 논쟁에 대해 칼빈의 견해를 직접 살펴보자. 칼빈은 소르본느 학파와 스콜라주의뿐만 아니라 그들의 학문 방식인 삼단논법에 대해서도 언급하고 있다. 먼저, 삼단논법에 대해 칼빈의 『기독교강요』에서 다음과 같이 말한다.

> 참으로 그들은 삼단논법으로 이것을 철저하게 증명한다고 생각한다. 그러나 그리스도께서는 자신의 몸과 피에 대해서 따로따로 말씀하시고 그가 임재하시는 모양에 대해서는 말씀하시지 않는다. … 그들의 양심이 좀 더 엄숙한 느낌으로 불안을 느낀다면 그들은 삼단논법과 함께 곧 해체되며 녹아버릴 것이 아닌가? 그들에게 하나님의 확실한 말씀이 없다는 것을 깨달을 때에 그렇게 될 것이다.[31]

---

31  *Inst.*, 4.17.35 (CO 2, 1038). "Videntur quidem sibi suis id syllogismis pulchre conficere, Verum quum de corpore et sanguine suo distincte loquatur Christus, modum autem praesentiae non describat, … nonne si graviore aliquo sensu eorum conscientias exerceri contigerit, protinus cum suis syllogismis dissolventur ac liquescent? nempe ubi certo Dei verbo defici se Videbunt,"

칼빈은 계속해서 스콜라 학자들의 회개를 비판하는 가운데 그들의 삼단논법과 구분법을 언급한다.

> 그들은(스콜라 학자들) 회개를 세밀하게 정의하여 심령으로 하는 통회와 입으로 하는 고백의 행위로 하는 보속(補贖)으로 나눈다. 그들은 삼단논법을 구성하는데 한 평생을 보낸 것 같은데도 불구하고 그들의 구분법은 정의보다 더 논리적이라고 할 수 없다.[32]

칼빈이 스콜라주의 학문 방식에 영향을 받아 이를 활용했다고 하는데 찬성하는 학자들[33]은 칼빈이 스콜라 학문 방식인 구분법(partitionem)을 사용했다고 주장하였지만, 칼빈은 그들의 구분법 자체를 비판한다. 앞에서도 언급했듯이, 칼빈은 그러한 문맥에서 계속 그들의 구분법의 무용성을 주장한다. 칼빈은 다음과 같이 설명한다.

> 가령 논리학자들의 논법에 따라 이 스콜라 학자들의 정의를 출발점으로 삼아서 추리하는 사람이 있다면, 사람은 입으로 고백하지 않더라도 이전에 지은 죄 때문에 울 수 있고 울어야 할 죄를 짓지 않을 수 있으며, 슬퍼하는 과거 행동을 다시 벌할 수 있다고 결론을 내릴 것이다. 그렇다면 그들은 어떻게 자기의 구분법을 유지하겠는가?[34]

---

32 *Inst.*, 3.4.1 (CO 2, 456), "Poenitentiam tam argute definitam, in contritionem cordis, confessionem oris, satisfactionem operis partiuntur, nihilo magis dialectice quam definierunt; etsi videri volunt totam aetatem in syllogismis contexendis detrivisse."

33 칼빈이 중세 스콜라 신학의 방법론에 영향을 받아 이를 활용했다고 주장하는 대표적인 학자들은 다음과 같다. 빌렘 판 아셀트, 테오 플레이지어, 피터 라우벤달, 마르텐 비세, 『개혁신학과 스콜라주의』 (서울: 부흥과 개혁사, 2012), C. Graafland, *Gereformeerde Scholastiek IV: De invloed van de Scholastik op de Gereformeede Orthodoxie, Theologia Reformata* 30 (1987), 4-25. Richard A. Muller, *Calvin and the REFORMED TRADITION: On the Work of Christ and the Order of Salvation* (Grand Rapids: Baker Academic, 2012), 13-50. Perter A. Lillback, *The Binding of God: Calvin's Role in the Development of Covenant Theology* (Grand Rapids: Baker Academic, 2001), 194-209.

34 *Inst.*, 3.4.1 (CO 2, 456-57), "Verum si quis a definitone ratiocinetur (quod genus argumentandi apud dialecticos valet), posse aliquem anteacta deflere et flenda non committere; posse praeterita mala plangere et plangenda non committere; posse punire, quod doleret commisisse etc., quamvis

그들은 하나님의 자비를 무시하며, 의의 전부이신 그리스도를 무시하면서, 사랑이 믿음보다 나으므로 우리는 사랑의 덕으로 의롭다함을 얻는다고 주장한다. 이것은 마치 왕은 구두직공보다 무한히 훌륭하기 때문에 구두도 더 잘 만들 수 있다는 것과 같은 논법이다. 이 한 가지 삼단논법만으로도 소르본느학파 사람들 사이에는 믿음에 의한 칭의를 조금이라도 맛본 사람이 하나도 없다는 것이 충분히 증명된다.[35]

그리스도 안에서 여호와께서는 불행한 우리에게 행복을, 궁핍한 우리에게 부유함을 주시겠다고 하시며 그리스도 안에서 하늘 보고를 우리에게 열어 보이시고, 우리의 믿음이 전적으로 그의 사랑하시는 아들을 우러러 보며, 우리의 모든 기대가 그를 의지하며, 우리의 소망이 전적으로 아들에게 밀착하여 안식을 얻게 하신다. 이것은 삼단논법으로 이끌어 낼 수 없는, 저 은밀한 숨은 철학이다. 그러나 하나님께서 눈을 뜨게 하여 그 빛을 보게 하신 사람들만이 이것을(철학) 깨달아 알 수 있는 것이다.[36]

---

ore non confiteatur, quomodo suam partitionem tuebuntur?". 칼빈은 *Inst.*, 4.17.30 (CO 2, 1032)에서 '스콜라학파의 상투적인 구별(Trita est in scholis distinctio)'이라는 말을 사용함으로써 칼빈에게 그들의 구분하는 학문 방식이 얼마나 하찮은 것인지를 말해준다.

35 *Inst.*, 3.18.8 (CO 2, 610), "Isti, praetermissa Dei misericordia, Christoque praeterito (ubi summa iustitiae est) caritatis beneficio nos iustificari pugnant, quia supra fidem excellat. Perinde ac si quis aptiorem esse regem disputet conficiendo calceo quam sutorem, quia sit infinito praestantior. Hic unus syllogismus amplo documento est scholas omnes sorbonicas ne summis quidem labris degustare, quid sit fidei iustificatio.".

36 *Inst.*, 3.20.1 (CO 2, 625), " … Dominum sese ultro ac liberaliter in Christo suo exhibere, in quo pro nostra inopia opulentiam offert, in quo coelestes thesauros nobis aperit, ut dilectum filium suum tota fides nostra intueatur, ab ipso tota nostra exspectatio pendeat, in ipso tota spes nostra haereat et acquiescat. Haec quidem secreta est absconditaque philosophia, et quae syllogismis erui non potest; sed scilicet eam perdiscunt, quibus oculos aperuit Deus, ut in suo lumine lumen videant.".

칼빈은 스콜라 학자들의 구분법과 자신의 방식 사이에 선을 긋는다. 칼빈이 스콜라 학자들의 삼단논법이나 그들의 구분법을 언급한다 하더라도, 이는 그것들을 활용한다든지, 참고하는 정도가 아니라 반대의 입장에서의 비교형식으로서의 사용함이다. 멀러는 칼빈이 스콜라 학자들의 학문 방식을 긍정적으로 사용했다는 것에 대해 칼빈은 분명한 선을 긋고 있다. 칼빈은 또한 아리스토텔레스에 대해서도 다음과 같은 부정적인 입장을 취한다. 그는 다음과 같이 말한다.

> 소르본느 신학자들이 만들어 낸 이 무의미한 관념은 그들이 아리스토텔레스에게서 배웠다는 사실을 폭로하고 있다. 아리스토텔레스는 인간생활의 지고 및 궁극적인 선은 명상이라고 말했고 이 명상이 미덕의 성취라고 논했다. … 단순하게 생각해 보더라도 그들은 스스로 만들어 낸 이론을 증명하기 위해서 그리스도의 말씀을 무식하게 오용하고 있음을 알 수 있다.[37]

> 이들 중 가장 으뜸가는 자는 명성과 학식이 있는 아리스토텔레스이다. 그러나 그는 이방인이었고, 그의 마음은 강퍅하며 부패해 있었기 때문에, 그는 여러 가지 야비한 생각들로 하나님이 주관하고 계시는 섭리를 어리둥절하게 하고 애매하게 만드는데 한결같은 목표를 두고 있었다.[38]

---

37  CO 45, 381-82 (눅 10:38 주석), "Ac videntur Sorbonici, quod hac de re nugantur, ex Aristotele hausisse, quod summum bonum et ultimum vitae humanae finem in contemplatione locat, quae secundum eum virtutis fruitio est. … Quam vero inscite Christi verbis abusi sint ad probandum suum commentum, facile ex simplici sensu patebit.".
38  CO 32, 145 (시 107:43 주석), "Aristoteles tam ingenio quam doctrina maxime excelluit: ut tamen profanus homo erat, providentiam involveret multis vagis speculationibus; imo quidquid perspicaciae in eum Deus contulerat, sacrilegus ille nebulo ad exstinguendam omnem lucem applicuit.".

그럼에도 불구하고 빌름 아셀트(Willem J. van Asselt)는 칼빈이 스콜라주의의 방법론에 영향을 받았다고 주장한다.[39] 그들은 칼빈이 부분적으로 스콜라학파를 부정하고 또 특정한 인물을 비판하였다고 인정하면서도, 스콜라학파의 전체가 아니라 소르본학자들을 비난했지, 전체적인 부정은 아니었다고 강조한다. 그러나 칼빈은 프랑스의 소르본느학파뿐만 아니라 스콜라학파도 부정했다. 칼빈이 제네바아카데미에서 학생들에게 가르칠 때, 그 방법도 스콜라 방식이었다고 주장하였지만, 앞에서 살펴보았던 것처럼, 칼빈은 전체적으로 스콜라학파의 방식과 그들의 신학내용을 부정했다. 부분적으로 그들의 글을 인정하는 경우는 있었지만, 그들의 방식을 따랐던 것은 아니었다. 칼빈은 자신의 글에서 비판의 대상으로 스콜라학파를 인용했고, 그들은 언제나 칼빈의 글에 비교대상이었다. 따라서 방식에 있어 칼빈이 중세 스콜라학파의 지대한 영향을 받았다는 것은 맞지 않다. 칼빈이 중세 스콜라주의의 영향을 받았다는 것은 스타인메츠(David Steinmetz)에게서도 동일하게 나타난다.[40] 그는 칼빈이 스콜라주의의 방식과 중세 인문주의 학문 방식을 통해 자신의 신학체계를 세웠다고 주장한다. 다른 개혁파 정통주의자들처럼 칼빈도 그러한 방식을 따랐기 때문에 그의 섭리론도 그들과 같다는 식의 논리를 염두에 두고 있다고 생각된다. 한병수도 칼빈과 아만두스 폴라누스, 트위세 그리고 프란시스 튜레틴의 섭리론의 우연개념을 비교하면서 서로 간의 큰 차이가 없다고 주장한다.[41]

그러나 이들의 이러한 관점을 수용하기보다 반대하는 학자들도 많다. 칼빈이 중세 스콜라주의의 영향을 받아 자신의 신학체계를 완성했다는 논리는 억척이라고 주장하는 학자들이 있다. 존 머레이(John Murray)는 "칼빈은 종교개혁

---

39  아셀트,『개혁신학과 스콜라주의』, 한병수역 (서울: 부흥과 개혁사, 2012), 127-28.
40  David Steinmetz, "Cavin and the Absolute Power of God," *Journal of Medival and Renaissance Studies* 18/1 (Spring 1988): 65-66, 77-79; Steinmetz, "Calvin Among Thomists" in *Biblical Hermeneutics in Historical Perspective* (Grand Rapids: Eerdman, 1991), 210-14; Thompson, "The Immoralities of the Patriarchs in History of Exegesis: A Reappraisal of Calvin's Position," *Calvin Theological Journal* 26 (1991): 40-41.
41  한병수, "우연과 섭리-개혁주의 관점에 대한 고찰," 「한국조직신학논총」 40 (2014): 47-88. 한병수는 칼빈의 우연개념과 개혁파 정통주의의 우연개념에 차이가 없다고 말한다.

의 주해자요 모든 시대의 성경주해가들 중에서 제 일급에 속한다"[42]라고 말했다. 머레이는 칼빈이 지니고 있는 성경주해자로서의 권위를 인정하고 있다. 한성진은 칼빈이 스콜라학자 주석들을 가장 혐오했다며 다음과 같은 설명을 제공한다.

칼빈은 시편 주석 서문과 공관복음서 서문에서 부처의 주석을 크게 칭찬했지만, 로마서 주석에서는 부처의 해석이 너무 장황하고 애매하다는 점을 지적했다. 칼빈의 비평에서 '장황함과 애매함'은 칼빈이 가장 혐오한 '스콜라 학자들'의 주석에 대한 전반적인 평이었다.[43]

그는 또 밀레(Olivier Millet)를 인용[44]하면서 칼빈이 삼단논법의 방법을 따르지 않고, 5분위적(quintile) 방식을 따랐다고 설명한다. 칼빈의 해석 방법에 있어 에라스무스가 사용했던 아리스토텔레스식-인문주의적 방식도 따르지 않았다고 강조한다.[45] 부스마도 칼빈이 중세 스콜라주의를 비난하며 공격했다는 주장을 내세운다.

> 스콜라주의에 대한 그의 비난은 일군의 르네상스 인문주의자들의 스콜라주의에 대한 공격과 요점에 있어 같은 것이었으며, 그의 인간론과 밀접하게 연관되어 있다. 칼빈은 비난하기를, 스콜라적 담론들에 있어서 "허영심 강한 사람들은 어떤 실제적 가치도 없는 무용한 사변들로 스스로를 피곤하게 만들고 있다." 이것은 특별한 미친 짓거리였다. "오늘날 궤변가들은 자신들의 궤변적인 교묘한 말장난들로 하나님을 조롱하는

---

[42] W. Gray Crampton, *What Calvin Says: An Introduction to the Theology of John Calvin* (Jefferson, Maryland: The Trinity Foundation, 1992), 27에서 재인용. 유상섭, "칼빈의 공관복음 분석과 평가", 『칼빈의 성경해석과 신학』 (서울: SFC, 2011), 136.
[43] 한성진, "칼빈 주석의 현대적 방법론과 고대적 기원", 『칼빈의 성경해석과 신학』 (서울: SFC, 2011), 56.
[44] Olivier Millet, Calvin et la dynamique de la parole: Etude de rhetorique reformee (Librairie Honore Champion: Paris, 1992), 194-95.
[45] T. H. L. Paker, Calvin's Old Testament Commentaries (Louisville: Westminster/John Knox Press, 1993), 81.

지경에 이르게 되었다"라고 그는 비난하고 있다. 그는 또한 스콜라적 담론들을 이해할 수 없는 것으로 여기고 공격했다.[46]

파커(T. H. L. Paker)는 칼빈이 중세 스콜라주의의 학문 방식을 따르지 않았고, 인문주의 방식도 취하지 않았다고 주장한다. 물론 칼빈이 중세 인문학이나 스콜라 학문을 접하고 공부했을 수는 있었을지라도 그가 성경을 주해하는 방식에서는 그러한 방식이 나타나지 않는다는 설명을 다음과 같이 제공한다.

> 처음부터 칼빈의 섭리개념은 성경에서 도출하려고 한 것임이 분명하다. 그는 신적 원인과 지상적 결과 사이의 관계에 관한 형이상학적 문제들에 관심을 두지 않았다.[47]

이양호는 칼빈의 논적들은 합리성에 근거해서 칼빈을 비판했고, 칼빈은 성경역사에 근거해서 그의 논적들을 비판했다고 말하면서, 그런 점에서 칼빈이 그의 섭리론을 성경에서 도출했다는 파커의 주장은 타당성이 있다고 평가한다.[48]

빌렘 판 엇 스페이커르(Willem van't Spijker)도 칼빈이 스콜라 신학에 혐오감을 가지고 있었다고 말한다. 칼빈이 가진 스콜라 신학의 혐오는 그가 처음 파

---

46  William J. Bouwsma, *John Calvin: A Sixteenth Century Portrait* (New York: Oxford University Press, 1988), 162. "His denunciations of Scholasticism recapituated the attacks of generations of Renaissance humanists. Some of his charges were directed against the abstract intellectuality of Scholasticism and were closely related to his anthropology. In Scholastic discourse, Calvin charged, 'vain men weary themselves with speculations which lack, so to speak, any practical value'; this was a peculiar 'madness'. Today, he charged, 'sophists come to mock God with their sophistical subtleties.' He also attacked Scholastic discourse as incomprehensible."
47  T. H. L. Paker, Calvin: An Introduction to *His Thought* (Louisville: Westminster/John Knox Press, 1995), 43. "From the outset it becomes clear that Calvin's concept of Providence is intended to be drawn from Scripture. He is not interested in metaphysical problems of the relationship between Divine cause and earthly effect … ." 이양호, 『칼빈, 생애와 사상』, 136.
48  이양호, 『칼빈, 생애와 사상』, 148.

리의 기간에서 비롯되었다고 논증한다. 그에게 있어서, 소르본 신학은 논쟁술이었고, 이는 헛된 호기심을 자극하는 질문들로써 미궁으로 구성된다고 하였다.[49] 스콜라 신학은 하나의 미궁에서 또 다른 미궁으로 빠진다면서, 하나님이 우리에게 계시하지 않은 것을 탐구하고자 한다며 강하게 비난했다.[50] 그는 개혁파 정통주의와 스콜라학파의 방법론에 대해 논할 때, 칼빈이 스콜라 방식을 따랐다거나 긍정적인 영향을 받았다는 언급은 전혀 없다고 말한다.[51] 그는 다만 개혁파 정통주의자들이라 할 수 있는 부써, 베자, 버미글리, 잔키우스를 포함한 그 이후의 개혁파 학자들이라고 규정한다. 그는 "주목할 부분은, 잔키우스와 버미글리 모두가 이 신비에 대한 진술에 스콜라적 용어의 옷을 입혔다는 것이다"[52]라고 말한다. 개혁파 정통주의에 스콜라적 용어로 옷 입힌 자들이 바로 잔키우스와 버미글리라는 것에 비중을 두고서, 개혁파 안의 스콜라주의를 평가한다. 칼빈이 중세 스콜라 신학에 대해 무지하였다고도 말하는데, 이는 근거 없는 주장이다. 전체적인 관점에서 볼 때, 칼빈과 중세 스콜라 학문 방식에는 불연속성이 존재한다.

황대우는 역사신학적인 관점에서 칼빈이 스콜라적 신학의 영향을 받았다는 것에 대해 비판한다. 특별히 칼빈과 칼빈주의의 연속성을 주장한 멀러의 견해에 오류가 있다고 지적하면서, 멀러는 자신의 논리를 위해 상대성을 무시한 채 한 쪽으로 치우쳤다고 평가한다.[53] 그는 칼빈의 반스콜라적 자세가 인정되어야 할 근거를 가톨릭 신학자 사도렛(Sadolet)의 서신에 대한 칼빈의 답장에서 발견한다. 칼빈은 그에게 답하기를 "스콜라 신학이 일종의 비밀스러운 마술로 정의

---

49   빌름 판 엇 스페이커르, 『칼빈의 생애와 신학』, 박태현역 (서울: 부흥과 개혁사, 2009), 222-23. 스페이커르의 칼빈 인용은 다음과 같다. CO 52, 252. "마귀의 논쟁술"(diabolica ista ars litigandi); CO 52, 434; CO 52, 252: "inanis curiositas nullum habet modum, sed ex labyrintho subinde in labyrinthum revolvitur."; CO 33, 705.
50   판 엇 스페이커르, 『칼빈의 생애와 신학』, 222.
51   판 엇 스페이커르, "종교개혁과 스콜라주의", 『종교개혁과 스콜라주의』, 빌렘 판 아셀트, 에프 데커 엮음, 한병수역 (서울: 부흥과 개혁사, 2014), 93-117.
52   판 엇 스페이커르, "종교개혁과 스콜라주의", 115.
53   황대우, "칼빈과 칼빈주의: 리차드 멀러 교수의 견해에 대한 비판적 고찰", 「한국개혁신학」 13 (2003): 171.

될 수 있다"⁵⁴고 했다. 이러한 점에 있어서 칼빈에 대한 멀러의 견해에 문제를 제기한다. 그는 구체적으로 멀러의 주장에 대해 비판하는데⁵⁵, 칼빈의 『기독교 강요』가 중세 스콜라 방식을 따랐던 멜랑히톤의 『신학총론』과 같이 loci의 방법을 따랐다는 점, 칼빈이 아리스토텔레스의 용어들을 차용했다는 점, '믿음의 순서(order of faith)'를 성육신과 더불어 시작한 것으로 본 점, 칼빈이 예정론과 섭리론을 극단적으로 분리시킨다는 점, 칼빈이 스콜라주의의 삼단논법을 따랐다는 점 등에 대해 조목조목 살피면서, 칼빈은 멀러의 그러한 주장과는 거리가 멀다는 사실을 밝힌다.

### 일반섭리와 특별섭리 또는 보편섭리와 은밀한 섭리

칼빈은 '섭리'라는 용어를 다양하게 사용한다. 그러나 특정한 사건이나 상황을 묘사하기 위해 섭리라는 용어 앞에 수식어를 붙일 뿐이다. 칼빈의 섭리는 크게 두 가지로 나눌 수 있다. 일반섭리와 특별섭리로 구분하여 사용한다. 큰 틀로서 일반적인 것과 특별한 것으로 구별하는데, 이러한 용어 속에 다양한 수식어가 포함된다. 일반섭리에 포함되는 또 다른 용어는 '일반섭리'⁵⁶, '보편섭리'⁵⁷, '보편적인 은혜'⁵⁸, '자연질서'⁵⁹, '숨은 섭리'⁶⁰, '은밀한 심판'⁶¹, '은밀한 의도'⁶², '은밀한 섭리'⁶³ 등이 있다. 이와 대조적으로 쓰이는 섭리에 대한 용어는 특별한 섭리인데, 이 용어로써 '특별섭리'⁶⁴ 등이 있다.

---

54 황대우, "칼빈과 칼빈주의: 리차드 멀러 교수의 견해에 대한 비판적 고찰", 156.
55 황대우, "칼빈과 칼빈주의: 리차드 멀러 교수의 견해에 대한 비판적 고찰", 157-65.
56 *Inst.*, 1.16.7 (CO 2, 151), "generalem eius providentiam"
57 *Inst.*, 1.16.4 (CO 2, 147), "universali providentia", "providentia quam universalem", CO 48, 39 (행 2:23 주석), "universalem Dei providentiam", CO 36, 222 (사 10:15 주석), "universalem providentiam".
58 CO 47, 339 (요 15:1 주석), "gratiam universalem"
59 CO 44, 397 (말 1:2 주석), "ordinem naturae"
60 CO 43, 478 (나 3:5,6 주석), "occulta mea providentia", CO 38, 59 (렘 10:2 주석), "occulta providentia Dei". CO 40, 262 (겔 12:13 주석), "occulta Dei providentia"
61 CO 36, 259 (사 13:3 주석), "occulto Dei iudicio"
62 CO 40, 216 (겔 10:13 주석), "occultam inclinationem"
63 CO 23, 619 (창 50:20 주석), "arcana Dei providentia", CO 40, 687 (단 4:35 주석), "arcana Dei providentia",
64 *Inst.*, 1.16.4 (CO 2, 147), "specialem providentiam"

칼빈은 행 2:23 주해에서 하나님의 섭리를 말한다. 거기서 그는 하나님을 악의 창시자라고 공격하는 자들의 질문에 대답한다. 하나님은 악의 창시자가 아니라는 것이다. 악행이 저절러진 것은 행하는 자의 악한 의도 때문이라고 단언한다. 멀러는 칼빈이 이러한 문제를 해결할 때 사용한 방식이 구별의 방식이었다고 말한다. 칼빈이 이중적 견지에서 이를 설명하고 있다며 이는 무스쿨루스의 방식과 같다고 주장한다.[65] 칼빈은 예수님께서 십자가에 달려 죽으신 것은 하나님의 뜻이었지만, 유대인들의 악한 의도와 목적 때문이었다고 하나님의 의도와 인간의 의도를 구분하였다. 멀러는 칼빈이 사용한 그 구별이 바로 스콜라 방식이었다고 주장하면서, 그는 칼빈이 사용한 구별 방식보다 훨씬 더 나아간다. '본질적 의지', '단순한 의지', '계명의 의지', '유효적 의지' 등 의지를 여러 종류로 나누어 이를 분해한다. 그러나 칼빈의 구별은 멀러가 주장하는 것처럼 스콜라 방식이 아니었다. 칼빈은 멀러가 주장하는 것에 대해 행 2:23 주석에서 반박한다. 칼빈은 그 '일반적인 구별(vulgaris illa distinctio)[66]'이라는 용어를 사용함으로써 자신의 구별법이 특별한 것이 아니라, 누구나 자신의 얘기를 구분해서 할 수 있는 일반적인 방식임을 밝히고 있다. 멀러는 하나의 단서를 가지고 더 깊은 세계로 나아가는 논증 방식을 취한다. 흔히 우리가 말하는 '일반화의 오류(fallacy of generalization)'라는 덫에 걸릴 위험에 노출되어 있다고 볼 수 있다.[67] 칼빈은 보편섭리와 특별섭리라는 용어를 사용하지만, 이는 성경을 살펴볼 때, 주석상 편리한 방법을 취한 것 뿐이다.

---

65 Muller, *The Divine Essence and Attributes*, 441.
66 *CO* 48, 39 (행 2:23 주석), 여기서 라틴어 'vulgaris'는 형용사로서 usual, common, shared by all 등의 뜻을 지니고 있다.
67 D. A. 카슨, 『성경해석의 오류』, 박대영 역(서울: 성서유니온, 2002), 147-53.

그러면 칼빈이 사용한 보편 또는 일반섭리가 무엇인지, 또한 특별섭리 또는 은밀한 섭리는 무엇인지 개괄적으로 살펴보고 섭리에 대한 논의에 있어서 쟁점이 되는 필연, 우연, 허용, 협력, 의지의 문제를 차례로 살펴보도록 하자.

### 1) 보편 또는 일반섭리 그리고 은밀한 섭리

칼빈은 보편적(universal)이라는 말과 일반적(general)이라는 말을 동일한 의미로 사용한다. 보편이라는 말은 '예외가 없는'이라는 의미로 사용되지만, 일반이라는 말은 예외가 있을 수 있는 약간의 탄력성을 내포하는 용어이다. 그러나 칼빈에게 이러한 용어들은 구별 없이 사용된다. 섭리에 있어서 보편과 일반에 속한 것은 특별한 것의 반대 의미로 사용되기 때문이다. 하나님의 약속과 은혜에 있어서도 일반적인 것과 특별한 것으로의 구분이 사용되는 것처럼, 섭리를 이해하는 것도 이와 같은 의미로서 받아들여질 수 있다.

칼빈은 일반섭리에 대해 다음과 같이 해설한다.

> 우리는 하나님의 일반섭리에 의해서 하늘과 땅 그리고 활동하는 피조물 뿐만 아니라 인간의 의지와 계획까지도 그 과정 속에서 정확하게 움직이도록 다스림을 받는데, 이는 그가 결정하신 대로 된다는 것을 옹호한다.[68]

하나님께서 우주에 포함된 모든 피조물과 인간의 모든 것을 자신의 결정대로 움직이시고 통치하시며 다스리시는 것이 일반섭리의 정의라고 말할 수 있겠다. 또한 칼빈은 하나님께서 정하시고 부르신 백성들 외의 사람들과 그들의 행위, 그들에게 지어진 운명 등을 일컬어 일반 또는 보편섭리라고 말한다. 하

---

68 Inst., 1.16.8 (CO 2, 151), "Unde eius providentia non coelum modo ac terram et creaturas inanimatas, sed hominum etiam consilia et voluntates gubernari sic asserimus, ut ad destinatum ab ea scopum recta ferantur."

나님께서 부르신 백성들을 특별한 백성, 하나님의 소유, 왕 같은 제사장이라고 한다면, 그 외의 사람들은 버림받은 사람들이라고 불려진다. 칼빈은 이들이 삶을 영위하기 위해 이들에게 주어진 은혜가 있고, 이들이 걸어가는데 있어 하나님의 간섭하심과 인도하심이 있다고 말한다. 우리는 하나님은 당신의 백성들만 인도하신다고 생각한다. 하나님의 백성들의 삶만 간섭하신다고 믿고 있는데, 하나님은 전 우주뿐만 아니라 이 세상의 모든 것을 예지하시고 당신의 뜻대로 이끌어 가신다. 하나님은 한 국가에 보편적인 안전과 질서를 위해 탁월하고 비상한 은사를 주셨는데, 이는 재판관과 군인, 귀족, 지도자, 장인, 교사 등 다양한 계층의 은사와 상호작용이다. 이를 통해 질서가 잡힌 국가, 통제가 가능한 국가로 통치해 가신다는 해설이 다음과 같이 주어진다.

> 재판관과 귀족과 군인과 지도자, 그리고 장인과 교사 등 다양한 계층이 상호작용을 통해 서로 돕고 전체 국민의 보편적인 안전을 촉구하는데 하나가 되는, 질서 잡힌 국가를 하나님의 특별한 은사라는 것을 주목할 가치가 있다. 왜냐하면 선지자(이사야)가 위협하여 이것들이 사라져 버리는 아주 혹독한 징벌을 내릴 것을 선포할 때, 그는 명백하게 이러한 하나님의 탁월하고 비상한 은사가 국가의 안전을 위해서 필수적임을 보여주고 있기 때문이다.[69]

이것이 바로 하나님의 일반 또는 보편섭리로 가능하다는 것이다. 칼빈은 또 "하나님은 특별한 권위로 인간의 행위를 포함한 하나하나의 사건까지도 처벌하신다"[70]라고 언급한다. 칼빈은 이것이 하나님의 은밀한 섭리, 또는 숨은 섭리 속에 이루어진다고 말한다. 하나님께서 한 사람 한 사람을 통치하시고 다스리

---

69  *CO* 36, 82 (사 3:4 주석), "iudicum, senatorum, militum, ducum, artificum et doctorum, mutua communicatione esse iuvant, et in communem totius populi salutem conspirant. Nam quum minetur propheta, et loco gravissimae poenae denunciet haec sublatum iri, satis indicat eximia et rara Dei dona populorum conservationi necessaria esse."
70  *CO* 48, 39 (행 2:23 주석), "quae speciale Deo regimen in rebus singulis, et in hominum actionibus vendicat."

시는 모습이 감추어져 있고, 숨겨져 있기 때문에, 이것이 우연으로 보일 수 있다고 설명한다. 호세아 7:12 주석에서 다음과 같이 말한다.

> 그러므로 우리는 인간이 이 세상에서 행하는 것은 무엇이든지 하나님의 숨은 섭리에 의하여 통제된다는 것을 알아야한다. 또 하나님께서는 자신이 펼친 손으로 백성을 인도하시며 천사들에게 그들을 인도할 책임을 맡겨주시는 것과 같이 그는 또한 그들의 그릇된 온갖 상상에 따라서 방황하는 모든 자들을 붙잡도록 자기의 그물을 펼쳐놓으시기도 하였다.[71]

하나님은 이 세상을 통치하시지만 은밀한 섭리로 행하신다. 그러하기에 니느웨가 멸망된 것도 표면적으로는 갈대아인들이 저절로 침략하여 된 것처럼 보이지만, 이는 하나님의 섭리에 의해 일어난 것이었다.[72] 그럼에도 불구하고 하나님은 악의 창시자가 아니라는 것을 강조한다. 칼빈은 『하박국주석』에서 다음과 같이 주장한다.

> 어떤 어리석은 사람들은 하나님께서 섭리에 따라 세상을 지배하신다면 그분이 모든 죄악의 주권자가 되시며, 사람의 죄악은 그분의 탓이라고 주장한다. 그러나 하나님께서는 그러한 자들의 사악함과 전혀 관련되어 있지 않다. 그러나 성경은 우리에게 사악한 자들이 하나님의 은밀하신 권능에 따라 각각 알맞은 곳에 보내지지만, 그들이 무엇을 하든 거짓되고 무자비한 방법으로 행하는 한 허물은 그들에게 남아 있으며, 하나님께서 사용하시는 도구가 가장 악하다고 하더라도 하나님 자신은 여전히 의로우시다고 가르친다.[73]

---

[71] CO 42, 352 (호 7:12 주석), "Sciamus ergo gubernari occulta Dei providentia quidquid homines in hoc mundo agitant: et sicuti Deus porrecta manu deducit suos, er angelis etiam suis mandat, ut eos dirigant, sic etiam rete suum habet expansum, ut deprehendat eos omnes qui vagantur post erraticas suas imaginationes."

[72] CO 43, 478 (나 3:5,6 주석).

[73] CO 43, 502 (합 1:7 주석), "quemadmodum multi phrenetici homines obiiciunt, Si Deus mundum

칼빈은 성경의 방식대로 하나님이 악의 창시자가 아니시며, 언제나 의로우시다는 것을 증명한다. 철학적인 방식을 통해, 이성적으로 논리적인 방식으로 증명하는 것이 아니라, 성경에서 말하고 있는 것을 그대로 설명할 뿐이다. 우리가 성경을 통해 생각해낼 수 있는 데까지만 나아간다. 표면적으로는 갈대아인들에 의해 니느웨가 망하지만, 이면적으로는 하나님의 뜻과 예언이 있었다는 것이다. 더 이상 이성적 논증으로 나아가지 않는다. 위의 내용들은 그의 여러 주석에 나타난다. 요셉을 팔아넘긴 것은 그의 형들의 악한 의도였고, 동생을 죽이려는 음모에 의한 것이었지만, 이면적으로는 하나님의 숨은 섭리와 경륜을 통해 일어난 일이었다. 그러나 동생을 죽이려고 했던 형들의 행위의 책임은 그들 자신에게 있었다. 하나님은 악을 선으로 바꾸신 것뿐이었다고 말한다.[74]

칼빈은 전쟁이나 기근, 역병까지도 우연히 일어난 것이 아니라, 하나님의 뜻에 따라 일어난 것이라고 이사야 5:26을 주석하면서 다음과 같이 해설한다.

> 그러므로 우리가 전쟁이나 기근이나 역병, 그 어느 것 때문에 고통을 당할 때는 이 모든 것은 하나님의 손에 의한 것임을 알도록 하자. 왜냐하면 모든 것이 그에게 복종하고 그의 지시에 따르기 때문이다. 그렇기는 하지만 갈대아 사람들의 의도는 하나님께 순종하려는 것은 아니었다. 다만 그들은 부와 권세를 얻기 위한 열정으로 서둘고 있었던 반면, 하나님께서는 극히 다른 목적을 갖고 계셨던 것이다. 하나님께서는 자기가 내리고자 하는 심판을 수행하기 위하여 그들의 힘을 사용하신다. 그리하여 하나님의 권세는 두드러지고 훌륭하게 나타나고 있으니 이는

---

gubernet sua providentia, fieri hoc modo autorem peccati, et adscribi ei peccata hominum. Sed longe aliter docet scriptura, nempe impios arcano Dei impulsu huc et illuc ferri: interea tamen residere in ipsi culpam, si quid agant vel dolose, vel crudeliter: Deum autem semper manere iustum, utcunque in usum suum accommodet pessima quaeque instrumenta,"
74   CO 23, 619 (창 50:20 주석).

사람의 의지에 따라서 제한되거나 사람들의 결정에 따라 좌우되지 않는다. 오히려 그들의 소원에 반대가 된다 하더라고 그의 권세는 자기들도 알지 못하는 중에 그에게 순종하도록 그들을 인도하는 역할을 한다. 그러나 악인들이 자기들의 마음속에 있는 성향의 반대쪽으로 이끌려 가게 되어 자원하여 하나님을 섬기지 못하게 된 데 대한 구실은 있을 수 없다. 이것이 바로 강포하고 잔인하며 폭력적인 그들의 의도(목적)이다. 그리고 그들의 잔인성으로 하나님께서는 자기 백성의 허물과 죄악을 벌하신다.[75]

칼빈은 성경을 따라 전쟁과 기근, 역병이 하나님에 의해 나온 것이며, 이는 백성들의 거짓과 잔인함, 폭행 등 악에 대한 처벌이라고 강조한다. 바빙크도 이에 대해 동일한 입장을 견지한다. 그는 섭리론은 철학적 체계가 아니라 신앙고백으로서, 사물의 현상이 자주 모순된다 하더라도 사탄도 인간도 그 어떤 피조물도 아닌, 오직 하나님 한 분만이 자신의 전능하고 편재한 능력으로 만물을 보존하고 통치한다는 고백이라고 말했다.[76] 칼빈은 이 부분에 대해 당대의 스콜라주의자들의 견해를 소개하며 비판한다. 칼빈은 이사야 10:15에서 다음과 같이 주장한다.

> 그들은 온 세상의 장치는 하나님의 손에 의해서 지탱되지만, 그의 섭리가 특수한 운동 하나하나에 개입해서 조절하는 것은 아니라는 식이다. 따라서 그들은 하나님께서 자연의 주인공이라서 비와 맑은 날씨는 그

---

75 CO 36, 122 (사 5:26 주석), "Sive igitur bello, sive fame, sive peste affligamur, id totum e manu Dei profectum intelligamus. Omnia enim ipsi parent ac morem gerunt. Neque tamen eo erant animo Chaldaei, ut parerent Deo: abripiebantur enim sua cupiditate et libidine dominandi, dum aliud quidvis potius spectant. Deus tamen ad exsequenda sua iudicia eorum opera utitur. Unde insigne Dei potentiae specimen refulget, quae hominum voluntati alligata non est, neque ex eorum arbitrio pendet, quominus invitos, aut nescientes ad obsequium trahat. Neque tamen excusabiles ideo sunt impii, quando praeter animi sententiam trahuntur, non autem sponte Deo serviunt. Hoc enim solum ipsis est propositum ut rapiant, saeviant, violent: Deus autem scelera et flagitia populi sui eorum saevitia ulciscitur."

76 바빙크, 『개혁교의학 2』, 769.

의 공로로 돌리지만 엄격히 말해서 하나님께서는 아무것도 명령하지 않는다고 말한다.[77]

스콜라주의자들은 온 세상이 하나님의 손에 의해 움직여진다고 하면서도 개인의 특수한 삶에 대해서는 개입하지 않는다고 주장한다. 이는 인간에게 있는 자유성 때문이라는 것이다. 칼빈은 『기독교강요』 1.16.4에서도 동일하게 언급한다. 스콜라주의자들에 의하면 하나님께서는 일반적인 운동에 의해서 천체와 그 각 부분을 회전시키며 운행시키시되 피조물 하나하나의 활동을 특수하게 지도하지 않는다. 칼빈은 이들의 주장을 반박한다.[78] 또한 그들이 하나님께서 많은 사건의 발생여부를 제2원인에 두어 미결정(suspensas) 상태로 두셨다는 것에 대해서도 비판한다.[79] 칼빈은 하나님께서 은밀한 고삐(arcano freno)로 사건을 쥐고 계시며 또한 그분의 하늘의 뜻이 없이는 아무 일도 일어나지 않도록 하신다고 말한다.[80] 모든 것이 하나님의 결정에 따라 움직인다는 것을 강조한다.[81]

칼빈의 이러한 보편섭리의 견해가 칼빈 이후 개혁파 정통주의와 리처드 멀러에게 어떻게 이해되는지를 살피는 것이 매우 중요하다. 이러한 섭리에 대한 이해에 있어서 칼빈과 그 이후와의 연속성이 있는가, 아니면 불연속성인가 하는 것이 나타날 것이다.

---

77　CO 36, 222 (사 10:15 주석), "Huc vero tendit commentum, universam mundi machinam sustineri Dei manu, sed ad singulos motus regendos non intercedere eius providentiam. Sic pluviam et serenum tempus Deo adscribunt, quatenus naturae conditor est: proprie tamen ut Deus nihil praecipiat:"
78　Inst., 1.16.4. CO 48, 39 (행 2:23 주석).
79　CO 41, 249 (단 11:27 주석).
80　CO 41, 249 (단 11:27 주석).
81　Inst., 1.16.4.

## 2) 특별섭리

칼빈의 섭리를 크게는 보편섭리, 특별섭리로 구분하는데, 여기에 구원섭리를 포함시켜 삼분설이 주장되기도 한다.[82] 칼빈은 섭리의 용어를 아주 다양하게 사용하였다는 것을 이미 살펴보았다. 김종희는 칼빈의 섭리를 그의 1545년 저서인 『자유파 반박(Contre la secte des libertins)』에서 세 가지로 구분하여 다음과 같이 설명한다.

> 첫째는 보편섭리로써 태양, 달, 별들이 자기 코스대로 진행하는 것은 하나님의 명령에 순종하여 그렇게 하는 것인데, 이는 하나님이 만물을 만드셨을 때 그들 각자에게 하나님이 주신 고유한 상태에 따라 운행하는 것이다. 둘째, 피조물들로 하여금 하나님의 선, 정의, 심판을 그분의 뜻에 따라 수행하도록 하시는 섭리로, 그의 종들을 돕고 악한 자들을 벌하고 신실한 자들의 인내를 시험하시거나 그의 부성적인 친절로 그들을 꾸짖으신다. 셋째, 하나님이 성령의 초자연인 은혜로 신자들을 중생시키고 그들 안에서 일하시는 방법으로서의 섭리이다.[83]

김종희는 에티엔느 드 페이에[84]와 크루쉐, 이오갑[85]의 견해를 요약하여 보편섭리, 개별섭리, 특별섭리로 설명한다. 크루쉐[86]는 보편섭리, 특별섭리, 가장 특별한 섭리로 이해했다. 김종희는 이들의 삼분설을 수용하면서, 세 번째 섭리의 개념에 예정론을 포함시켜 구원섭리라고 명명했다. 여기서 말하는 보편섭리는 피조물의 보존에 가까운 개념으로서, 우주와 자연에 대한 운행에 국한되었다. 두 번째 섭리가 하나님이 창조하신 자연을 바탕으로 살아가는 공통의 인간사를 다루었는데, 이를 개별섭리로 명명했다. 세 번째 섭리가 하나님께서 선

---

82  김종희, "칼빈의 섭리론과 예정론의 관계", 147.
83  김종희, "칼빈의 섭리론과 예정론의 관계", 143-44.
84  de Peyer, "Calvin's Doctrine of Providence," 37.
85  이오갑, "칼빈의 섭리론", 「組織神學論叢」 16 (2006): 20.
86  크루쉐, 『칼빈의 성령론』, 100.

택하신 자들에 주신 특별한 은혜의 역사를 다루고 있다고 설명한다.

그러나 칼빈의 섭리론을 자세히 살펴보면, 위에서 말한 삼분설은 그 근거가 희박하다. 칼빈은 위에서 말한 첫 번째와 두 번째 섭리를 하나로 묶어 이해하고 있다고 판단된다. 보편섭리와 일반섭리 그리고 은밀한 섭리 등의 용어가 하나의 개념으로 이해되기 때문이다. 앞에서 살펴보았듯이 그가 말하는 보편섭리에는 자연과 우주뿐만 아니라 인류 전체의 운명과 삶의 과정이 함께 어우러져 있다.[87] 또한 칼빈은 특별섭리를 말할 때도 보편섭리와 함께 설명하는데, 보편섭리에 속한 온 인류가 하나님의 특별하신 보호 속에 살고 있다고 말한다. 인간이 농사지어 풍요로운 결과를 얻었을 때, 이는 하나님의 특별한 축복이며, 흉년이나 기근이 있을 때는 하나님의 저주라고 언급한다.[88] 칼빈은 일반섭리와 특별섭리를 함께 언급하면서 상호보완적 관계임을 다음과 같이 강조한다.

> 세상이 하나님의 지배를 받고 있는 것은 하나님께서 자신이 제정하신 자연의 질서를 보존하실 뿐만 아니라 그가 만드신 피조물 하나하나를 특별히 돌보시기 때문이라는 것을 저들이 인정하기만 한다면 나는 저들이 말하는 보편섭리에 대하여 전적으로 부정하지 않겠다. 마치 만물이 하나님의 영원하신 명령에 순종하고 하나님께서 일단 결정하신 것은 저절로 운행되어 나가는 것처럼 모든 종류의 사물이 자연의 은밀한 충동에 의하여 움직인다는 것은 틀림없는 사실이다. 그러나 그리스도께서 말씀하신 것을 회상할 수 있다. "내 아버지께서 이제까지 일하시니 나도 일한다"(요 5:17), 또한 바울의 말도 있다. "우리가 그를 힘입어 살며 기동하며 있느니라"(행 17:28), 또한 그리스도의 신성을 증명하기를 원하는 히브리서 저자도 말한다. "그의 능력의 말씀으로 만물을 붙드시며"(히 1:3 ), 그러나 저들은 이것을 구실로 삼아 의심하는 것이 오히려

---

87  제5장 "칼빈과 스콜라주의의 영향" 참조.
88  *Inst.*, 1.16.5 (*CO* 2, 148-49).

이상할 정도로 확실하고 명백한 성경의 증거로 확증된 그 특별섭리를 부당하게 가리고 모호하게 만들어 버렸다. 그리고 확실히 내가 말한 바 있는 휘장으로 그 특별섭리를 가리는 자들도, 많은 것들이 하나님의 특별간섭을 받고 있다는 것을 인정함으로써 자신의 견해를 수정하지 않을 수 없게 되었다. 그러나 저들은 이것을 특수한 행동에만 잘못 국한시키고 있다. 그러므로 우리는 하나님께서 개개의 사건들을 조정하시며 이 사건들은 모두가 하나님의 결정된 계획에서 나왔기 때문에 우연히 발생한 것은 아무것도 없다는 것을 입증해야 한다.[89]

칼빈은 여기에서 스콜라주의의 보편섭리를 비판한다. 그는 그들의 보편 또는 일반섭리가 하나님께서 창조하신 우주와 자연에만 국한되어, 그것들이 하나님의 권능 안에서 독자적으로 운행되고 있다는 것을 부정한다. 그러나 그들이 하나님께서 자신이 만드신 피조물 '하나하나(uniuscuiusque)'를 특별히 돌보신다는 것을 인정하기만 한다면 그들이 주장하는 보편섭리를 수용할 수 있다는 것이다. 우리는 여기서 칼빈이 피조물 '하나하나'라는 말에 주목해 볼 필요가 있다. 이 말은 앞에서 언급한 개별섭리에 해당될 것이다. 하나님은 우주와 자연을 창조하시고 그 안에 살고 있는 온 인류 개개인의 운명이나 삶의 과정까지도 특별하게 돌보신다는 것이다. 따라서 우리는 칼빈이 보편섭리와 개별섭

---

[89] *Inst.*, 1.16.4 (*CO* 2, 148). "Neque tamen quod de universali providentia dicitur in totum repudio; modo vicissim hoc mihi concedant, mundum a Deo regi, non tantum quia positum a se naturae ordinem tuetur, sed quia peculiarem uniuscuiusque ex suis operibus curam gerit. Verum quidem est, singulas rerum species arcano naturae instinctu moveri, ac si aeterno Dei mandato parerent, et quod semel statuit Deus, sponte fluere. Atque huc referri potest quod dicit Christus(Ioann. 5,17), sed et patrem ab initio usque semper fuisse in opere; et quod Paulus docet(Act. 17,28), in ipso nos vivere, moveri, et esse; quod etiam autor epistolae ad Hebraeos, Christi divinitatem probare volens, dicit(1,3) potenti eius nutu sustineri omnia. Sed perperam hoc praetextu tegunt et obscurant quidam specialem providentiam, quae adeo certis clarisque scripturae testimoniis asseritur, ut mirum sit potuisse de ea quempiam dubitare. Et certe qui velum illud quod dixi obtendunt, conqruntur ipsi quoque correctionis vice addere, multa fieri peculiari Dei cura: sed hoc perperam ad actus tantum particulares restringunt. Quare nobis probandum est, Deum et sic attendere ad singulos enventus regendos, et sic omnes illos provenire a definito eius consilio, ut nihil fortuito contingat."

리를 하나로 묶어서 이해하고 있다는 것을 알 수 있다. 또한 스콜라주의는 그들이 주장하는 보편섭리로 인해 하나님의 특별섭리를 부당하게 가리고 모호하게 만들었다며 한탄한다. 그는 또 하나님께서 인간 개개인의 삶을 특별히 간섭하시며, 개개의 사건들을 조정하시며, 모든 것이 하나님의 결정된 계획에서 나왔기 때문에 우발적인 것은 없다고 주장한다. 따라서 우리는 칼빈이 보편섭리와 특별섭리를 상호보완적 관점에서 바라보고 있다는 것을 알 수 있다. 보편섭리 속에 특별섭리가 종속되는 것이 아니라 상호조화 속에서 이해되고 있다는 것을 발견할 수 있다.

파티(Chaeles B. Partee)도 칼빈이 보편섭리를 논하는 의도는 "신자와 불신자 사이의 공통기반 또는 영역을 정의하려는 것이 아니라 자연계의 모든 질서가 하나님의 특별섭리의 결과라는 것을 강조하는 것이다. 하나님은 자연 속에 있는 우연이나 일반작용에 의해서가 아니라, 그의 특별섭리를 통해 통치하신다"[90] 라고 말하므로 보편섭리와 특별섭리의 상호관계를 언급한다. 그러면서도 그는 보편섭리가 신자와 불신자 사이의 공통기반이나 영역을 정의하려는 것이 아니라고 말하면서, 보편섭리와 특별섭리의 경계선을 구분 짓는다. 파티는 『기독교강요』 1.16.4를 인용하면서 칼빈이 보편섭리와 특별섭리를 함께 말하지만, 칼빈의 보편섭리론은 하나님의 자비와 심판의 여지를 남겨두지 못한다고 주장한다.[91] 안타깝게도 그가 인용한 칼빈의 『기독교강요』 1.16.4와 욥 2:11 주석에는 이러한 내용이 존재하지 않는다. 그러나 그는 하나님께서 신실한 자들은 신의 보호에 대한 체험을 통해 특별섭리를 깨닫게 한다고 칼빈의 시 3:6 주석을 통해 강조한다.[92] 하지만 이는 특별섭리에 대한 정의치고는 부족한 부분이 많다고 생각된다. 따라서 우리는 칼빈이 말한 특별섭리라는 용어 가운데, 두 가지의 개념이 포함되었다는 것을 이해할 수 있다. 하나는 보편섭리와 특별

---

90　Partee, *Calvin and Classical Philosophy*, 129.
91　Partee, *Calvin and Classical Philosophy*, 131.
92　Partee, *Calvin and Classical Philosophy*, 131. cf.) 시 3:6 주석.

섭리의 상호보완적 관계이다. 다른 하나는 우리가 위에서 살펴본 대로, 특별섭리를 하나님이 성령의 초자연적인 은혜로 신자들을 중생시키고 그들 안에서 일하시는 방법[93]이다.

### 3) 칼빈의 보편섭리와 특별섭리 그리고 중간상태

칼빈은 보편섭리와 특별섭리의 상호관계를 언급함으로써 인간의 자유로운 선택이나 의지가 개입될 여지를 보이지 않는다. 파티는 이러한 섭리를 통해 신자와 불신자가 중립적인 공통은혜를 받는 것이 아니라, 하나님께서 신실한 사람들을 보호하는 능력이 있다는 확신이라고 주장한다.[94] 그는 계속해서 "칼빈은 섭리론을 모든 사람에 대한 중립적인 시발점으로 삼지 않으며, 하나님은 그의 성령의 능력을 통해 모든 사람들을 붙들고 계시지만, 하나님은 신자들을 직접 보살피신다는 것에 바탕을 두고 있다"[95]고 강조한다. 파티가 말하는 중간개념은 신자와 불신자가 받는 하나님의 은혜가 다르다는 것이며, 신자들은 하나님께서 직접 보살피시기 때문에 불신자들이 받는 은총과 함께 받는 공통의 중립적인 시발점이 없다는 것이다. 파티는 이러한 중간개념을 언급하면서, 칼빈의 일반선택과 특별선택을 인용한다. 일반선택은 보편섭리, 특별선택은 특별섭리로 이해하고 있는 듯하다. 따라서 파티의 중간개념이 선택에 적용된다면 이는 사람이 일반선택과 특별선택 사이에서 자발적인 의지로 이것이나 저것을 선택할 수 있는 중간상태가 없다는 것을 주장하는 것이 된다.

파티의 주장처럼 칼빈의 섭리 이해에서는 중간원인이나 중간상태가 나타나지 않는다. 칼빈은 이 부분에 있어서 강한 어조로 주장한다. 하나님께서 개개인의 삶에 특별히 간섭할 뿐만 아니라 개개의 사건이나 상황까지도 조정하시고 간섭하신다는 것이다. 복을 주시는 분도 하나님, 기근이나 질병을 통해 저

---

93　John Calvin, *Treatises against the Anabaptist and against the Libertines*, trans. and ed. Benjamin Wirt Farley (Grand Rapids, MI: Baker Book House, 1982), 242-53; CO 7, 1186-92.
94　Partee, *Calvin and Classical Philosophy*, 132.
95　Partee, *Calvin and Classical Philosophy*, 132.

주를 내리시는 분도 하나님이시기 때문에 사람이 자신의 의지로 선택을 가능하게 하는 중간상태가 없다는 것을 알 수 있다.

## 개혁파 신학의 섭리론과 중간상태

### 17세기 개혁파 정통주의

#### 1) 알미니우스(Jacobus Arminius, 1560-1609)

알미니우스는 네덜란드 개혁교회의 출신 신학자였고, 라이든대학의 신학교수였다. 비록 그가 개혁교회 출신이라 하더라도 그의 신앙과 신학은 개혁주의 사상이 아니었다. 그는 라이든대학 동료교수였던 고마루스(Franciscus Gomarus, 1563-1641)와 예정론 논쟁을 뜨겁게 벌였다. 알미니우스는 칼빈주의의 하나님의 절대주권을 반대하여 하나님의 은혜에 대한 인간의 거부를 강조하였다. 그는 칼빈의 후계자 데오도르 베자(Theodore Beza, 1519-1605)에게서 신학교육을 받았지만 칼빈주의 예정론에 대항하여 5개의 반박문을 제시하면서 그의 사후 도르트회의의 원인이 되었다. 개혁파 신학자임에도 불구하고 알미니우스가 예정론에 있어서 반칼빈주의의 성향을 드러낸 것은 예정론과 의지론에 관한 중세 신학자들의 영향이 있었던 것으로 파악된다. 왜냐하면 그의 사상이 앞에서 살펴보았던 중세 신학자들의 것과 맥을 같이 하고 있기 때문이다. 그 중에 가장 큰 영향을 받은 사람이 '중간지식'으로 유명한 루이스 몰리나와 수아레츠였다.[96] 알미니우스 사상의 근원은 신앙과 이성을 어떻게 조화시킬 것인가 하는 것이었고, 신앙을 인간의 이성으로 설명이 가능하다는 것을 나타내 보이고자 한 것으로 판단된다.

---

96 Richard Muller, *God, Creation, and Providence in the Thought of Jacob Arminius* (Grand Rapids: Baker Book House, 1991), 162-63.

### (1) 중간상태와 중간지식

알미니우스에게 있어서도 위에서 살펴본 중세 신학의 중간상태와 중간지식 개념이 발견된다. 이는 그의 예정론을 통해 강조된다. 그가 베자에게서 타락 전 선택설의 영향을 받았음에도 불구하고, 타락 후 선택설을 주장한 라이든 대학의 그의 스승이자 선임 교수 다네우스(Lambert Danaeus, 1535-1590)의 영향이 컸다.[97] 이 때문에 알미니우스가 타락 전 선택설을 신랄하게 비판[98]한 반면, '그리스도 안에서의 예정'이라는 그의 주장이 타락 후 선택설을 다소 옹호하는 뉘앙스를 줄 수도 있다는 것을 발견할 수 있다. 그러나 김재윤은 이에 반대한다. "결과적으로 예정의 대상에서 알미니우스도 전택설과 후택설을 구분하지 않고 비판하게 된다. … 전택설 뿐 아니라 후택설도 거절하였다"[99]라고 말하면서 그의 예정론은 개혁주의와 다른 성질의 것임을 밝힌다. 그에 의하면 알미니우스가 보기에 후택설도 결과적으로 하나님을 불의하게 만들며, 타락한 자들 곧 죄인들도 예정의 대상으로 삼기 때문이다. 그의 예정론을 살펴보자.

알미니우스의 예정론은 1608년 헤이그에 있는 State of Holland 앞에 제출한 Declaratio sententae(Declaration of Sentiments, 감정의 선언)에서 발견되는데, 개혁파에서 언급되는 다양한 예정론을 분석하고 자신의 예정론도 제시한다.[100] 그는 여기에서 하나님의 네 가지 작정을 주장한다. 첫째는 죄인들을 구원하기 위해 원래 하나님께서 지니고 계신 계획과 작정인데, 이는 죄인들을 위한 아들 예수 그리스도의 사명을 위한 직분이라고 다음과 같이 주장한다.

---

[97] 멀러, "은혜, 선택(election) 그리고 우연적인 선택(choice) 알미니우스의 선수 공격(gambit)과 개혁파의 반응", 이은선 역, 「신학지평」 12 (2000년 봄, 여름): 218. 멀러는 알미니우스가 라이든의 단내우스에서 타락 후 선택설과 자유의지와 제2원인론에 대해서는 수아레츠와 루이스 몰리나에게서 영향을 받은 것으로 보았다.

[98] 이신열, "도르트회의와 칼빈주의 5대교리" 『교리학당』, 이신열 (편), 개혁주의학술원 (2016), 97. 이신열 교수는 알미니우스가 고마루스가 주장했던 타락 전 선택설이 반대되어야 할 것에 대해 20가지의 이유를 밝히고 있다고 소개한다. 이를 크게 3가지로 구분하는데, 첫째는 역사적 이유, 둘째는 교리적 이유, 셋째는 실천적 이유이다.

[99] 김재윤, "도르트총회와 신조에서 신학적, 목회적 측면의 균형", 「한국개혁신학」 59(2018): 29.

[100] 멀러, "은혜, 선택(election) 그리고 우연적인 선택", 221.

죄인을 구원하기 위한 하나님의 첫 번째 절대적인 작정은 그가 그의 아들 예수 그리스도를 중보자, 구원자, 구속자, 구원자, 제사장, 그리고 왕으로 작정하셨는데, 이는 그 자신의 죽음으로써 죄를 멸하고, 그의 순종으로써 잃어버렸던 구원을 얻고, 그의 참된 덕으로 교통하기 위함이었다.[101]

멀러(Richard Muller)는 알미니우스의 예정론이 그리스도를 중심한 것에 대해서는 개혁파와 비슷하지만, 그의 예정론의 특징은 보편적 소명과 관련되지 않고, 특별한 개인의 구원을 위해 진행하지도 않고, 누구나 구원을 이용할 수 있게 만드는 하나님의 일반적인 뜻을 구현한 것이라고 주장한다.[102] 멀러는 알미니우스의 그리스도 중심의 예정론이 아들을 작정에 종속시키는 경향이 있기 때문에, 개혁파가 강조하는, 선택하는 하나님이시면서, 선택되는 하나님 또는 지명된 중보자가 아니라고, 개혁파와의 차이점을 언급한다.[103] 알미니우스의 두 번째 하나님의 작정은 다음과 같다.

하나님의 두 번째 정확하고 절대적인 작정은 믿고 회개하는 자들을 은혜 안으로 받아들이고, 그리고 끝까지 참음으로써 인내하는 자들과 믿는 자들의 구원의 영향을 끼치도록 작정하신 것이다. 그러나 모든 인내하지 못하는 자들과 믿지 않는 자들은 죄 안에와 진노 아래 남겨지고, 그리스도로부터 이방인으로 그들을 정죄하려고 작정하는 것이다.[104]

---

101 Jacob Arminius, *Declaration of Sentiments*, in *Works of James Arminius*, trans. James Nicholas and William Nicolas, 3vol(London, 1825, 1828, 1875: reprint with an intro. byCarl Bangs(Grand Rapids: Baker, 1986), 1:653. "The Fist absolute decree of God concerning the salvation of sinful man, is that by which he decreed to appoint his Son Jesus Christ for a Mediator, Redeemer, Saviour, Priest and King, who might destroy sin by his own death, might by his obedience obtain the salvation which had been lost, and might communicate it by his own virtue."
102 멀러, "은혜, 선택 그리고 우연적인 선택", 223.
103 Muller, "The Christological Problem in the Thought of Jacob Arminius," *Nederlands Archief voor Kerkgeshciedenis*, 62/1 (1982): 150-52.
104 Arminius, *Declaration of Sentiments*, in *Works*, 1:653. "The second precise and absolute decree of God, is that in which he decreed to receive into favour those who repent and believe, and, in

알미니우스의 세 번째 하나님의 작정은 신앙과 회개를 위하여 필수적인 수단을 준비하는 하나님의 선행적 의지라고 말한다. 이는 어느 특정한 개별적 인간보다는 일반적인 모든 사람을 포괄하는 것으로서, 그는 다음과 같이 주장한다.

> 세 번째 하나님의 작정은 신앙과 회개를 위해 필수적이었던 수단을 충분하고 효과적인 방법 안에서 관리하는 것이고, 그리고 (1)이것은 신적인 지혜에 따라 제정된 통치를 가지는 것이고, 이것에 의해 하나님은 그의 엄격함과 그의 자비의 각각이 되게 하시며, 그것의 적절한 것이 무엇인지를 아신다. 그리고 (2)신적인 정의에 따라 하나님은 그의 지혜가 나타내고 시행하려는 것은 무엇이든지 준비하시는 것이다.[105]

멀러는 이 세 번째 작정은 수단에 의해 설교, 성례, 그리고 전체로써 은혜의 도구적 순서를 나타내며, 이것이 비록 충분하고 효율적인 은혜라고 하더라도, 이것은 언제나 인간의 선택에 의해 제한된다고 평가한다. 또한 그는 알미니우스가 하나님의 중간지식(scientia media)에 대한 몰리나의 가정과 아주 유사하고 거기에 토대를 두고 있으며, 하나님은 개별적인 인간의 미래의 우연적인 행동을 위한 조건들을 제공한다고 해석한다.[106] 마지막으로 네 번째 작정을 살펴보자.

> 이러한 것들에 연관된 네 번째 작정은 이것에 의해서 하나님은 어떤 특별한 사람들을 정죄하고 구원하기로 작정하셨다. 이 작정은 하나님의 예지에 바탕을 두고 있고, 이것에 의해 하나님은 영원부터 그의 선행하

---

Christ, for His sake and through Him, to effect the salvation of such penitents and believers as persevered to the end; but to leave in sin and under wrath *all impenitent persons and unbelievers*, and to damn them as aliens from Christ."

105 Arminius, *Declaration of Sentiments*, 1:653. "The Third Divine decree is that by which God decreed to administer in a *sufficient and efficacious manner* the Means which were necessary for repentance and faith; and to have such administration instituted (1) according to the *Divine Wisdom*, by which God knows what is proper and becoming both to his mercy and his severity, and (2) according to *Divine Justice*, by which He is prepared to adopt whatever his wisdom may prescribe and to put it in execution."

106 Muller, *God, Creation, and Providence*, 162-63, 250-51.

는 은혜를 통하여 믿을 개인들과 그의 후행하는 은혜를 통하여 끝까지 견딜 자들을 아셨다. 앞에서 언급한 회심과 신앙을 위하여 알맞고 적절한 저러한 수단들의 관리 또는 통치에 따라 아셨다. 이와 같이 하나님은 예지에 의해서 믿지 않을 자와 견디지 못할 자들을 아셨다.[107]

멀러에 의하면, 알미니우스는 최종적으로 네 번째 작정에서 구원의 실제에 이르렀는데, 앞의 세 개의 작정은 원인들과 조건들의 준비와 믿으려는 그들의 결정에 선행하는 죄인들을 향한 하나님의 의지의 확립을 정의한 것에 지나지 않는다. 또한 멀러는 세 개의 작정 외에 이 네 번째 작정과 개혁파 신앙고백이 분명한 차이를 보이고 있다고 지적한다.[108] 그러나 앞의 세 개의 작정은 개혁파 교리와 일치하는 모습을 보인다는 멀러의 말을 수용하기가 어렵다. 왜냐하면 알미니우스의 시간적인 영원 속에서 과거 현재 미래의 모든 것을 동시적으로 아시는 하나님은 필자가 앞에서 언급한 보에티우스의 사상과 유사하다. 다만 차이가 있다면, 보에티우스는 예정을 부정한 반면, 알미니우스는 예지를 통한 예정 또는 작정을 언급할 뿐이다. 이처럼 알미니우스는 중세의 신학자들뿐만 아니라 수아레츠나 루이스 몰리나의 사상을 토대로 자신의 사고를 전개해 나간다.

우리가 여기에서 주목할 것은, 알미니우스의 의하면, 구원과 정죄는 믿음과 불신앙의 토대 위에서 영원하게 작정된다. 구원에 선행하는 의지는 특별한 사람을 구원하려는 결과적인 의지와 병행하는데, 하나님의 효과적인 의지는 미래의 우연에 대한 예지에 의존하며, 또한 회개, 신앙, 견인이 선행하는 하나님

---

107 Arminius, *Declaration of Sentiments*, 1:653-4. "To these succeeds the Fourth decree, by which God decreed to save and damn certain particular persons. This decree has its foundation in the foreknowledge of God, by which he knew from all eternity those individuals who would, through his preventing grace, believe, and, through his subsequent grace *would persevere*, - according to the beforedescribed administration of those means which are suitable and proper for conversion and faith; and, by which foreknowledge, he likewise knew those who *would not believe and persevere.*"
108 멀러, "은혜, 선택 그리고 우연적인 선택", 224.

의 은혜에 의존한다고 강조한다.[109] 알미니우스는 선행하는 의지를 하나님의 절대적인 의지와 후행하는 또는 결과적인 의지로 구별한다. 전자에서 선행하는 은혜가 나오며, 이는 사람이 거부할 수 있다. 후자에게서는 협력하는 은혜가 나오는데, 이는 단지 인간의 선택을 강화시키고 가능하게 만드는데 봉사한다고 말한다. 인간은 양자의 의지 사이에서 선택할 수 있고, 인간 자신의 운명은 스스로의 선택에 달려있다고 말한다.[110]

### (2) 섭리론과 중간지식

알미니우스가 영향을 받았던 몰리나는 중간지식[111]에 대해 다음과 같이 말한다.

> 중간지식은 모든 가능태에 대한 하나님의 불확정적 지식과 필연적이고 확실한 결과들에 대한 하나님의 확정적 예지 사이에 놓이는 하나님의 지식이다. 이는 단지 가능한 것과 필연적인 것 사이에 제2원인들의 자유 안에서 이루어진 우연적인 행동의 범주이다.[112]

---

109 멀러, "은혜, 선택 그리고 우연적인 선택", 225.
110 Arminius, *Private Disputations*, 19.6. in Works, 2:345-346.
111 중간지식은 예수회 신학자들인 폰세카(Fonseca)와 몰리나가 옹호했고, 그 후 항론파인 소키누스주의자들이 옹호했다. 그러나 16,17세기의 도미니크 수도회 사상가들이 이를 격렬히 부정했고, 개혁파 신학자들도 부정했다. 중간지식에 대한 수용에 대해서는 Eef Dekker, *Rijker dan Midas: Vrijheid, genade en predestinatie in de theologie van Jacobus Arminius, 1559-1609* (Zoetermeer: Boekencentrum, 1993), 76-84, 102, 232-37을 보시오. 20세기 알미니우스주의자들이 하나님의 중간지식을 수용한 것에 대해서는, William Lane Craig, "Middle Knowledge: A Calvinist Rapprochement?" in *The Grace of God and the Will of Man*, ed. Clark H. Pinnock (Grand Rapids: Zondervan, 1989), 141-164를 참조하시오.
112 Muller, *The Divine Essence and Attrbutes*, 417-18. "a divine knowledge lying between God's indeterminate knowledge of all possibilities and his determinate foreknowledge of the necessary and certain effects of his decree. Between the merely possible and the necessary, Molina postulated a category of contingent acts accomplished in the freedom of the secondary cause. Luis de Molina, *Concordia liberi arbitru cum gratiae donis, divina praescientia, providentia, praedestinatione et reprobatione*(1588), ed. Johann Rabeneck (Onia and Madrid: Collegium Maximum Societatis jesu, 1953); *On Divine Foreknowledge*, trans. with an intra. and notes by Alfred J. Freddoso (Ithaca: Cornell University Press, 1988), William L. Craig, *The Problem of Divine Foreknowledge and Human Freedom from Aristotle to Suarez* (Leiden: Brill, 1980), 제5장을 참조하시오.

멀러는 이것이 하나님의 불확실하고 비결정적인 지식, 즉 하나님의 결정에 의존하지 않고 피조물의 자유나 자유선택에 의존하는 사건들에 대한 예지를 가리키는 것이라고 설명한다.[113] 따라서 이 중간지식이 예수회에서 알미니우스의 신학으로 빠르게 옮겨갔고, 곧 바로 17세기 소키누스주의자들의 신학에 자리 잡게 되었다. 이는 하나님 안에 계기적 연속이 있다는 주장을 포함한다. 여기에서 하나님의 본질과 속성들에 대한 변경이 도출되었다. 이런 가운데 중간지식은 알미니우스의 예정교리에 철학적 토대가 되었고, 개신교에 깊은 문제가 되었다.[114] 중간지식은 하나님의 필연적 지식과 자발적 지식 사이에 의도적으로 위치시킨 하나님의 앎이다. 이는 하나님의 의지하심보다 앞서 있는 피조물들의 자유선택에서 일어나는 미래의 조건인 일들이나, 조건적인 미래의 우연한 일들에 대한 예지이다라고 멀러는 투레틴을 인용한다.[115]

멀러는 알미니우스를 평가하면서, 먼저, 그의 구별하는 지식을 설명한다. 알미니우스는 하나님의 지식을 두 부분으로 구별하는데, 하나는 필연적이며 단순하고, 자연적이며 무한하며, 본성적이고 선행하는 지식이다. 다른 하나는 하나님의 자유롭고 환상적(vision)이고 명확하고 자발적인 것인데, 이는 강요당하지 않고 자유롭다. 전자는 하나님의 본성에 속하는 것으로서 필연적으로, 얼마든지 일어날 수 있는 가능성 또는 가능태에 속하고, 후자는 현실에서 일어나는 현실태로서 하나님께서 알고 계시면서 허용하시고, 허용하시면서 강요하지 않고, 자유로우면서도 하나님의 영원한 작정에서 나온 지식이다. 그에 의하면, 알미니우스는 사물에 대한 하나님의 지식이 불변하게 필연성을 강요하지 않는다. 이 말은 하나님의 필연적 지식이 현실태에서 얼마든지 변화가능하고, 자유롭게 허용된다는 것이다.[116]

---

113 Muller, *Post-Reformation Reformed Dogmatics, The Rise and Development of Reformed Orthodoxy*; ca. 1520 to ca. 1725, *The Divine Essence and Attributes*, vol.3 (Grand Rapids: Baker Academic, 2006), 417.
114 Muller, *The Divine Essence and Attributes*, 418.
115 Turretin, *Institutes of Elenctic Theology* 3, 5-8: 참조, Maresius, *Collegium theol.*, 2. 39-43; Venema, *Inst. theol.*, 4, 155.
116 멀러, "은혜, 선택 그리고 우연적인 선택", 232.

필연과 우연에 대해 알미니우스는 다음과 같이 설명한다.

> 하나님은 모든 사물들을 아실 뿐만 아니라, 필연적이든 우연적이든 사물의 방식도 알고 계신다. 그러므로 그가 우연적인 것으로 알고 계시는 것은 확실하게 우연한 것으로 확립된다.[117]

이 말은 인간의 모든 상황이나 사건들을 하나님께서 알고 계시며, 그것에 대한 지식을 가지고 있지만, 하나님께서 허용하신 자유로운 현실태에서 비롯된 우연한 것은 그야말로 우연한 것으로 확립된다는 말이다. 하나님의 영원한 작정 속에서 일어나는 가능태가 현실태로 오면서, 하나님께서 모든 것을 알고는 있지만, 이미 허용된 것에 자유를 부과하시므로 그것에 대해 결정권을 행사하지 않는다는 말로 이해할 수 있다. 멀러는 알미니우스의 이 우연성의 정의를 그와 동시대의 개혁파 동료들과 다른 동시대인들의 정의와 결코 모순되지 않는다고 평가한다.[118] 멀러는 방스(Bangs)를 인용하면서[119], 고마루스도 알미니우스가 하나님의 우연에 대한 지식이 그것들을 우연한 것으로 확실하게 확립한다는 논제를 제시할 때 참석하였고, 그 요점에 대해 아무런 반대를 하지 않았다고 밝힌다. 고마루스가 침묵했다는 것에 대해서는 또 다른 토론이 필요하지만, 여하튼 개혁파에서 말하는 우연성의 확립과 모순되지 않는다는 것은 투레틴을 통해서도 알 수 있다. 멀러는 알미니우스가 반펠라기우스의 입장에 서 있다고 판단하였는데, 거기까지는 개혁파와 알미니안의 유사한 차이점이라고 언급하였다. 그러나 알미니우스가 수아레츠와 몰리나의 중간지식을 수용하여 적용함으로써 개혁파교리를 넘어섰다고 올바르게 지적했다.[120]

---

117 Arminius, *Private Disputations*, 17. 7. "How certain soever the acts of God's understanding may itself be, this does not impose any necessity on things, but it rather establishes contingency in them."
118 멀러, "은혜, 선택 그리고 우연적인 선택", 233.
119 Carl Bangs, *Arminius: A Study in the Dutch Reformation* (Nashville: Abingdon, 1971), 253. 멀러, "은혜, 선택 그리고 우연적인 선택", 233. 에서 재인용. 멀러는 여기에서 방스는 고마루스의 침묵을 설명할 수 없는 것이라고 언급한 것을 인용했다.
120 멀러, "은혜, 선택 그리고 우연적인 선택", 234.

멀러는 이 부분에서 알미니우스를 비판한다. 그가 의지를 자유롭게 남겨 놓으면서 하나님의 인정 또는 계속되는 존재론적인 지원이 의지의 활동 속으로가 아니라, 효과 속으로 흘러간다고 주장한다. 이는 그가 몰리나의 주장을 그대로 따르고 있다는 것이다. 알미니우스가 의지의 자유를 주장하면서도 하나님의 인정을 받기 원하여, 하나님의 존재론적 지원, 즉 하나님의 가능태에 속한 지식과 의지가 사람의 활동 속으로 들어가 영향을 끼치는 것이 아니라, 사건과 상황의 효과 속으로 흘러 들어간다는 것이다. 하나님의 의지가 인간의 활동 속으로 직접 들어가지 않고, 사람의 의지가 활동하도록 효과만을 제공하므로 엄격하게 현실을 발생시키는 것이 아니라, 효과를 지원한다는 것이다. 따라서 하나님도 인간의 의지도 서로 독립적인 관계 속에서 행위가 이루어진다고 할 수 있다. 이는 하나님의 의지가 조건적으로 또 간접적으로 역할을 하게 된다는 것을 의미한다. 몰리나와 알미니우스의 효과이론은 하나님의 동의 또는 협력(concurrence)을 통해 보다 더 잘 이해할 수 있다고 그는 다음과 같이 주장한다.

> 하나님의 협력은 하나님이 제2원인이나 보다 낮은 원인 안으로의 즉각적인 유입이 아니라, 하나님의 행위가 피조물의 효과 안으로 즉각적으로 영향을 끼치는 것이다. 그래서 하나의 동일한 효과와 동일한 전체의 행위가 하나님과 피조물에 의해 동시적으로 발생된다. 이러한 협력이 하나님의 의지나 단지 기쁜 뜻 안에 있다 하더라도, 그는 결코 피조물의 이성적이고 자유를 부인하지 않는다.[121]

---

121 Arminius, *Public Disputatione*, 10.9, with Molina, *Concordia*, 2, q. 14, art. 13, disp. 26.5. Muller, *God, Creation, and Procidece*, 254-55. "The Concurrence of God not his immediate influx into a second or inferior cause, but it is an action of God immediately [influence] flowing into the effect of the creature, so that the same effect in one and the same entire action may be produced [simul] simultaneously by God and creature. Though this Concurrence is placed in the mere [arbitrio] pleasure or will of God, and in his free dispensation, yet He never denies it to a rational and free creature, … "

또한 알미니우스는 우연 또는 우발적인 것에 대해 언급하기를, 이는 하나님의 부르심을 거절하고 성령의 인도하심에 저항하는 것이라고 말한다. 하나님의 일반적으로 작정된 은혜가 개별적인 사람이 아니라, 모든 사람에게 주어졌을 때, 본인이 이러한 효과를 거절하는 것이다. 알미니우스는 이것을 일컬어 우발 또는 우연이라고 말한다. 인간이 자신의 의지로 선택하지 않은 것, 제2원인자로서 은혜를 거부한 것이다.

> 소명에 대한 우발적인 이슈는 은혜의 교리에 대한 거절일 뿐만 아니라, 신의 계획을 경멸하는 것이며, 성령을 대적하는 저항이다.[122]

이것은 인간이 중간상태에 놓여있다는 것을 말한다. 인간이 은혜를 선택할 수도 있고, 거절할 수도 있는 상태를 강조하는 것이다. 멀러는 이를 알미니우스의 신인협동설적인 태도라고 평가한다.[123]

멀러는 알미니우스가 주장하는 중간지식에서 인간의지의 모순을 발견하였다. 멀러는 개혁파 정통주의도 하나님의 미래우연성을 피력하는데, 이것과 알미니우스의 우연성과의 차이를 언급한다. 개혁파는 하나님만이 독창적이고, 자존하며, 필연적이고, 전체적이며 우연적인 질서도 그 존재를 위하여 하나님께 의존하는 반면, 그러나 알미니우스는 창조된 유한한 질서는 사물들과 함께 그 행동들은 하나님의 의지 밖에 놓여 있고, 독립적으로 존재한다는 것이다. 우리는 개혁파와 알미니우스의 우연성의 정의를 다음과 같이 내릴 수 있다. '하나님 밖에서 일어나는 우연성(알미니우스)과 하나님 안에서 일어나는 우연성(개혁파)' 이렇게 두 부분으로 나눌 수 있겠다. 사실상 하나님의 섭리에 있어서 개혁파와 알미니우스의 큰 쟁점이 바로 이 부분이라고 할 수 있다. 이와 같은

---

122 Arminius, *Private Disputation*, 42.12, 397. "The accidental [*per accidens*] issue of vocation is, the rejection of the doctrine of grace, contempt of the divine counsel, and resistance manifested against the Holy Spirit;"
123 멀러, "은혜, 선택 그리고 우연적인 선택", 4

것을 살펴볼 때, 엄밀한 의미에서 알미니우스는 개혁파 신학자라고 보기에 어려움이 많다고 판단된다.

### 2) 안토니우스 발래우스(Antonius Walaeus(Antoine de Waele), 1573-1639)

발래우스는 신의 섭리와 인간의 의지 또는 자유의지의 협력이 물리적인 것인가 또는 도덕적인 것인가라는 질문을 제기하며 이에 답한다.[124] 모순처럼 보이는 이 문제를 해결하기 위해, 그는 의지의 원인을 우선 두 종류의 원인 즉 물리적인 원인과 도덕적인 원인으로 분류하여 설명한다. 전자는 본성에서 유발되거나 관계된 것이 아니지만, 이는 유효적으로 행동하고 그 결과에 효력을 전달하는 것을 의미한다. 후자는 대상을 설득하고 단념시키며 기회를 제시하거나 제거함으로써 하나의 결과를 일으키는 결과적 원인으로 작용한다. 이는 질료와 형상의 관계와 비슷하다. 질료는 물리적인 원인으로서, 발래우스에게는 이것이 대상에게 유효적으로 활동하도록 효력을 전달하는 것이다. 여기에는 자연적인 운동이 포함되어, 4계절의 변화나 물리적인 운동이 포함된다. 그러나 형상과 관련된 도덕적 원인은 실제적인 이해와 의지 그리고 감정에 작용한다. 여기에 신과 인간의 협력이 있다. 신은 이해력을 비추기도 하고 제거하기도 한다. 의지를 갱신시키기도 하고 영혼을 중생시키기도 한다. 또한 의지나 영혼을 파괴하기도 한다. 이러한 협력에 있어서 인간의 자유가 존재한다고 다음과 같이 주장한다.

> 의지 자체가 그 자체를 결정할 때, 그것은 이미 자유롭게 활동하는 것이다. 그렇다면 신이 그 본성에 따라 또는 그것의 움직임에 따라 그것이 신에 의해 결정되었다고 해서, 왜 그것이 자유롭게 행동하지 말아야 하는가? 인간이 자유의지로 자기 행동을 발동하기 때문에 우리는 선택의지(arbitrium)의 자유를 위해서 자유의지가 그 자체 운동의 원인 되

---

124 Antonius Walaeus, *Loci communes s. Theologiae* (Leiden, 1640), 310-11. Heppe, *Reformed Dogmatics*, 272에서 재인용.

어야 한다는 점을 인정한다. 그러나 그것이 반드시 그 운동의 제1원인이 되어야할 것을 요구하지 않는다. 그것은 마치 자연적 원인이 제1원인이 아니라 자연적 운동의 근인(近因)과 같다. 그러므로 자연적 원인과 관련된 그의 섭리행위에서 신이 자연적 원인이나 그 행위로부터 본성을 폐기하지 않는 것처럼, 그는 인간의 원인과 그 자유로운 행위로부터 자유를 폐기하지도 않는다.[125]

여기서 발래우스가 말하는 자유는 인간의 의지가 그 자체로 결정하는 것이다. 자연적 원인의 근인이 신인 것처럼 자유의지의 근인도 신이라는 것이다. 자연이 자신의 법칙대로 움직이지만 그 근인은 신인 것처럼, 인간의 자유의지도 마찬가지라고 말한다. 신이 자신의 주권으로 인간을 개별적으로 섭리하시지만, 인간에게 있는 자유의지를 폐기하지 않는다는 논리이다. 그는 하나님의 결정에 대해서도 동일한 것을 언급한다. 하나님께서 결정하신 것의 결과는 무오류이지만, 그 결정이 직접적으로 행사되지 않기 때문에, 인간의 자유의 중간 매개(the medium of man's freedom)를 통해 이루어진다고 다음과 같이 설명한다.

그것은 무오성의 필연성 또는 결과의 필연성이라 불리는데, 그 이유는 그 결과가 하나님의 결정으로부터 직접적으로 나오지 않고, 인간의 자유에 속한 중간의 매체를 통해 결과를 초래한다. 이로 인해 하나님은 그의 결정하심으로 폭력을 행사하지 않고, 오히려 포함하고 확증하신다.[126]

---

125 Walaeus, Loci communes s. Theologiae, 310-11. Heppe, Reformed Dogmatics, 272. "When the will itself determines itself it is already acting freely; why then should it not be acting freely when it is determined by God, since God moves it according to its nature? -We admit that for freedom of arbitrium it is required that the free arbitrium should be the cause of its own movement, because by it man moves himself to action; but it is not required that it should be the first cause of its movements; just as a natural cause is the proximate cause of natural movements, but not the first cause. Therefore as in the action of His providence in natural causes God does not abolish nature from the natural cause or from its action, neither does He abolish freedom from a cause and from its free action.- … " Walaeus, Loci communes s. Theologiae, 301.
126 Walaeus, Loci communes s. Theologiae, 310-11. Heppe, Reformed Dogmatics, 268. "It is also called a

발래우스는 제1원인으로서 하나님의 결정을 말하고서, 이를 실행하는 제2원인에는 자유가 있는데, 이것이 바로 인간의 자유에 속한 중간개념이라고 밝힌다. 그가 말하는 중간개념은 인간이 자유를 가지고서 이것이나 저것을 선택할 수 있는 상태이다. 따라서 인간의 자유의지가 활동하는 범위가 바로 중간상태라고 결론을 내릴 수 있다. 하나님께서 결정하신 것이 인간의 자유의지에 따라 이루어진다면, 그것이 어떻게 자유로운 의지의 선택일 수 있는가? 이것이 중세 스콜라 입장에서 이해된다면, 이는 사실상 신의 비결정성과 인간 의지의 자유로운 결정을 주장한 스코투스와 비슷한 논리일 것이다. 차이는 신의 의지가 포함되는가 아닌가에 관한 것이다.

### 3) 프란시스 투레틴(Francis Turretin, 1623-1687)

투레틴은 17세기 개혁파 신학에 있어서 중요한 위치를 차지하는 신학자이다. 1648년에 제네바교회의 목사로, 1650년에는 레이든대학의 철학부 교수로, 다시 제네바교회의 목사로, 1653년에는 제네바대학에서 신학부 교수직으로 섬겼다. 당대에 교황주의와 소키니안주의, 알미니안주의를 신랄하게 비판하였다. 개혁파 신학자들 대부분은 그의 '변증신학 강요'(Institutio theologiae elencticae, 1679)가 17세기 개혁파 스콜라 신학을 대표하는 저작물 중의 하나가 되었고, 19세기 미국 장로교회 신학과 프린스턴 신학의 근간을 이루었다고 평가한다.[127]

---

necessity of infallibility or of result, because given God's determinig the result will follow infallibly yet not directly from that determining, but through the medium of man's freedom, which God does not violate by His determining but includes and confirms."

127 빌름 J. 판 아셀트, "정통주의 절정기의 스콜라주의(1620-1700)", 『개혁신학과 스콜라주의』, 한병수역 (서울: 부흥과 개혁사, 2012), 232. 헤르만 바빙크는 『변증신학 강요』를 『개혁교의학』의 기초로 삼았고, 프린스턴 신학교의 찰스 핫지도 그의 책 『조직신학』 저술의 기반으로 삼았고, 1874년까지 에든버러에서 인쇄가 되었고, 현대에 들어 영어 번역본이 출판되었다.

투레틴은 중세 스콜라 철학에 정통한 자로서 스콜라 신학 방법론을 추구하였다. 신학의 모든 주제를 구분과 구별의 방법을 통해 명쾌하게 논증하였다.[128] 섭리론에서 이 방법론이 가장 두드러지게 드러났다고 볼 수 있다. 그는 섭리론에서 중세 스콜라 학자들의 학문 방식을 그대로 따르고 있다. 섭리론에 있어, 우연 또는 우발, 허용, 필연성, 자유의지의 문제를 해결하는 증명방식은 보에티우스, 안셀름, 토마스 아퀴나스, 둔스 스코투스의 방식을 따른다.[129] 멀러는 투레틴뿐만 아니라 베자, 제롬 잔키우스, 폴라누스, 알미니우스, 퍼킨스, 마스트리히트 등 대부분의 개혁파 신학자들도 스콜라 신학의 방법을 추구했다고 주장한다. 또한 멀러는 투레틴이 중세후기와 자바렐라 및 수아레즈의 방법론을 재생시켰기 때문에 이는 투레틴과 스콜라주의의 연결에 대한 시도였다고 보았다.[130] 중세 스콜라 학자들은 이 세상에 일어나는 모든 일들의 원인을 말할 때, 하나님께서 제1원인자이고, 인간은 제2원인자로서, 후자가 전자에 종속되어 있다고 말한다. 문제를 풀어가는 과정에 있어서, 그들과 투레틴의 공식은 같지만, 단지 결과가 다를 뿐이다. 여기에서 제1원인자로서 하나님은 이 세상의 모든 것을 자신의 의지대로 이끄시고 통치하신다면, 하나님은 악의 원인자인가 하는 문제가 생겨난다. 이들의 공통점은 이 세상에 일어나는 모든 악의 원인이 제1원인자에게 있지 않고, 우연이나 제2원인자에게 있다는 것이다. 하나님께서 악의 원인자가 아니라는 것을 논증하는 것이 그들이 추구한 섭리론의 목적이었다.

---

128 Francis Turretin, *Institutes of Elenctic Theology 1*, trans. George Musgrave Giger, ed. James T. Dennison Jr. (Phillipsburg: P&R Publishing, 1992), 505-506, 523-24. 튜레틴은 절대적 필연성, 가정적 필연성, 조건적 필연성, 자발적이며 자의적인 결과의 필연성, 당위의 필연성, 강제의 필연성, 그리고 협력에 있어서, 물리적 협력, 도덕적 협력, 간접적인 협력, 직접적인 협력, 원리의 방식을 따라 또는 일차적인 행위의 방식에 의한 협력, 행동방식에 의한 협력, 선행적이고 미리 정하여진 협력, 동시적인 또는 수반적인 협력, 허용에 있어서, 단순한 물리적인 의미의 허용과 긍정적이고 적극적인 의미로서 하나님께서 인간을 방해하지 않기로 의지하신 허용, 등으로 구분하고 구별된다.
129 Richard A. Muller, *After Calvin, Studies in the Development of a Theological Tradition* (New York: Oxford University Press, 2003), 28.
130 Muller, *After Calvin*, 138.

투레틴의 섭리론과 그들의 차이는 우연 또는 우발의 개념과 자유의지, 그리고 허용과 협력에 대한 개념에서 나타난다. 투레틴은 이 세상의 모든 사건과 인간의 모든 행위는 제1원인자에게 연결되어 있고, 그의 의지에 의해 일어난다고 본다.[131] 허용의 차원도 마찬가지이다. 하나님께서 인간이 악을 행하려고 할 때, 이를 허용한다는 것은 하나님의 의지에서 나온 것이었다. 그러나 투레틴은 중세 스콜라 신학과는 달리 하나님께서 인간의 사건들을 허용하시지만 그것까지도 하나님의 섭리 속에 있음을 강조한다.[132] 중세 신학자들은 이러한 개념에 중간원인(medium causa)이라는 요소를 포함시킨다. 그래서 어떤 행위의 원인은 하나님도 아니고 인간도 아닌, 우발적으로 발생한 것이며, 이는 하나님께서 제1원인자로 알고서 예지는 하시지만 결정은 하지 않는 비결정이 존재한다고 주장한다. 투레틴은 그들의 공식을 통해 이 문제를 풀어가지만, 성경적인 결론에 도달하기 위해서 그들의 중간지식(medium cognitionis) 개념은 수용하지 않는다.[133] 또한 튜레틴과 그들의 두드러진 차이는 결론에 도달하기 위해 중간지식 또는 중간상태를 수용하는가 하는 것이었다. 중간개념을 수용하면, 우연과 우발의 개념이 부각되어 인간의 의지가 자유롭다는 것이 증명된다. 그러나 이를 거부하면, 모든 악한 행위의 원인이 제1원인자에게 돌아간다. 중세 철학자들은 이를 중간지식 또는 중간원인으로서 풀어나갔지만, 투레틴은 거기에 오류가 있다고 비판하였다.[134] 그는 그것이 성경적이지 않다고 보고서, 그 대안을 제시하였는데, 제1원인자와 제2원인자 사이의 관계를 통해 논증한다. 양자의 사이에 중립을 나타내는 중간개념이 있는데, 그는 모든 일들이 제1원인에 결정된 상태에서만 중립성이 인정되지만, 비결정성 속에서의 중립성은 수용하지 않는다.

---

131  Turretin, *Institutes of Elenctic Theology 1*, 498-99.
132  Turretin, *Institutes of Elenctic Theology 1*, 513.
133  Turretin, *Institutes of Elenctic Theology 1*, 503-504.
134  Turretin, *Institutes of Elenctic Theology 1*, 215.

비록 의지가 섭리와 2차적인 행위와 관련해서 스스로 행하기는 하지만, 상반되는 것들 중 어느 하나로 결정되어 있기 때문에 이런저런 일을 행하거나 행하지 않는 데 중립적일 수는 없다 하더라도, 이것은 의지가 그 자체로 1차적 행위와 관련해서 고찰했을 때 본성에 있어서 중립적이고 많은 일들에서 결정되어 있지 않으며, 스스로 자유롭게 결정하는 것을 방해하지 않는다.[135]

중립성이 인정되지 않으면 의지의 자유와 우발성은 증명되지 않기 때문에 투레틴은 제1원인의 결정성 속에서의 중립을 말한다. 중간상태에 대해서는 나중에 다시 언급될 것이다.

제2원인자는 제1원인자에 종속되어 있기 때문에, 제2원인자의 모든 의지와 행위는 제1원인자의 통치 가운데서 비롯된다. 투레틴은 딜레마를 해결하기 위해, 아리스토텔레스 철학의 질료(質料, the meterial)와 형상(形象, the formality)의 개념을 도입하여 다음과 같이 설명한다.

악한 행위들에서 하나님의 사전결정은 그의 허용과 모순되지 않는다. 왜냐하면 이 둘은 동일한 것에 대한 것이 아니기 때문이다. 전자는 어떤 행위의 실체에 대한 것인 반면에, 후자는 그 행위의 악에 대한 것이다. 전자는 그 행위를 초래하는 질료(質料)에 미치는 반면에 후자는 결함 있는 도덕적 원인(deficient moral cause)인 인간의 자유의지에 맡겨진 형상(形象)에 미친다. 왜냐하면 악한 행위에는 형상과 관련된 이중적 관계, 즉 결과의 관계와 결함의 관계가 존재하는데, 하나님은 결과의 관

---

135 Turretin, *Institutes of Elenctic Theology1*, 514. "Although the will (relative to providence and with respect to the second act) while exerting its operation cannot be indifferent to doing or omitting this or that thing (because it is determined to one of opposites), yet this does not prevent it (considered in itself and the first act) from being indifferent in its own nature and undetermined to many things and from freely determining itself."

계를 갖는 것은 움직이고 미리 결정하지만, 결함의 관계를 갖는 것은 단지 허용하기만 할 뿐이기 때문이다.[136]

인간의 모든 행위는 그것이 선한 행위든 악한 행위든 물리적인 것으로서 질료(質料)에 해당된다. 여기에는 의도와 목적이 없기 때문에 도덕적 판단이 가미되지 않는다. 그러나 인간이 어떤 의도를 가지고 행위를 하였을 때는 이는 형상(形象)에 해당된다. 여기에는 행위자의 의도가 포함되기 때문에 그 행위에 대한 책임은 행위자에게 있다는 것이다. 즉 제1원인자로서 하나님은 인간의 모든 행위를 주관하시고 능하게 하시는 분이시지만, 어떤 의도를 가지든지 목적을 가지고 행하는 자는 인간이라는 것이다. 그는 행위를 질료와 형상으로 구분하여, 전자는 하나님에 의해 나오지만 후자는 순전히 인간에게서 나왔기 때문에 인간이 행위의 책임을 져야한다는 논리이다. 사실상 이것이 투레틴의 섭리론에 있어 협력이론이다. 그는 하나님과 인간, 제1원인과 제2원인과의 협력 개념에 인간의 자유와 우연과 우발이 어느 정도 포함되어 있다고 주장한다. 투레틴이 여기서 말하는 어느 정도의 자유의지와 우연이란 형상으로서의 인간의 의지와 행위에서 나온 것이라고 볼 수 있다. 그는 질료와 형상의 협력에 있어서, 질료는 절대적이고 본성적인 것이라면, 형상은 조건적이며 가변적인 것으로 이해한다. 절대적인 것은 바뀔 수 없는 질료에 해당되는 부분이지만, 조건적이고 가변적인 것은 형상에 해당됨으로써, 후자에는 의지의 자유와 자유로운 선택이 있을 수 있고, 우연, 우발의 개념이 포함된다는 것이다. 또한 투레틴

---

136 Turretin, *Institutes of Elenctic Theology 1*, 511. "The predetermination of God in evil is not repugnant to his permission because they are not occupied about the same thing. The former regards the substance of the act, the latter, however, its wickedness; the former reaches the material(effecting it), but the latter the formality(leaving it to the free will of man, which alone is the deficient moral cause). For as in an evil act, there is, as it were, a twofold formal relation(one having the relation of effect, the other having the relation of defect), God can move and predetermine to that which has the relation of effect, but can only permit the other which has the relation of defect." 유정모도 투레틴에 관한 그의 논문에서 투레틴의 의지론을 설명한다. 그는 튜레틴에 의하면, 하나님의 의지는 물리적인 것으로서 질료에 해당되고, 인간의 의지는 도덕적인 것으로서 형상에 해당한다는 것이라고 말한다. 유정모, "프란시스 튜레틴의 섭리론: 죄의 원인에 대한 이해를 중심으로", 「개혁논총」 44 (2017): 184-88.

이 말하는 질료와 형상의 협력은 제1원인자와 여기에 종속된 제2원인자의 협력이지만, 후자가 전자에 종속되어 있기 때문에 전체적인 섭리의 리더는 제1원인자라고 주장한다. 이로 인해 하나님은 이 세상의 모든 사건과 모든 인간의 행위를 통치하지만, 죄와 악행의 모든 원인과 책임은 인간에게 있다는 것을 피력한다. 인간의 행위를 질료와 형상으로 구분하여 설명하고 논증한 투레틴의 탁월함이 엿보인다고 볼 수 있다.

그러나 우리는 여기에서 질문할 수 있다. 과연 제1원인을 질료로 볼 수 있는가 하는 점이다. 이는 하나님의 의지를 물질로 볼 수 있는가 하는 것과 동일한 질문이다. 하나님의 의지는 도덕적 판단을 할 수 없는가 하는 의문이 제기된다. 투레틴은 이를 지나치게 아리스토텔레스적으로 설명하고 있다고 생각된다. 아리스토텔레스의 부동의 동자로서의 신 개념으로 이를 풀어가고 있다. 아리스토텔레스는 신을 의지로 보지 않는다. 그는 신을 물질 개념으로 이해한다. 따라서 그에 의하면 하나님은 다른 존재를 만들어 내는 원인이지 피조물의 관계에 개입되어 사랑을 베풀지 않는다. 그에게서 하나님은 사랑하는 존재가 아니다. 투레틴은 하나님과 하나님의 의지를 분리해서 이해하는 듯한 인상을 주고 있다. 하나님의 의지와 하나님의 본질을 다르게 보면서 이를 이원화하고 있지 않는가 하는 의구심을 낳게 한다. 바빙크도 자연적 세계와 도덕적 세계가 분리될 수 없는 것처럼, 이성적 피조물의 일시적 상태와 영원한 상태 사이의 경계선을 지적할 수 없다[137]고 언급함으로써 투레틴의 하나님의 본성과 의지의 분리를 비판하고 있는 셈이다.

투레틴의 우연 또는 우발의 개념과 자유의 개념은 종속된 협력 개념을 통해 규정될 수 있다. 질료에 종속되어 있는 형상, 질료에 종속되어 있는 자유의지, 우연 또는 우발의 행위로 정리된다. 따라서 제1원인자에게 종속된 자유, 종속된 우연 또는 종속된 우발이며, 이는 제1원인자의 허용 안에서 가능하다. 투레

---

137 바빙크, 『개혁교의학2』, 469-70.

틴의 설명이 명료하고 분명하지만, 결정적인 부분에 있어서 설명이 부족하다고 판단된다. 종속되지만 자유를 부여하기 때문에 자유의지에 의해 우연한 일 또는 우발적인 행위가 발생될 수 있다는 것은 형상으로서 제2원인자에게 이미 자유가 있음을 전제한다. 투레틴은 그가 주장하는 '종속된 자유'가 무엇인가에 대해 구체적인 언급은 피한다. 그러나 그의 주장을 살펴보면, 이미 제2원인자의 본성 속에 자유가 있음을 알 수 있다. 루터는 인간의 의지는 노예의지라고 한 반면, 그는 종속된 자유로운 의지가 있음을 주장하는 셈이다. 이렇게 본다면 이것은 중세 스콜라 학자들이 말하는 중간상태 개념이라고 볼 수 있다. 형상에 포함된 자유와 우연이 중세 스콜라 학자들이 말하는 자유와 우연과 무슨 차이가 있느냐고 묻고 싶다. 전자와 후자의 개념은 별 차이가 없어 보인다. 중세 학자들이 증명하고자 하였던 것이 바로 모든 것이 하나님의 의지에 따라 이루어지지만, 그래도 인간에게 자유가 있다는 것이었다. 투레틴도 거의 같은 방식으로 이를 증명하여 성경적인 결론을 도출해 냈지만 그가 주장한 질료에 종속된 형상으로서의 우연과 자유는 중세의 것과 다르지 않다고 판단된다. 중세의 우연과 자유개념은 중간지식 개념으로 이해하였는데, 투레틴의 이러한 개념도 중간개념의 의미를 지닌다고 볼 수 있겠다. 질료와의 협력 속에 있는 형상에서 나오는 행위와 사건들이 자유로운 의지에서 나온 우연이나 우발이라면 이는 중세의 중간원인 또는 중간상태의 개념이다. 인간의 자유로운 의지에 따라서 하나님과 협력할 수도 있고, 안 할 수도 있다. 선을 행할 수도 있고, 악을 행할 수도 있다. 악을 행하는 모든 행위의 책임은 인간에게 있다는 논리의 귀결로 파악된다.

### 4) 페트루스 마스트리히트(Petrus van Mastricht, 1630-1706)

마스트리히트는 원인의 종속성을 강조한다. 제2원인이 제1원인에 종속되어 있기 때문에, 동일한 결과가 다른 측면에서 우연과 필연으로 이해된다는 것이다. 그는 두 종을 심부름 보낸 한 주인을 예를 들어 설명한다. 주인이 각기 같은 길로 돌아오라고 두 종을 보냈다. 이 종들이 그들에게 지시하여 보낸 주인의 관점에서는 필연적으로 만났으나, 그 종 각자에게는 우연적이라는 것이다.¹³⁸ 이는 또 신의 선결정적(predetermined) 유입(influx)이 인간의 우연성을 폐기하지 않는다는 것을 의미한다. 우연은 신의 선결정적 원인의 의도 밖에서 일어나는 것이기 때문에 신의 본성과는 아무런 연관이 없다는 것이다. 신이 신의 본성과 아무 관련이 없다는 것을 미리 결정하기 때문에, 그것이 모든 우연의 원인이라고 주장한다. 따라서 이러한 선결정이 우연으로 나타나는 인간의 결정을 방해하지 않는다. 신의 섭리는 그와 같은 결정에 의해서 어떤 방식으로도 우리의 의지가 스스로를 결정하는 자유를 폐기하지도 않고 피해를 입히지 않는다고 강조한다.¹³⁹

어떻게 우리 의지의 자유가 신의 사전 결정과 일치하는가는 비록 다른 방식으로는 어떤 피조된 원인에 의해서도 결정되지 않고, 결정될 수도 없지만, 만일 우리가 신적 유입과 그 사전 결정이 인간의 계획과 합리적 만족에 의한 행동과 그에 따른 스스로의 결정을 방해하지 않는다는 사실을 성찰한다면, (많은 사람의 의견대로) 그리 이해하기 어렵지 않다. 추가적으로, 만일 의지를 결정하고 의사를 산출하기 때문에 신이 의지에서 자유를 박탈한다면, 의지 또한 그 자체를 결정하고 의사를 성립하기 때문에, 그 자체로부터 자유를 박탈하는 것이 되는데, 그것은 모순이다. 반대로, 만일 그 자체를 결정함으로써 의지가 그 자체에서 자유를 박탈하지 않는다면, 신도 마찬가지로 자유를 박탈하지 않는다. 그러므로, 신의 섭리는 그와 같은 결정에 의해서 어떤 방식으로도 우리 의지가 스스로를 결정하는 자유를 폐기하지도 않고 피해를 입히지도 않는다.¹⁴⁰

---

138 Petrus van Mastricht, *Theoretico-practica Theologia*, Editio nova (Utrecht and Amsterdam, 1725), Ⅲ.X.30. Heppe, Reformed Dogmatics, 272에서 재인용.
139 Mastricht, *Theoretico-practica Theologia*, Ⅲ.X.17.
140 Mastricht, *Theoretico-practica Theologia*, Ⅲ.X.17. Heppe, *Reformed Dogmatics*, 272. "How the freedom of our arbitrium consists with divine predetermination is not (in the opinion of many) so difficult to follow, if we reflect that the divine influx and its predetermination do not hinder man from acting on plan and rational satisfaction or from determining himself thereby, though otherwise undetermined and indeterminable by any created cause. Let me add that, if by

마스트리히트는 신의 선결정과 신적 유입이 인간의 자유선택과 의지를 결정하지 않는 상태에서, 신의 선결정과 인간의 자유가 상충되지 않고 일치를 보인다는 것은 모순이다. 그는 이 모순을 해결하기 위해, 신적 유입과 인간의 계획과 합리적 만족에 의해 스스로의 결정을 한다고 주장하지만, 여전히 모순은 남아있게 된다. 신의 선결정이 있다면, 후결정도 있다는 것인데, 후결정이 바로 인간의 자유를 포함하는 것으로 이해할 수 있겠다. 사전 결정과 사후 결정의 합리적 만남이 모순의 해결책이지만, 결정되지 않은 인간의 자유가 어떻게 신의 결정과 일치하겠는가? 그 자체로 결정되지 않은 인간의 자유가 바로 중간상태의 개념이라고 여겨진다. 그에 따르면, 사실상 인간의 자유선택은 이것이나 저것을 선택할 수 있는 토대를 가져, 자신의 의지에 따라 행할 수 있다는 것을 나타낸다. 마스트리히트의 모순 해결방식은 중세 스콜라적 방법이다. 위트레흐트(Utrecht)대학의 신학 교수인 그는 아리스토텔레스의 철학에 철학적 근거를 두면서 신앙과 이성의 조화를 모색한 일종의 절충형 철학(philosophia eclectica)을 지지하였다는 평가를 받고 있다.[141]

## 19, 20세기 이후 개혁파 신학

### 1) 하인리히 헤페(Heinrich Heppe, 1820-1879)

하인리히 헤페는 그의 저서 Reformed Dogmatics 제12장 섭리론[142]에서 튜레틴과 동시대를 살았던 개혁파 정통주의자들의 섭리론을 정리하여 인용하였다. 헤페는 그들의 섭리론에 관한 논리를 인정하면서 자신의 논리에 맞게 구성

---

determining the will and so producing a volition God were depriving the will of freedom, the will too by determining itself and achieving a volition would rob itself of freedom, which is a contradiction; or that if by determining itself the will does not deprive itself of freedom, neither does God by doing the same. Therefore by such determination God's providence neither abolishes nor harms the freedom of our arbitrium in any by determining it."

141 Aza Goudriaan, *Reformed Orthodoxy and Philosophy, 1625-1750: Gisbertus Voetius, Petrus van Mastricht, and Anthonius Driessen* (Leiden: Brill, 2006), 54-65.
142 Heinrich Heppe, *Reformed Dogmatics*, edit. Ernst Bizer, tran. G T Thomson (Eugene: Wipf andStock, 2007), 249-80.

하였다. 헤페는 신의 협동은 제2원인들의 활동을 부정하지 않고, 반대로 그것이 실제에 있어서는 오히려 '협력'에 의해 긍정되고 확인된다며 신과 인간의 협력을 강조한다.[143] 그는 신이 인간 안에서 활동할 때, 제1원인(causa prima)으로서 '주체적'이 아니라 '효력적'으로 활동하기 때문에, 제2원인(causa secunda)의 행위가 역시 제1원인으로서 신의 행위와 다를 바가 없다는 것이다.[144] 헤페는 우연적인 것 또는 우발적인 것이 제2원인에서 나오는 것인데, 우르시누스가 말한 것처럼, 이는 제1원인에 근거를 두고 있고, 그것에 의해 유지되기 때문에 필연적인 것이라고 설명한다. 다시 말하면, 제2원인으로서 인간의 행위가 제1원인으로서 신의 의지에 근거를 두고 있기 때문에, 인간이 자신의 자유로운 의지를 가지고 우연적이고 우발적인 일을 일으킨다 하더라도 이는 제1원인자에 의해 유지된다는 것이다. 그런 차원에서 측면에 따라 우연적인 것이 다른 측면에 따라 필연적인 것이 된다.[145] 여기에 인간의 자유가 있고, 자기결정이 있다. 신에 의해서 결정되지만, 인간은 여전히 자기 자신의 의도에 의해서, 그리고 자발성의 형식에 의해서 활동하는 것이다. 그러므로 신적 결정은 인간이 스스로 자기 의지를 결정함으로써 인간의 자유를 배제하되 아주 작은 정도로 배제할 뿐이다.[146] 배제된 아주 작은 정도의 자유의 상태에서 협력이 일어나는 것일까? 사변적인 결론에 이르게 된다고 여겨진다.

헤페는 신의 자유로운 협력(concursus, 동시발생)을 언급하면서 '중간'이라는 용어를 사용한다. 그는 다음과 같이 이를 소개한다.

> 섭리의 두 번째 요소는 제2원인들의 연속과 연쇄에 작용하는 신의 자유로운 협력으로서, 그와 관련된 섭리를 조건적이지는 않는다 하더라

---

143 Heppe, *Reformed Dogmatics*, 258.
144 *Joh. Henricus Hottingerus, Cursus theologicus Methodo Altingiana*, Heidelberg, 1660. Heppe, *Reformed Dogmatics*, 261.
145 Ursinus, *Opera Theologica*, vol. 1, 136. Heppe, *Reformed Dogmatics*, 266.
146 Heppe, *Reformed Dogmatics*, 271-72.

도 중간적(mediata)이고 질서적인(ordinata) 섭리라고 부른다.[147]

여기서 mediata와 ordinata를 어떻게 해석할 것인지를 결정해야 한다. 톰슨(G. T Thomson)이 번역한 영어번역에서는 이를 간접적인(indirect) 것으로 해석한다. 그러나 보다 더 정확한 의미는 중간을 나타내는 형용사적 분사형태이다. 이는 하나님과 인간이 협력하는 부분에 있어서 중간상태가 있다는 것을 나타낸다. 그는 이 문장 뒤에 하이데거와 히페리우스, 볼레비우스의 견해를 소개한다. 하나님은 제1원인자로서 제2원인인 인간의 자유로운 의지의 활동을 부정하지 않고 협동한다는 요지이다. 여기서 우리는 제1원인자의 본성 안에서 제2원인자의 자유로운 의지의 활동이 있다는 것으로 파악한다. 그러면 그 협력의 성격이 무엇인가라는 질문이 제기된다. 모든 것이 하나님의 결정에 따라 인간이 움직여지는 것인가 아니면 인간의 의지의 자유와 하나님의 결정이 반반으로 이루어졌는가? 모든 것이 하나님의 결정에 따라 이루어지지만, 인간의 자유를 제거하지 않는다는 말인가? 헤페가 mediata라는 용어를 사용하는 것을 볼 때, 이는 인간의 자유로운 의지의 선택 활동을 할 수 있는 중간상태를 염두에 두었다고 판단된다.

그는 또 협력과 허용에 대해 논의함으로써 모순의 문제를 해결해 나간다. 그가 말하는 허용은 신이 죄를 승인하는 도덕적 성격이 아니라, 죄를 미리 막지 않는(non-impeditio peccati) 물리적 성질이다.[148] 자연적 원인에 의해 일어나는 것이다. 신이 징벌로 악을 정했고, 그것을 형벌로 사용한다 하더라도 이는 신이 창조하거나 유발한 것도 아니기 때문에, 신과는 무관하게 또는 반대하여 많은 일들이 이 세계에서 일어난다고 말한다. 신이 악을 허용하고 결정함으로써

---

147 Heppe, *Reformed Dogmatics*, 258. "The second element in providence is the free concurrence of God in the series and concatenation of second causes, in which connection providence is called mediata et ordinata though not conditionata (indirect and ordered without being conditioned)."
148 Heppe, *Reformed Dogmatics*, 274.

이를 선을 위해 놀랍게 이용한다고 결론짓는다.[149]

### 2) 헤르만 바빙크(Herman Bavinck, 1854-1921)

우리의 주제와 관련하여 바빙크의 섭리론은 '실재적으로(realiter)' 그리고 '형식적으로(formaliter)'[150]라는 두 가지 표지로써 설명할 수 있을 것이다. 이는 이면적인 것과 표면적인 것으로 이해할 수 있겠다. 실재적인 것은 이면적인 것이고, 형식적인 것은 표면적인 것이다. 그는 제1원인(causa prima)과 제2원인(causa secundae)과의 관계를 설명할 때, 이와 같은 방식을 사용한다. 하나님의 숨은 뜻이 제2원인인 인간을 통해 일어날 때, 후자는 전자에 복속되고 도구가 된다. 이때 하나님과의 협력(concursus)이 일어나는데, 이는 반펠라기우스주의의 신과 인간이 나란히 일하는 신인협력설로써, 말 두 필이 나란히 마차를 끄는 것처럼, 함께 서로 일하는 동반원인들(causae sociae)은 아니다.[151] 제2원인은 제1원인에 종속되었다 하더라도, 단지 도구들(instrumenta), 기관들(organe)이나 나무 막대기와 같은 것이 아니라, 고유한 본성, 능력, 자발성, 작용과 법칙을 지닌 진정하고 본질적인 원인이라고 말한다.[152] 바빙크는 두 원인의 결과에 대해 말할 때, 제1원인이 제2원인을 통해 작용하지만, 그 결과는 단일하다고 말한다. 단일하기 때문에 그 결과가 전적으로 제1원인의 산물이고, 또한 전적으로 제2원인의 산물이라고 다음과 같이 주장한다.

> 2차적 원인들은 하나님의 관점에서 도구들과 비교될 수 있는 반면(사 10:15, 13:5; 렘 50:25; 행 19:15; 롬 9:20-23) 그 결과들과 산물들의 관점에서 그것들은 참된 의미의 원인들이다. 무엇보다도 제1원인과 2차적 원인은 이원론적으로 나란히 병립하여 작용하지 않고, 제1원인이 2차적 원인을 거쳐 작용하기 때문에, 그 둘로부터 나온 결과는 단일하고 그 산

---

149 Heppe, *Reformed Dogmatics*, 274.
150 바빙크, 『개혁교의학 2』, 765.
151 바빙크, 『개혁교의학 2』, 763.
152 바빙크, 『개혁교의학 2』, 764.

물도 단일하다. 하나님과 그의 피조물 사이에 일(labor)에 있어 그 어떤 구분도 없지만, 동일한 결과는 전적으로 제1원인의 산물임과 동시에, 전적으로 제2원인의 산물이기도 하다. 하지만 제1원인과 2차적 원인은 같지 않고 본질상 다르기 때문에, 그 결과와 그 산물은 실재상, 전적으로 두 원인들의 결과와 산물이다. 하지만 형식상 그것들은 단지 2차적 원인의 결과와 산물이다.[153]

바빙크는 여기에서 하나님의 주권과 인간의 자유를 언급한다. 나무가 타고, 나무가 타도록 하는 주체는 하나님뿐이지만, 형식적으로 타는 행위는 하나님에게 돌려져서는 안되고, 단지 주체로서의 나무에게 돌려져야만 한다는 것이다. 따라서 인간이 말하고, 행동하며, 믿고, 죄인의 범죄에 필요한 모든 생명력과 능력을 부여한 이는 오직 하나님뿐이지만, 죄의 장본인은 인간이라는 것이다. 이러한 부분에 있어 인간의 책임과 하나님의 주권의 조화에 대해 성경은 더 이상의 선을 넘지 않도록 선을 긋고 있다고 강조한다.[154]

바빙크는 하나님의 섭리에 있어서 죄와 악한 영, 거짓말하는 영, 부정의 죄악, 고난, 징벌의 고통, 빛과 어두움, 복과 재앙, 재난과 환란, 모든 역경과 심판이 하나님의 손에서 인간에게 다가 온다고 말한다. 비록 죄가 처음에는 인간의 단독적인 행위로 여겨질지라도, 나중에는 하나님의 손이 그 가운데 있고, 하나님의 경륜에 따라 죄가 발생한다는 사실이 드러난다고 밝힌다.[155] 그는 이러한 것이 어떻게 그러한지에 대해서는 '수수께끼요 신비'라고 결론짓는다.[156] 그러하기에 하나님의 섭리는 철학적 체계가 아니라 신앙의 고백이라고 정의한다. 왜냐하면 사물들의 현상이 자주 모순된다 하더라도, 사탄도, 인간도, 그 어떤 피조물도 아닌, 오직 하나님 한 분만이 자신의 전능하고 편재한 능력으로 만물

---

153 바빙크, 『개혁교의학 2』, 764-65.
154 바빙크, 『개혁교의학 2』, 765.
155 바빙크, 『개혁교의학 2』, 768.
156 바빙크, 『개혁교의학 2』, 769.

을 보존하고 통치한다는 고백이 바로 섭리이기 때문이다.[157]

바빙크의 섭리론에는 중간상태의 그라운드가 나타나지 않는다. 그는 제2원인의 자유를 말하면서도, 이것이 철저하게 제1원인에 의해 비롯되었다고 주장한다. 인간의 자유로운 것이 형식적으로 나타나 보이지만, 실재적으로는 하나님의 의지에 따라 일어난 것이라고 말한다. 그는 성경이 하나님의 주권과 인간의 자유에 대해 선을 긋고 있다고 주장한다. 또한 바빙크는 우연이나 우발성의 개념을 사용하지 않는다. 전적으로 하나님의 의지이고 전적으로 인간의 의지로 조화시킨다. 잔키우스가 "우리에게 그것이 우발적인 것으로 보인다 하더라도 사실상 무슨 일이 발생하든지 간에 그것은 필연적으로 일어나는 것이다"[158]라고 말한 것처럼, 바빙크는 미래우연성개념을 지지하지 않는다. 바빙크는 중세 스콜라 철학 방법으로 하나님의 섭리론을 체계화하지 않는다. 그는 하나님의 섭리론은 하나님의 신비요 수수께끼이기 때문에 신앙고백 차원에서 다루어져야 한다고 강조한다.

### 3) 리처드 멀러(Richard A. Muller, 1948~)

앞에서도 언급했듯이, 섭리론은 중세 스콜라 학자들이나 개혁파 신학자들에 의해 이 세상의 모든 일들의 원인이 무엇이며 또는 누구인가 하는 질문으로 시작되었다. 그리고 하나님이 세상의 모든 물질과 사건의 제1원인자라면 이 세상에 나타나는 악은 어디서 왔는가? 하나님이 악의 원인인가 하는 질문에 답한다. 이러한 질문으로 말미암아 발생된 용어가 인간의 자유의지, 허용과 협력, 제1원인과 제2원인, 그리고 중간원인과 중간지식, 우연 또는 우발과 필연, 결정 등이다. 멀러도 이러한 용어들의 개념을 정리하면서 자신의 논지를 주장한다. 이는 인간의 의지에 자유가 있는가 하는 문제, 또한 인간의 행위에 우연성

---

157 바빙크, 『개혁교의학 2』, 769.
158 Jerome Zanchius, *The Doctrine of Absolute Predestination*, tran. (Delhi: SSM Book International, 2007), 83.

또는 우발성의 문제를 다룬다. 의지의 자유와 행위의 우연성이 있어야만 인간에게 일어나는 모든 악의 원인이 신이 아니라 인간에게 있다는 것을 증명해 주기 때문이다. 그는 이러한 개념들을 세 부류로 나누어 비교한다. 개혁파와 중세 스콜라 신학 그리고 알미니우스의 신학이다. 그는 알미니우스의 섭리론이 중세 스콜라 신학의 끝자락에 있었던 루이스 몰리나에게 지대한 영향을 받았다고 말한다. 사실상 몰리나의 중간지식에 영향을 받은 알미니우스의 중간적 개념이 개혁파에 들어오게 되었다고 설명한다.

멀러의 섭리론은 개혁파 정통주의를 따르고 있다고 판단된다. 그는 개혁파와 알미니우스의 항론과 연결시켜 공통점과 차이점을 찾는데 노력을 기울인다. 개혁파와 알미니우스의 차이점을 통해 멀러의 주장을 파악하고자 한다. 앞에서도 언급했듯이 그 차이점은 단순하다. '하나님 안에서 일어나는 우연성과 하나님 밖에서 일어나는 우연성'이다. 전자는 개혁파가 주장하는 것이고 후자는 몰리나와 알미니우스가 주장하는 것이다. 그렇다면 우리가 멀러를 통해 살펴보아야 할 것은 '하나님 안에서의 우연성'이다.

안과 밖의 차이를 말하는 것인데, 여기에 어떤 의미가 담겨있을까? 하나님 안에서의 자유가 있고, 허용이 있고, 우발적인 원인이 있고, 하나님과의 협력이 있다는 것이다. 물론 여기서 말하는 협력은 동의의 의미도 있고 함께 돕는 의미도 있다. 사실상 '하나님 안에서의 우발 또는 우연성'은 모순적이다. 중세 스콜라 신학에서는 신과 인간의지의 양립을 주장했다. 모든 것이 신의 예지 속에서 일어나지만, 어떤 일은 하나님의 결정보다는 비결정 가운데 일어나는 일이 있다는 것이다. 이것이 우발성으로 이해되었고, 인간이 이것과 저것 사이 중간에서 이것 또는 저것을 선택할 수 있다고 주장한다. 우리는 이것을 중간지식 또는 중간원인 그리고 중간상태라고 말할 수 있다. 이는 매우 합리적이라 할 수 있다. 논리학에 있어서 양쪽 뿔 중간에서 어느 쪽도 취할 수 없는 딜레마에 빠졌을 때, 헤쳐나가는 방법이 한 쪽 뿔을 꺾는 것인 것처럼, 중세 스콜라 학자들은 이 방법을 택했다. 그러나 개혁파는 성경과 철학적인 방법을 혼용하고 있다. 정해져 있는 결론에 도달하도록 철학의 방법을 사용하여 이를 증명해 나갔던 것이다.

멀러의 핵심 주장은 미래 우연한 일이 하나님의 결정 안에서 발생된다는 것이다. 그는 다음과 같이 주장한다.

> 무엇이든지 미래의 우연한 것을 순전히 가능태의 영역에서 현실태의 영역으로 옮기는 원인이 되는 결정이 반드시 있어야 한다. 즉 '본질상 단지 가능하기만 한 것은 어떤 원인이 없이는 이 가능한 상태에서 미래의 상태로 넘어갈 수 없다.' 궁극적으로 모든 현실태의 원인은 하나님의 의지이다.[159]

트위세(Twisse)에 따르면, 하나님의 결정이 있다 하더라도 이것에 의해 우연성이 제거되지 않으며, 부정되지 않는다고 말한다. 따라서 하나님은 우연한 것들의 미래 상태를 결정하실 때, "생성의 우연적 방식을 작정하시는 것처럼, 우연적인 일들이 우연적으로 일어나도록 작정하신다."[160] 멀러도 이를 인정한다. 하나님께서 우연한 것들을 우연한 방법으로 미리 작정하셨다는 논리이다. 우연적인 것이 우연의 방식으로 일어나도록 어떻게 작정되는가? 인간에게는 우연적으로, 우발적으로 보이는 것을 하나님께서도 우연적인 것으로 작정했다는 것인가? 리처드 백스터(Richard Baxter, 1615~1691)는 미래의 조건부의 일들로 이를 소개한다. 미래의 우연으로서 조건적인 일들이 하나님의 예지에 기인한다고 다음과 같은 결론을 내린다.

---

159　Muller, *The Divine Essence and Attributes*, 424. "There must be a causal determination that moves any future contingent from the realm of mere possibility into the realm of actuality: "that which in its own nature is only possible, cannot pass from this condition into the condition of a thing future, without some cause." Ultimately, the cause of the actuality of anything is the will of God."
160　William Twisse, *A Discovery of D. Jackson's Vanity* (1631), 338. Turretin, *Inst., elenctic theology*, 3.14.21. "decreeth a contingent manner of production when he determines the futurition of contingent things."

만일 우리가 하나님이 영원부터 미래의 우연한 조건부의 일들에 대한 우리의 명제들을 미리 아셨다고 말할 수 있거나 말해야 한다면, 그럼에도 우리는 현실태에 대한(quoad actum) 하나님의 지식이 조건적이고, 피조물의 상태가 그 자체로 하나님의 지식의 조건이라고 말하거나 생각해서는 안 된다. 다만 우리는 대상(the object)이 하나님이 미리 아신 사건의 조건을 말하는 조건적 명제(conditional proposition)라고 말할 수 있다. 즉 대상으로부터 하나님의 행동은 어떤 한 행동(an act)이 아닌 이 행동(this act)으로서 오로지 외적인 명명으로(denominatione extrinseca) 말미암아 조건적인 것으로 부를 수 있다. … 또한 아담이 그런 상황에서 죄를 범할 것을 미리 아시는 하나님의 예지는 하나님의 이해를 피조물에게 의존하게 하지 않고, 다만 대상인 피조물에게서 끝나게 한다.[161]

백스터가 말하는 조건적 명제라는 개념은 오캄의 유명론[162]에서 기인된 것으로 파악된다. 실체는 하나님에 의해서 비롯되었지만, 인간에 의해 이 행동으로 명명되는 것이 미래의 조건성으로 이해할 수 있겠다. 여기에는 사실상 실체는 없고 이름만 있을 뿐이다. 예지와 작정이 연결되지 않는다. 사실상 보에티우스가 말한 영원한 현재로서 과거 현재 미래의 일들을 동시적으로 보시며 아시는 예지와 다를 바가 무엇인가? 멀러 자신도 보에티우스의 "피조물들은 오로지 하나님에게만 의존하지 않을 것이지만, 그 대신에 하나님은 자신의 범형들인 피조물들에 의존하실 것이다"[163]라는 말을 언급하면서, 단지 그의 제한된

---

161 Richard Baxter, *Catholic Theology*, 1.12.259. "If we may or must say that God from eternity foreknew our Propositions of *future contingents*, which are Conditional, yet we must not say or think that his *knowledge quod actum* is *conditional*, so as that the Creature state is the condition of Gods Knowledge in its self: But only that the object is a *conditional proposition*, speaking the Condition of the event fore-known: From which Gods Act is denominated conditional only *denominatione extrinseca*, not as an Act, but This act, … Nor doth Gods fore-knowledge that Adam will sin in such circumstances, make his understanding depend on the Creature, but only to be terminated on the Creature as an object." Muller, *The Divine Essence and Attributes*, 424.
162 유명론은 하나님이 부여하신 사물들의 질서가 하나님의 궁극적 존재와 필연적인 관계를 갖지 않는다는 주장이다.
163 Voetius, *Selectarum disputationum theologicarum*, 1, 326 (De conditionata seu media in Deo scientia,

예지를 주장한다.[164] 멀러에 의하면, 콕케이우스도 개혁파 신학자들이 말하는 미래의 우연한 것을 설명한다. "하나님은 피조물들의 우연하고 자유로운 결과들을 포함하는 미래의 모든 사건들을 확실히 아시며 이를 인간의 자유와 변덕을 훼손하지 않는 방식으로 아신다."[165] 멀러는 앞의 주장들에 동의하면서, 제롬 잔키우스(Zanchi/Zanchius, 1516-1590)의 말을 인용하며 자신의 논리를 전개해 나간다. 미래우연성은 하나님의 예지에 포함되지만, 절대적이지 않고, 하나님께 의존하는 질서 안에서 생겨난다고 강조한다.[166] 절대적이지 않으면서 하나님의 질서에 의존한다는 것은 무슨 말인가? 이것은 또 다른 모순을 발생시키는 것으로 보인다. "절대적이지 않다"는 것은 하나님의 의지가 배제된다는 뉘앙스를 주기 때문이다. 그가 인용하는 개혁파 신학자들을 좀 더 살펴보자.

멀러는 더 나아가 리쎈(Rijssen)을 인용하면서 개혁파 신학의 미래우연성이 무엇인지를 보다 구체적으로 다음과 같이 언급한다.

> 결과와 관련해서(quoad eventum) 어떤 일이 우연적으로 일어나는 것은 가능하지만, 일어나는 방식과 관련해서(quoad modum productionis) 어떤 일이 우연적으로 일어나는 것은 가능하다. 이런 까닭에 미래의 우연한 일들은 작정의 불변성(immutabilitatem decreti)과 예지의 무오류성(infallibilitatem praescientiae)에 따라 필연적일 수 있지만, 반면에 그 일들이 가장 가깝게 그리고 직접적으로 의존하는 제2인과율과 관련해서는 진정으로 우연한 것으로 남는다. 즉 제2원인들은 그 자체로 불확정

---

4.23). "Creaturamque hic non dependere á Deo, tanquam suo, sed Deum dependere á creaturis tanquam suo exenplari."
164 Muller, *The Divine Essence and Attributes*, 425.
165 Muller, *The Divine Essence and Attributes*, 426.
"God know all future events with certainty, including the contingent and free effects of creatures, and knows these things in such a way as does not undermine the freedom and mutability of human existence."
166 Jerome Zanchi/Zanchius, *De natura Dei*, 3.2, q. 4.4(col. 204); Venema, *Inst. theol.*, 6, 150-51. Muller, *The Divine Essence and Attributes*, 426.

적이다(per se indefinitae).[167]

멀러는 리쎈을 통해 결과와 방법을 구분하여 미래우연성을 설명하는데, 결과적으로 볼 때는 가능한 사건이지만, 방법적으로는 우연적으로 일어나는 것이 가능하다는 것이다. 이것이 필연적일 수 있지만, 그러나 제2인과율에 관련해서는 우연한 것으로 남는데, 이러한 제2원인은 그 자체로 불확정적이라는 것이다. 우리는 여기서도 모순을 발견하게 된다. 결과적으로, 가능한 것이고, 필연적인 것으로 이해하면서도, 방법적으로는 그것이 우연히 일어난 것이고, 그 자체로 불확정적이라는 것은 하나님의 의지와 상관없이 일어난 사건일 수도 있다는 의미로 다가온다. 만약 그렇지 않다면 이는 모순일 수밖에 없다. 방법적으로는 우연으로 표현되지만, 궁극적으로는 하나님의 예지와 의지에 포함된다고 해야 옳다. 멀러는 여기서 방법적인 것으로의 미래우연성과 개혁파의 중간지식을 말하고자 하는 것으로 보인다. 그가 이 부분을 통해, 제2원인과 인과율을 말하는데, 그 원인이 전체적으로는 하나님의 예지에 포함되지만, 의지에는 포함되지 않는다는 것을 강조하려는 것인가를 묻고 싶다.

멀러는 리쎈을 통해 제2원인 그 자체로는 불확정적이지만, 제1인과율과 제2인과율의 상호의존성(interdependence)을 고려할 때는, 창조된 의지의 모든 행동이 하나님의 섭리에 종속되기 때문에 불확정적이지 않다고 주장한다.[168] 멀러는 이를 통해 몰리나의 중간지식이 불가능하다는 것을 증명한다. 멀러에게 있어 의지는 구별된다. 제2원인이 제1원인에 종속되어 있으므로 제2원인과의

---

167 Leonard van Rijssen, *Summa theologiae elencticae completa et didacticae quantum sufficit*, ed. EEBO (ProQust, 2010), 3.23 controversia, obj. 5 and resp. Muller, *The Divine Essence and Attributes*, 428. "Since it is possible for something to arise necessarily as far as the occurrence is concerned (*quoad eventum*), but contingently according to its manner of being produced (*quoad modum productionis*), future contingents can therefore be necessary according to the immutability of the decree (*immuralbilitatem decreti*) and the infallibility of foreknowledge (*infallibilitatem praescientiae*), while remaining genuinely conringent in the secondary causality on which they depend proximately and immediately-which secondary causes are, by themselves, indefinite (*per se indefinitae*)."
168 Rijssen, *Summa theol.*, 3.24 controversia, arg. 3.

상호의존성의 도입은 적절하지 않은 것으로 판단된다. 왜냐하면 피조물이 창조주께 의존하는 것이지 창조주께서 피조물에게 의존하신다는 것은 합당하지 않은 모순이라고 여겨진다. 상호의존된 의지에서 확정적인 행위가 발생된다는 것은 하나님의 불가항력적 은혜를 망각하는 태도로 보여진다.

멀러는 의지를 구별하여 나눈다. 칼빈도 스콜라적인 구별을 사용했다고 주장하는데[169] 이는 근거 없는 주장이다. 칼빈의 구분은 어거스틴을 따른 것이지, 중세 스콜라 학문 방식을 따른 것은 아니었다. 그가 이중적인 개념을 사용하지만, 이는 성경을 깊이 이해함에서 비롯된 것이다. 멀러는 하나님의 의지를 너무 세분화시킨다. 필연적 의지와 자유로운 의지, 절대적 의지와 조건적 의지, 선행하는 의지와 후행하는 의지, 작정의 의지와 계명의 의지, 선한 기쁨의 의지와 표시의 의지 등, 멀러는 이 사이에 중간지식이나 중간상태는 없다고 주장하지만, 사실상 그는 중간상태를 주장하고 있는 셈이다. 이러한 의지의 구분은 중세 스콜라 학자들이 즐겨 사용하는 방법이다. 그들은 여러 범주의 의지를 주장하지만 사실상 크게 두 가지로 나뉜다. 하나님의 절대적 의지와 변화 가능한 자유로운 의지이다. 이 두 가지 의지 사이의 중간상태에서 인간이 무엇을 선택할 수 있는가? 선택할 자유가 있는가? 하는 것에서 중세 스콜라 학자들도 몰리나도 알미니우스도 멀러가 말하는 개혁파학자들도 멀러 자신도 놓여 있다고 주장하는 것이다. 그 자유에서 우연 또는 우발과 허용이 나온다. 문제는 멀러와 개혁파는 자유와 허용과 미래우연성은 있지만, 그것이 하나님의 작정과 의지에 종속되어 있다는 논리에 있다. 개혁파도 멀러도 하나님 안에 있는 미래우연성을 명확하게 설명하지 못한다. 모순만 가중시킨다고 여겨질 뿐이다. 그들은 이를 설명하기 위해 스콜라 철학을 사용한다. 철학적 방식으로 명확한 이론을 추구하지만 더욱 복잡하고 혼란스러울 뿐이다. 오히려 그들의 개념에서 중간상태가 발견된다. 현실태와 관련된 조건적 의지, 후행하는 의지는 모두 중간상태를 내포하고 있다. 이러한 의지에는 자발성이 있어서 강요되지 않는 자유

---

169 Muller, *The Divine Essence and Attributes*, 434-35.

가 있다는 것이다. 하나님께서 유한하고 피조된 모든 대상을 자유롭게 의지하신다고 말한다. 자유롭게 의지하신다는 것은 피조물에게 자유를 주시는 의지를 말하는데, 이 말의 의미가 도대체 무엇인가? 하나님께서 자유를 가지고 계시므로 피조물에게도 자유를 주셨다. 그러므로 그 자유는 하나님 안에 있는 것이다. 이런 논리밖에는 안 된다. 언어의 유희인가? 멀러는 또 "하나님이 자신의 본성의 절대적 필연성에 따라 모든 것을 의지하신다는 것은 전혀 사실이 아니다. 하나님은 필연적으로, 그러나 또한 자발적으로, 강제 없이 자기 자신과 자신의 궁극적 영광을 의지하신다"[170]고 말한다. 멀러는 하나님께서 필연적으로 이렇게 해야한다, 저렇게 해야 한다는 의지의 필연성에 따라서 활동하시는 분이 아니라, 자발성의 자유(freedom of spontaneity)에 따를 뿐 아니라 중립의 자유(freedom of indifferance) 또는 정반대의 것을 선택하실 수 있는 자유를 가지신다는 것이다. 따라서 인간이 지니는 자유도 하나님의 자발성의 자유, 중립의 자유에서 나온 것으로서, 그 근원은 하나님께 있다는 논지이다. 그리하여 인간이 지니는 자유로운 선택이 미래 우연의 사건이 되는 것이다. 멀러는 또 하나님의 자유로운 의지 가운데, 하나님이 알고는 계시지만, 의지하시지 않는 가능태들이 있다고 말한다.[171] 멀러는 개혁파 신학자들 중 버미글리, 튜레틴, 백스터, 에임스, 픽테트, 레이, 폴라누스 등이 이를 지지한다고 밝힌다.

멀러의 섭리론에서 선행적 의지의 자유(libertas voluntatis antecedens)와 동시적인 의지의 자유(libertas voluntatis concomitans)에서 중간상태 개념이 더욱 두드러지게 나타난다. 하나님의 의지에 중립적인 것이 있는데, 이는 피동적이지 않고 능동적이라고 말한다. 따라서 이것이나 저것을 의지하실 수도 있고 의지하지 않을 수도 있다고 한다. 어떤 피조물도 하나님께는 필연적이지 않고 우연적인 까닭에 하나님은 모든 것을 의지하시지 않을 수도 있는 방식으로 의지

---

170 Muller, *The Divine Essence and Attributes*, 448.
171 Muller, *The Divine Essence and Attributes*, 447.

하신다고 주장한다.[172] 하나님의 중립적인 의지가 하나님의 자유에서 비롯되는 것처럼, 이는 인간의 의지도 하나님께 종속되어 있지만, 자유로이 이것이나 저것을 선택할 수 있다는 것이다. 이것이 하나님 안에서의 우연성이라고 할 수 있겠다. 따라서 이러한 견해는 인간의지에 중간상태가 있음을 주장하는 셈이다.[173] 몰리나의 중간지식과 멀러의 중간상태는 의지가 하나님 안에 있는가 아니면 밖에 있는가의 문제에 해당된다. 이로 인해 몰리나는 하나님의 의지를 두 개로 나누었지만 멀러는 하나로 묶어낸다. 그러나 그 묶음이 여전히 중간상태를 내포하고 있기 때문에, 근본적으로 양자가 큰 차이가 있는가 하는 회의를 갖게 한다. 그는 개혁파 정통주의의와 알미니우스의 공통점과 차이점을 발견하면서도, 그의 의도는 후자의 우연성 쪽으로 기울어지는 듯하다. 그는 알미니우스의 신학의 많은 부분을 인정하면서도 하나님 밖에서의 미래우연성을 지적하고 비판할 뿐이다. 그가 주장하는 하나님 안에서의 미래우연성이 무엇을 의미하고 어떤 의도로 그것을 추구하는지 묻고 싶다.

이제 우리는 멀러와 그가 인용하는 개혁파 정통주의의 섭리론과 칼빈의 섭리론이 어떤 차이가 있는지를 살펴봄으로써 칼빈에 대한 연속성과 불연속성을 규정지을 수 있을 것이다.

## 결론

중세는 섭리와 예정의 순서와 관계에 있어서 예정이 앞설 뿐만 아니라 예정이 섭리를 포괄한다는 견해를 지니고 있었다. 이러한 견해는 보에티우스를 비롯하여 안셀무스와 토마스 아퀴나스에 이르게 된다. 보에티우스는 하나님의 예지를 중요시함으로써 예정을 부정하였고, 그의 사상은 후대에까지 영향을

---

172 Turretin, *Institutes of Elenctic Theology*, 3. 14. 5; Muller, *The Divine Essence and Attributes*, 455.
173 보다 구체적인 멀러의 중간개념에 대해서는 제6장 의지와 협력 부분을 참조하시오.

끼쳐, 예지 중심의 예정론으로 발전하게 되었다. 중세 신학에서의 섭리는 예정하신 하나님께서 2차적 원인으로 인간의 자유의지에 따라 행하도록 하셨다는 것으로 파악할 수 있다. 토마스의 견해에 따르면, 섭리론이 예정론에 포괄되어 형이상학적인 인상을 보여주고 있다고 생각된다. 이는 한 개인의 전체 인생사에서, 하나님께서 그를 어떻게 인도하셨고, 어떻게 인도하고 계시며, 어떻게 인도하실 것인가에 대한 통치의 섭리는 약화된다고 볼 수 있다.

칼빈의 예정론과 섭리론의 관계를 정립하는 것은 이 책에 중요한 영향을 끼친다. 양자의 관계가 정립될 때, 각각의 분야에서의 중간상태도 함께 정립될 것이다. 보하텍, 셀더르하위스, 이신열은 칼빈에게 있어 섭리가 가장 우선적이며, 모든 것을 포괄하는 것으로 이해된다.[174] 중세가 예정에 섭리를 포함시켰다면, 칼빈은 섭리에 예정을 포함시켰다는 말이다. 칼빈의 섭리론은 구원론이나 교회론에 국한되지 않고, 이보다 더 큰 범주 속에 섭리론이 자리 잡고 있다는 것을 의미한다. 칼빈은 예정론은 예정론대로 보고, 섭리론은 섭리론대로 본 후, 양자가 상호보완적이고, 상관적인 관계에 있다는 것을 나타내고 있다. 칼빈의 섭리론과 예정론의 관계에 있어, 구원론을 부각시키기 위해 칼빈의 섭리론이 3분법으로 구분되어 있다는 데 대해, 보하텍이나 셀더르하위스의 견해에 따르면, 이러한 3분법은 아무런 의미를 지니지 못한다.

칼빈이 중세 스콜라 신학의 방법론의 영향을 받아 이를 활용했다는 논의는 오래전부터 있어왔다. 학자들도 찬반으로 나뉘는데, 릴백, 에프데커, 아셀트, 라우벤달, 비세, 흐라플란트, 멀러, 스테인메츠, 한병수 등은 칼빈이 중세 스콜라의 학문 방식에 영향을 받았고, 이를 자신의 학문에 반영했다고 주장했다.[175] 그들은 칼빈도 수많은 개혁파 신학자들 중 한 사람이라는 것을 강조했다. 그러

---

174 J. Bohatec, "Calvins Vorsebungslehre", 339-441, 셀더르 하위스, 『중심에 계신 하나님』, 127, 이신열, "칼빈의 『공관복음 주석』에 나타난 섭리 이해", 154.
175 제5장의 칼빈과 스콜라주의의 영향을 참조하시오.

나 스페이커르, 파티, 머레이, 이양호 등은 찬성논리에 반대한다.[176] 사실상, 칼빈은 자신의 저서를 통해, 중세 스콜라 신학의 삼단논법의 학문 방식을 신랄하게 비판하고 있다. 칼빈은 성경을 그대로 해석한 주석학적인 측면이 강한 신학자였다. 칼빈은 중세 스콜라 신학을 잘 알고 있었지만, 그들의 방식대로 성경을 이해하지 않았고, 이를 활용하지도 않았다고 결론지을 수 있다.

우리는 종교개혁 이후의 개혁파 신학자들을 선별적으로 살펴보았다. 우리가 살펴본 개혁파 신학자들 중 바빙크를 제외하고는 거의 동일한 내용의 중간상태 개념을 지니고 있다고 판단된다. 섭리에 있어 이들의 주장은 큰 차이가 없어 보인다. 필연과 우연의 조화, 제1원인과 제2원인의 종속적 관계 속에서의 조화, 원인들의 협력과 악에 대한 허용함으로써 신이 악의 원인자가 아니라는 것을 증명했다. 중세 스콜라 신학의 방법을 따랐지만, 결과에 있어서는 다른 내용을 도출해 냈다. 문제를 푸는 공식과 방식은 같았지만, 내용의 결과는 달랐다. 중세 스콜라 신학은 인간에게 더 많은 결정과 책임을 강조한 반면, 개혁파에서는 신의 주권 속에서 이루어진 것을 증명하였는데, 모든 일들에 신의 의지가 개입되었지만, 인간의 자유로운 의지로 이루어진 결정이었고, 행위였기 때문에 인간이 책임을 져야한다는 논리였다. 필자는 여기에서 중세 스콜라 신학과 개혁파 신학의 공통점을 발견하였다. 그것은 양자 모두에게 있는 중간개념이었다. 앞에서도 언급했듯이, 제1원인에 종속되어 있는 인간의 자유가 무엇을 어떻게 결정할 수 있는 상태, 이것이 중간상태가 될 수 있다는 것이다. 그러므로 중세 스콜라 신학과 개혁파 정통주의의 섭리론은 크나큰 공통점을 지니고 있다고 판단된다. 그럼에도 불구하고 리처드 멀러는 스콜라 신학의 방법 속에서 기인된 정통주의의 하나님의 의지와 자유개념을 비판한다. 개혁파 정통주의가 하나님의 의지와 본질을 동일시하여 하나님의 작정과 하나님의 의지가 동일시되었다. 이는 정통주의 신학체계가 엄격한 형이상적인 결정론으로

---

176 5.2.1을 참조하시오.

비평받는데 있어 출발점을 제공하였다는 평가를 받는다.[177] 또한 그는 개혁파 정통주의가 스콜라주의의 '의지론(voluntarism)'에 영향을 받아 하나님의 의지가 필연성과 자유에서 비롯되지만, 반드시 필연성과 자유 모두에서 비롯되는 것은 아니며, 자기 자신과 불일치하는[178] 하나님을 상정(想定)하여 매우 모순된 신학적 견해들을 낳았다고 슈트렐을 인용하여 비판하였다.[179] 스콜라주의의 영향을 받았던 신학자들은 하나님의 의지의 필연성과 인간의 자유로운 선택 사이에 중간상태가 있다고 보았다. 단지 그 정도와 범위에 있어서는 중세보다는 상정하는 정도가 작다고 볼 수 있다. 개혁파 스콜라주의는 하나님의 주권과 결정을 중세 스콜라주의보다는 더 강조했다는 것으로 이해된다. 중간상태의 개념을 통해 볼 때, 양자는 정도의 차이일 뿐, 그 내용이나 본질은 일맥상통하다고 판단된다.

---

177 Muller, *The Divine Essence and Attributes*, 434. 멀러는 특별히 20세기 정통주의 신학체계에서 엄밀한 형이상학적 결정주의로 비판받는다고 주장한다.
178 Stephen Strehle, "Calvinism, Augustinianism, and the Will of God," *Thologische Zeitschrift*, 48/2 (1992), 233, 236-37.
179 Muller, *The Divine Essence and Attributes*, 434.

Calvin's Theory of Predestination and Providence

VI

칼빈과 멀러의
섭리론에 나타난
중간상태

Calvin's Theory of Predestination and Providence

# 칼빈과 멀러의 섭리론에 나타난 중간상태

우리는 칼빈의 섭리론에 나타난 중간상태 개념에 대한 개괄적이고 역사적인 발전을 살펴보았다. 이제 섭리론에 포함되어 있는 구체적이고 특정한 주제에 대해 살펴볼 차례가 되었다. 필연성과 우연 또는 우발, 하나님의 결정과 허용, 그리고 의지와 협력에 대해서 차례대로 살펴보자. 이러한 개념 속에 중세 스콜라주의자들과 개혁파의 일부 신학자들에게 나타난 중간상태가 발견되는지를, 칼빈과 멀러를 비교하면서 고찰하도록 하자. 이 장은 칼빈 섭리론의 총정리에 해당된다고 볼 수 있다.

## 필연성

### 멀러의 필연성 이해

필연성의 문제는 이것이 하나님의 자유를 제한하는가? 또는 인간의 자유를 침해하는가?에 대한 논의이다. 멀러는 하나님의 필연성이 하나님의 본성의 절대적 필연성에 따라 모든 것을 의지하신다는 것은 전혀 사실이 아니며, 하나님은 필연적으로, 또한 자발적으로, 강제 없이 자기 자신과 자신의 궁극적 영광을 의지하신다고 말한다.[1] 멀러는 튜레틴도 이와 같은 생각을 지니고 있다고 밝힌다. "그러나 하나님은 다른 것들을 자유롭게 의지하시는데, 왜냐하면 어떤 피조물도 하나님과 관련해서 필연적이지 않고 우연적이기 때문이다."[2]

멀러는 계속해서 말한다. "실로 하나님은 '자발성의 자유(freedom of spontaneity)'에 따라서뿐만 아니라 또한 '중립의 자유(freedom of indifference)'[3] 혹은 '정반대의 자유(freedom of contrariety)에 따라서 세계 창조를 그만 두실 수 있는' 전적인 자유를 가지신다."[4] 사실상 멀러는 백스터와 존 오웬(John Owen), 리센(Rijssen), 윌리엄 에임스(William Ames, 1576-1633)도 이에 대한 동일한 견해를 지니고 있다고 강조한다.[5] 에임스는 "하나님은 외향적으로 만들어 내기로 의지하시는 것은 무엇이든지 다 본성의 필연성에서 의지하시지 않고 앞선 선택(electione praecedente)에서 의지하신다. 왜냐하면 하나님의 본성과 이 행동들 사이에는 어떤 필연적 연관성도 없기 때문이다."[6] 백스터는 "그러므로 스콜라주의 신학자들 중 일부는 하나님에게서 오는 우연성이 있다고 주장할 뿐 아니라, 만약 피조물이 우연성의 기원을 하나님 안에서 갖지 않는다면, 피조물에게는 어떤 우연성도 있을 수 없다고 주장한다. 즉 하나님의 자유는 우연성의 원천이라고 할 수 있다."[7] 리센은 "의지(의 능력)은 그것이 아는 것을 의지하거나 의지하지 않는 것이다."[8] 멀러는 리센이 말하는 것처럼, 하나님이 아시는 것과 행하고자 하는 의지 사이의 관계가 복잡하다고 말한다. 그는 하나님은 존재하고 존

---

1 Muller, *The Divine Essence and Attributes*, 448.
2 Turretin, *Institutes of Elenctic Theology*, 3.14.11.
3 Indifference는 보통 '관용', '무관심' 등의 의미로 사용되지만, 튜레틴이나 헤페, 멀러 등은 이를 '아디아포라(adiapora)'의 의미로 사용한다. 실제로 라틴어 indifferens에는 'neither good nor bad'의 의미가 포함되어, '좋은 것도 나쁜 것도 아닌' 중간상태를 의미한다.
4 Muller, *The Divine Essence and Attributes*, 448. Turretin, *Inst. theol. elencticae*, 3.14.6. Macovius, *Loci communes*, 37, 339; Marckius, *compendium*, 8.12.
5 Muller, *The Divine Essence and Attributes*, 447-50.
6 William Ames, *The Marrow of Theology*, trans. John Dykstra Eusden (Grand Rapids: Baker Books, 1997), 1.7.36.
7 Baxter, *Divine Life in Three Treatises, Volume 1* (Charlestone: Biblebazaar, 2009), 1.16, 131.
8 Leonard van Rijssen, *Summa theologiae elencticae completa et didacticae quantum sufficit*, ed. EEBO (ProQust, 2010), 3.25.

재할 것들을 아실 뿐 아니라 존재하지 않고 존재하지 않을 것들을 아시기 때문에, 하나님의 의지와 하나님의 지식은 단지 부분적으로만 관련되는데, 이는 하나님이 알고는 계시지만, 의지하지 않으시는 가능태들(potentialities)이 있다는 것이다.[9]

멀러는 하나님의 자유에 대해 언급하면서, 알미니우스주의의 자유개념과 개혁파 정통주의의 자유개념과의 차이를 비교한다. 전자는 자유가 필연적인 것을 행하거나, 행하지 않을 수 있는 능력으로서, 이는 근본적인 불확정성(indeterminacy)에 의거하고, 규칙보다는 활동들 또는 움직임들(locomotiva)과 주로 관련된다. 후자는 한 사람이 원하는 대로 행하는 자유인 명령적 자유(libertas imperativa), 즉 외부의 상황들을 고려하지 않는 전적인 자유이다.[10] 멀러는 알미니우스주의와 개혁파 정통주의의 차이는 하나님 안에 있는 것인가? 밖에 있는 것인가?에 관한 것이라고 주장한다. 전자는 하나님 밖에 있는 불확정성과 비규칙적인 활동과 움직임인 반면, 후자는 하나님의 본성이나 존재 안에 있는 외부의 상황을 고려하지 않는 명령적 자유로써 전적인 자유의 차이를 말하고 있다. 이 말은 하나님 본성 안에 있는 전적인 자유는 모든 것을 알고는 계시지만 어떤 것을 행할 수도 있고 행하지 않을 수도 있는 것이다. 따라서 멀러가 주장하는 개혁파 정통주의 필연성은 언제나 자유의 개념을 지니고 있는데, 이는 우연성으로 나타난다고 볼 수 있다. 하나님의 본성 안에 있는 자유와 우연성이라고 할 수 있겠다. 필연성 또한 자유성과 양립하는 것을 가리킨다. 멀러는 이 점에 있어서 개혁파 정통주의가 알미니우스주의와 비슷하지만 약간의 차이가 있다고 소개한다. 멀러는 그 자유 가운데, 중립의 자유(freedom of indifference) 또는 정반대의 것을 선택할 수 있는 자유가 있다고 말한다. 이는 인간이 지니는 의지에도 포함된 것으로서 인간이 이것이나 저것을 선택할 수 있는 의지의 선택을 지니고 있다고 주장하는 것과 같다고 볼 수 있다. 멀러는

---

9   Muller, *The Divine Essence and Attributes*, 448.
10  Muller, *The Divine Essence and Attributes*, 447.

그 자유가 하나님 안에서 지니는 미래의 우연성이라고 설명한다.[11] 따라서 멀러와 개혁파 정통주의의 필연성 개념에는 중간원인이나 중간상태 개념이 포함되어 있다고 판단된다. 알미니우스주의와 약간의 차이는 있지만 중간상태 개념으로 볼 때는 동일하거나 비슷한 것으로 파악된다.

또한 이는 보에티우스의 필연성의 개념과도 유사하다고 판단된다. 보에티우스의 필연성은 보편과 개체의 개념에서 비롯되었는데, 이는 단순 필연성과 조건적 필연성이다. 단순 필연은 인간의 보편성을 강조하고, 조건적 필연은 개체의 특징을 강조한다. 후자가 전자를 끌어들이는 것은 아니지만, 후자는 사물의 본질이 이루어 놓은 것이 아니라 조건의 첨가가 이루어 주는 것이다.[12] 멀러가 말하는 필연성 속에 있는 자유개념은 보에티우스의 조건적 필연성과 연관된다고 하겠다. 따라서 자유의지로 걷는 사람은 어떤 필연성에 의해서 강제로 걷게 하는 것이 아니며 그 행위는 자발적인 것으로서, 단순한 필연성과 조건적 필연성이 양립되는 중간적 영역을 필요로 하는 셈이다. 자발성의 자유, 중립의 자유, 정반대의 것을 선택할 수 있는 자유가 보에티우스의 조건적 필연성과 관련된다. 보에티우스는 신의 예지의 필연성과 조건적 필연성인 인간의 자유의지는 서로 상충되지 않고 서로의 고유한 본질이 유지된다고 주장한다.[13]

그러면 이러한 필연성의 개념과 칼빈의 필연성 개념과는 어떤 차이가 있는지, 연속성 또는 불연속성이 있는가를 살펴보자. 또한 칼빈의 필연성에 중간상태가 존재하는지도 살펴보자.

---

11  제3장 『기독교강요』의 중간상태 참조.
12  Boetius, *De consolatione philosophiae*, Ⅴ, pros. 6.
13  Boetius, *De consolatione philosophiae*, Ⅴ, pros. 6.

## 칼빈의 필연성 이해

칼빈은 『기독교강요』 2.3.5에서 베르나르(Bernard of Clairvaux, 1090-1153)와 어거스틴의 글을 인용[14]하면서 자신의 필연성 개념을 정의한다. 칼빈은 필연성 부분에 대해 자신의 견해가 베르나르[15]와 어거스틴과 동일한 것이라고 다음과 같이 밝힌다.

> 동물들 중에서 사람만이 자유롭다. 그러나 죄의 개입으로 인해 인간 또한 일종의 압력을 받게 되었다. 그러나 그것은 본성이 아니라 의지가 해를 입은 것으로서, 그렇더라도 그의 선천적인 자유는 박탈되지 않았다. 자기의 의지로 하는 일은 또한 자유로 하는 것이기 때문이다. 그리고 조금 뒤에, 죄로 인해 타락한 의지는 어떤 추하고 이상한 방법으로 자체의 필연성을 만들어 낸다. 따라서 필연성은 의지의 필연성이면서도 의지를 변명하지 못하며, 의지는 그릇된 길로 끌려가면서도 필연성을 제거하지 못한다. 이 필연성은 일종의 자발적(自發的)인 것이기 때문이다. 그 후에 그는 말한다. 우리는 다른 멍에의 압박을 받는 것이 아니라 일종의 자원적 노예상태의 멍에를 멘 것이다. 그러므로 자유로왔던 의지가 스스로 죄의 종이 된 것이니, 노예인 점에서 우리는 가련하고 의지에 관해서는 변명할 길이 없다. 그의 결론은, 그래서 영혼은 어떤 이상하고 악한 방법으로 일종의 자발적이며 그릇 자유로운 필연성에 지배되며, 동시에 노예이며 자유롭다. 필연성 때문에 노예이며 의지 때문에 자유롭다. 그리고 더욱 이상하고도 한탄스러운 것은, 자유롭기 때문에 노예가 되었다는 것이다. 분명히 독자들은 내가 신기한 말을 하는 것이 아님을 인정할 것이다. 모든 경건한 사람들의 찬성을 얻어 어거스틴이 옛날에 가르쳤고, 거의 천 년 후에도 수도원들에서 보존되었던 생각을 나는 말하는 것이다. 그러나 롬바르드는 필연성과 강제를 구별하

---

14 Bernard, *Sermons on the Song of Songs* 81.7,9. trans. Matthew Henry (Jazzybee Verlag, 2016).
15 Bernard, *De gratia et libero arbitrio* 3.7. trans. W. W. Williams, *Concerning & Grace and Free Will*, 15 f.

지 못하고 치명적인 오류를 범했다.[16]

칼빈은 인간에게 선천적 자유(ingenita libertas)는 박탈되지 않고 남아있지만, 인간의 의지가 타락하여 심각한 손상을 입었기 때문에, 의지가 행하는 것이 자유에 의해 발생되지만, 그것이 죄와 연관된다고 말한다. 자유로운 의지가 죄와 관련되기 때문에 어떤 나쁘고 변화가 가능한 필연성을 만들어 낸다(deterius mutata, necessitatem facit)는 것이다.[17] 따라서 의지는 그릇된 길, 유혹의(quum sit illecta) 길로 끌려가면서도 필연성을 제거하지 못한다. 자유로운 의지는 죄의 필연성 안으로 이끌려 가게 된다. 이게 일종의 의지가 죄의 멍에를 메었다는 것이고, 노예상태에 들어갔다는 말이다. 따라서 영혼은 악한 방식으로 자발적이고 그릇된 자유에서 나온 필연성에 지배를 받게 된다. 이는 자유로운 동시에 노예임을 말한다. 이 필연성 때문에 노예가 되지만, 의지 때문에 자유롭다고 말할 수 있다. 의지가 자유롭기 때문에 영혼은 유죄(有罪) 하고, 유죄하기 때문에 노예가 된다는 것을 칼빈은 말한다. 다시 말하면, 의지가 선천적으로 자유롭지만, 그 의지는 이미 죄로 인해 타락했기 때문에 죄로부터 필연적으로 자유로울 수 없다는 것을 말한다. 죄의 필연 속에서 인간은 자유로운 선택을 하게 되는 것이다. 모순인 것 같지만, 인간의 현상태를 잘 설명하고 있다고 판단된

---

16  Inst., 2.3.5 (CO 2, 214-15), " … solus homo inter animalia liber; et tamen interveniente peccato, patitur quandam vim et ipse; sed a volutate, non a natura, ut ne sic quidem ingenita libertate privetur. Quod enim voluntarium, etiam liberum. Et paulo post: ita nescio quo pravo et miro modo ipsa sibi voluntas peccato quidem in deterius mutata, necessitatem facit, ut nec necessitas (quum voluntaria sit) excusare valeat voluntatem, nec voluntas (quum sit illecta) excludere necessitatem. Est enim necessitas haec quodammodo voluntaria. Postea dicit, nos premiiugo, non alio tamen quam voluntariae cuiusdam servitutis; ideo pro servitute esse miserabiles, pro voluntate inexcusabiles: quia voluntas, quum libera esset, servam se peccati fecit Tandem concludit: ita anima miro quodam et malo modo sub hac voluntaria quadam ac male libera necessitate et ancilla tenetur et libera; ancilla propter necessitatem, libera propter voluntatem; et, quod magis mirum magisque miserum est, ideo rea quod libera. eoque ancilla quo rea, ac per hoc, eo ancilla quo libera. eoque anquilla Hinc certe agnoscunt lectores nihil me novum afferre, quod olim ex piorum omnium consensu prodidit Augustinus, et mille fere annis postea in claustris monachorum retentum fuit. Lombardus autem, quum necessitatem a coactione distinguere nesciret, pernicioso errori materiam dedit."

17  Inst., 2.3.5 (CO 2, 214).

다. 칼빈은 비록 사람이 타락 후에 그의 자유의지를 상실했지만 강제로부터의 자유는 남아있어서 사람은 강제가 아니라 자발적인 의지로 악한 행위를 한다고 주장한다.[18] 그런 자유가 없다면 신자는 자신의 행동에 대한 책임을 주장할 수 없기 때문이다. 타락 이후에 인간의 자유는 노예화되어서 선을 선택할 수 없고 강제할 수 없는 자발적 악에 굴복한다.[19] 악에 대한 인간의 선택은 필연적인 것이 되어버렸다. 이런 식으로 칼빈은 필연성으로부터의 자유와 강제로부터의 자유의 차이점을 명료하게 구별했고, 강제로부터 필연성을 구별하지 않은 롬바르드를 신랄하게 비판했다.[20] 빈센트 브뤠머(Vincent Brümmer)는 칼빈이 베르나르의 세 가지 자유에 대해 동의하지만, 베르나르보다 훨씬 더 죄에 대한 인간의 필연적인 속박을 통감했다고 보았다.[21] 유창형은 칼빈이 죄에 대한 속박의 불가피성과 선행을 위한 하나님의 은혜의 필수성을 강조했고, 베르나르가 선한 의지를 찾으려는 사람의 자연적 충동을 인정했다는 점에서 본다면, 브뤠머의 견해는 타당한 것이라고 평가한다.[22]

칼빈의 이러한 필연성 개념에는 인간의 자유로운 의지가 활동하는 여건이 죄의 필연으로 붙잡혀 있기 때문에, 결국 자유로운 의지는 죄를 선택할 수밖에 없다고 말한다. 여기에는 우연도 없고, 자유로운 의지가 선택할 수 있는 중간상태가 있을 수 없다. 선천적으로 남아 있는 자유를 가지고 의지가 선택한 것이 결국 죄의 필연성 안에서 선택하는 것이 된다. 결국 그 자유는 죄의 필연성 안에서 활동하는 것이다. 이것이나 저것을 선택할 수 있는 자유는 있지만, 그 자유는 죄의 필연성에 예속되어 노예상태에 들어간다. 결국은 나쁜 자유일 수밖에 없다. 이러한 자유에 우연이라는 것, 중간상태라는 것이 있을 수 있겠는가.

---

18  *Inst.*, 2.2.6 (CO 2, 270-71).
19  *Inst.*, 2.2.7 (CO 2, 271).
20  유창형, 『존 칼빈의 성화론』 (용인: 도서출판 목양, 2009), 50.
21  Vincent Brümmer, "Calvin, Bernard and the Freedom of the Will," *Religious Studies* 30 (1994): 450. 유창형, 『존 칼빈의 성화론』, 51에서 재인용.
22  유창형, 『존 칼빈의 성화론』, 51.

자유가 있다는 것에는 개혁파 정통주의나 멀러가 주장하는 것과 같다고 볼 수 있지만, 그 자유가 어떤 것인가에 대해서는 차이가 있다. 그들은 죄의 필연성에 사로잡힌 노예상태로서의 의지의 자유가 아니라, 선과 악을 선택할 수 있는 즉 이것과 저것을 선택할 수 있는 자유선택의 의지로서의 자유이다.

아셀트는 투레틴이 필연성과 자유의 양립의 문제를 해결하기 위해 중세의 방법을 뛰어넘을 뿐만 아니라, 칼빈과 베르나르의 삼중의 자유 즉 필연에서의 자유, 죄에서의 자유, 비참에서의 자유를 극복했다고 평가한다.[23] 아셀트는 투레틴의 관점에 의하면, 필연에서 자유는 인간 본성에 속한 것으로서 어떤 식으로도 제거될 수 없지만, 나머지 두 유형의 자유는 타락으로 말미암아 상실하고 죄로 장악되고 말았다고 설명한다.[24] 투레틴은 위의 첫 번째 자유의 유형에서 말하는 필연은 두 종류의 필연으로 나뉘는데, 하나는 강제적인 필연성이고, 다른 하나는 물리적인 필연성이라고 말한다. 이러한 필연성은 인간의 자유와 양립할 수 없고, 다만 피조물이 창조주 하나님을 의존하고 있는 필연성이다. 이는 첫째, 합리적인 피조물이 결코 벗어날 수 없는 신적인 법에 대한 도덕적 의존성을 의미하며, 둘째, 모든 피조물은 지고(至高)의 통치자요 제1원인으로 하나님을 완전하게 의존하고 있기 때문에, 하나님에 대한 의존성을 떠나서는 존재할 수도 없고 무엇을 행할 수도 없는 것이다. 셋째, 모든 피조물은 하나님의 예지와 하나님의 작정 때문에, 미래와 관련하여 하나님을 전적으로 의존하고 있는데, 피조물의 자유가 그 자신의 행위에 있어서 아무리 크다 할지라도 그 모든 행위들은 여전히 필연적인 것이다. 넷째, 이성적인 필연성이다. 의지는 언제나 이성적인 방식으로 행동해야 하며 실천적인 지성의 최종적인 결정을 따라야 한다는 것이다. 다섯째, 도덕적 필연성이다. 여섯째, 사건의 필연성 또는 사물의 존재의 필연성이다.[25] 이러한 여섯 가지 유형의 필연성은 자유와 양

---

23  아셀트, "정통주의 초기의 스콜라주의(1560-1620년)", 236.
24  아셀트, "정통주의 초기의 스콜라주의(1560-1620년)", 236.
25  아셀트, "정통주의 초기의 스콜라주의(1560-1620년)", 237-38.

립할 수 있다고 말한다.

그러나 투레틴은 칼빈의 필연성을 잘못 이해하고 있는 듯하다. 첫째, 칼빈이 말하는 '필연에서의 자유'에서 필연은 물리적인 것으로서 자연적인 법칙뿐만 아니라, 하나님의 말씀이 없어지면 신앙인들은 필연적으로 위축되고 불안에 떨게 되는 필연의 고리를 지니고 있다.[26] 또한 사람이 악한 조언이나 의견에 붙들리면 여기저기로 방황하게 되어 두려움과 공포를 느끼는 필연이 있다.[27] 투레틴은 물리적이고 강제적인 필연으로서 이러한 필연을 말하는데, 이것은 물리적이거나 강제적인 것이 아니다. 둘째, 죄를 지을 수밖에 없는 필연성이다. 투레틴은 도덕적 필연성에 자유가 양립한다고 말하지만, 사실상 칼빈에게는 죄를 짓지 않을 수 없는 필연성에 해당된다. 사람이 자유로운 의지로 선택할 수 있지만, 결국 전체적으로 보았을 때, 그것이 죄와 연결되어 있다는 것이다. 물론 죄를 범하지만, 이는 강요되거나 강제로 되는 것이 아니라고 칼빈은 설명한다.[28] 셋째, 이성적인 필연성과 지성적인 필연성을 따를 때는 자유가 양립될 수 있다고 하는데, 이는 의지가 이성에 따라 최종적으로 실천적인 지성의 결정에 따라야 한다고 주장한다.[29] 그러나 여기에는 의지나 이성이 타락한 상태에서 죄의 노예상태인 것이 누락되었다. 투레틴은 사람이 중생했거나, 중생하지 않았거나 모든 사람을 여기에 포함시킨다.[30] 따라서 튜레틴이 주장하는 필연성은 우연이나 중간상태를 수용할 수밖에 없다는 판단을 하게 된다. 필연성 안에 자유가 있다는 것을 증명하는데, 그 자유가 인간의 의지로 할 수 있는 선택을 말하는 것이다. 그가 노예의지를 설명하려고 깊은 논증을 하였지만[31] 보다 복잡하고 애매하며, 결국 알미니우스와는 또 다른 방식의 우연이나 중간지식의 개념의 길을 열어놓았다고 볼 수 있다.

---

26  CO 45, 347 (마 12:44 주석).
27  CO 23, 270 (창 19:8 주석).
28  Inst., 2.3.5 (CO 2, 214).
29  Turretin, Institutes of Elenctic Theology 1, 10, 2, art. 7.
30  아셀트, "정통주의 초기의 스콜라주의(1560-1620년)", 237.
31  아셀트, "정통주의 초기의 스콜라주의(1560-1620년)", 240.

초이(Kiven S. K. Choy)도 그의 미국 칼빈신학교 박사학위논문에서 칼빈의 능동적 필연성(active necessity)을 다룬다. 능동적 필연성은 하나님의 작정대로 현실에서 필연적으로 사건이나 일들이 일어나는 것을 의미한다. 그는 여기에서 칼빈에게 의지가 구원에 관련해서는 하나님의 능동적 필연성에 따라 움직이지만, 그 외 인간의 삶 속에서 일어나는 일에는 인간이 자유롭게 선택할 수 있는 자유가 있고, 제2원인으로서 인간의 행위에 우연 또는 우발이 존재한다고 주장한다. 이는 그의 스승인 멀러의 견해이자, 투레틴이나 헤페의 입장이라고 보여진다. 그는 칼빈이 오늘날로 치면, 성경주해학자이지 조직신학자는 아니기 때문에, 하나님의 능동적 필연이 제2원인과의 참된 통합과 속박의지에 대한 의미 있는 모순을 해결해 주는, 체계적이고 일관된 신학을 생산해 내지 못했다고 평가한다. 따라서 칼빈에게 필연과 자유에 대한 모순이 해결되지 않은 채 남아 있고, 이 문제를 해결하는데 있어 다소 애매모호하다는 결론을 내린다.[32] 초이는 사실상 칼빈의 신학에 인간 행위에 대한 조건이 나타난다는 것을 강조한다. 이것과 저것 사이에서의 인간 선택의 자유가 있다는 것이다. 이러한 관점에서 볼 때, 이 개념은 중간상태로 파악된다. 칼빈에 대한 그의 이해는 위에서 살펴본 칼빈의 필연성 개념과는 결과적으로 차이가 있어 보인다. 초이는 개혁파 정통주의 입장과 멀러의 입장에서 칼빈을 이해하는 것으로 판단된다.

## 우연성

### 멀러의 우연성 개념과 중간상태

조셉 피파(Joseph A. Pipa Jr.)는 칼빈이 운명이나 우연 또는 우발적인 개념을 이교도적인 것으로 보고 거부하였다고 말한다. 그는 칼빈의 섭리를 정의하면서, 사람들이 볼 때, 우발적으로 일어난 일이라고 하더라도, 그것의 이유와 원인이

---

32  Choy, "Calvin's Defense and Reformulation of Luther's Early Reformation Doctrine of The Bondage of the Will", 271-72.

비밀스러운 것이라고 이해한다.[33] 대부분의 칼빈 학자들도 이와 같은 견해를 지니고 있다.[34] 칼빈의 섭리론에 있어서 우연이나 우발의 개념이 없다는 것으로도 이해할 수 있을 것이다. 그러나 멀러를 비롯한 다른 학자들은 칼빈의 섭리론에 우연성 또는 우발 개념이 존재한다고 주장한다.

멀러는 하나님의 속성에 있어서, 개혁파 정통주의는 하나님의 의지하심이 자유와 우연성을 확립하고 가정했다고 평가했다. 그는 하나님의 자발적 또는 자유로운 지식(scientia voluntaria seu libera)이 하나님의 예지와 관련되고, 이는 인간이 볼 때 '미래의 우발성 또는 우연성(future contingencies)'에 관련된다고 주장한다.[35] 멀러는 이러한 개혁파 정통주의 관점이 스콜라 전통과 그 토대이자 핵심 작품인 보에티우스의 Consolations of Philosophy 제5권에 있는 예지와 자유 논의에 크게 의존하고 있다며, 중세초기 스콜라주의와 개혁파 정통주의와 연관시킨다.[36] 멀러는 레이(Leigh)의 "하나님은 피조물들의 실체들(substances)뿐만 아니라 모든 우유성(the accident)들을 아시고, 피조물의 필연적인 것뿐만 아니라 우발 또는 우연적인 것(contingent)도 아신다"[37]는 말을 인용함으로써 하나님의 예지를 통해 미래 우연적인 것을 포함한 피조물의 모든 것을 확실하게 아신다는 것을 언급한다. 멀러와 레이는 하나님 안에서, 하나님의 예지 안에서 미래의 우연성을 인정하고 있다. 멀러에 의하면, 백스터도 우연성을 인정한다. 멀러는 백스터의 "하나님은 자유로운 또는 우연적인 제2원인들의 존재와 관련해서 협동하신다"[38]는 말을 인용하면서 각주를 달지 않았다. 백스터는 하나님의 자유는 우연성의 원천이라고 다음과 같이 설명한다.

---

33 조셉 A. 피파, "창조와 섭리", 『칼빈의 기독교강요 신학』, David W. Hall and Peter A. Lillback, 나용화 외 옮김 (서울: CLC, 2009), 197.
34 이양호, 『칼빈 생애와 사상』, 143. 빌헬름 니이젤, 『칼빈의 신학』, 이종성역 (서울: 대한기독교서회, 2010), 66. W. J. Bouwsma, John Calvin: A Sixteenth Century Portrait. 바빙크, 『개혁교의학2』, 744. 이오갑, 『칼빈의 신과 세계』(서울: 대한기독교서회, 2010), 282.
35 Muller, The Divine Essence and Attributes, 403.
36 Muller, The Divine Essence and Attributes, 403.
37 Edward Leigh, A Treatise of Divinity (London, 1646), 2.7, 61.
38 Muller, The Divine Essence and Attributes, 415.

그러므로 스콜라주의 신학자들 중 일부는 하나님에게서 오는 우연성이 있다고 주장할 뿐 아니라, 만약 피조물이 우연성의 기원을 하나님 안에서 갖지 않는다면, 피조물에게는 어떤 우연성도 있을 수 없다고 주장한다. 즉 하나님의 자유는 우연성의 원천이라고 주장한다.[39]

멀러는 또한 이러한 우연성이 하나님의 결정에 의해 작정되었다고 그린힐(Greenhill)[40]과 트위세[41]를 인용하여 주장한다. 그에 의하면, 하나님의 결정이 없다면, 자유로운 것과 우연한 것은 결코 존재할 수 없다. 그렇기 때문에, 무엇이든 미래의 우연한 것을 순전한 가능태의 영역에서 현실태의 영역으로 옮기는 원인이 되는 결정이 반드시 있어야 한다고 멀러는 강조한다.[42] 멀러의 우연 개념은 하나님의 결정 안에서 발생되는 것인데, 이것이 정확하게 무엇을 나타내는 것인지를 살피는 것이 핵심이다. 멀러는 미래의 우연한 것의 원인이 하나님의 의지라고 말하면서, 트위세[43]를 인용하여 '생성의 우연의 방식(a contingent manner of production)'을 도입한다. 이는 우연적인 일들이 우연적으로 일어나도록 작정하신다는 말이다. 하나님께서 의지로 결정하셨지만 우연한 것은 우연한 것으로 발생되도록 하셨다는 말은 "우연은 우연이다"라는 말과 같다고 생각된다. 큰 틀에서는 하나님의 결정이고, 그 이후에는 우연한 것으로 발생된다는 것은 하나님의 내재적 섭리 개념이 약화된다고 볼 수 있다. 따라서 멀러를 비롯한 트위세의 하나님의 결정의 원인으로서 발생되는 생성의 우연적 방식은 멀러가 내린 결론대로, 이는 하나님의 영원성과 관련되고, 그 영원성은 하나님께서 과거, 현재, 미래의 일들을 동시에 보셔서 아신다는 보에티우스의 예지의 개념이다.[44] 멀러의 우연개념과 중세 스콜라의 개념과 큰 차이가 없어 보

---

39 Baxter, *Divine Life in Three Treatises*, Vol.1 (Charleston: BiblioBazaar, 2009), 1.16. 불행하게도 백스터는 자신의 스콜라주의적인 판단의 기준을 인용하지 않는다. 이런 종류의 논증은 스코투스, 브래드워딘, 리미니의 그레고리우스에게서 볼 수 있고, 이후의 많은 스콜라주의자들에게서 볼 수 있다.
40 William Greenhill, Exposition of Ezkiel, (Carlisle: The Banner of Truth Trust, 1994).
41 Willam Twisse, A Discovery of D. Jackson's Vanity (London, 1631), 338.
42 Muller, The Divine Essence and Attributes, 424.
43 Twisse, A Discovery, 338.
44 Muller, *The Divine Essence and Attributes*, 424.

인다. 단지 스콜라개념에서 두드러지게 나타나는 우연성은 예지를 통해 모든 것을 알고는 계시지만, 하나님의 의지는 비결정성(undetermination)일 뿐이다.

또한 멀러는 미래우연성이 결과와 관련해서(quod eventum)는 어떤 일이 필연적으로 일어나는 것이 가능하지만, 일어나는 방식과 관련해서(quod modum productionis)는 우연적으로 일어나는 일이 가능하다고 말한다. 그러면서 그는 이 우연성은 제2인과율에 따라서 우연한 것으로 남을 뿐만 아니라, 그 자체로 불확정적(per se indefinitae)이라고 헨리와 리센을 인용하여 주장한다.[45] 멀러는 리센을 통해 결과와 방법을 구분하여 미래우연성을 설명하는데, 결과적으로 볼 때는 가능한 사건이지만, 방법적으로는 우연적으로 일어나는 것이 가능하다는 것이다. 이것이 필연적일 수 있지만, 제2인과율에 관련해서는 우연한 것으로 남는데, 이러한 제2원인은 그 자체로 불확정적이다. 우리는 여기서 모순을 발견하게 된다. 결과적으로 볼 때는 가능한 것이고, 필연적인 것으로 이해하면서도, 방법적으로는 그것이 우연히 일어나며, 그 자체로 불확정적이라는 것은 하나님의 의지와 상관없이 일어난 일일 수도 있다는 의미로 다가온다. 만약 그렇다면 이는 모순일 수밖에 없다. 방법적으로는 우연으로 표현되지만, 궁극적으로는 하나님의 예지와 의지에 포함된다고 해야 옳다. 멀러는 여기에서 방법적인 것으로, 미래우연성을 말하고자 하는 것으로 보인다. 그가 이 부분을 통해, 제2원인과 인과율을 말하는데, 그 원인이 전체적으로 하나님의 예지에 포함되지만, 의지에는 포함되지 않는다는 것을 강조하려는 것이 아닌가라는 질문이 제기된다.

멀러는 또 소키누스주의자들의 중간지식 개념을 부정하면서 불확정의 개념을 도입한다. 그는 리센을 언급하면서, 다음과 같이 설명한다.

---

45  Henry, *Exposition*, in loc. (1. 69). Rijssen, Summa theol., 3.23, controversia, obj. 5 & resp. Muller, *The Divine Essence and Attrbutes*, 428에서 재인용.

열왕기하 13장 18-19절. 만약 요아스가 화살들로 땅을 더 많이 쳤다면, 등등. 답변: 엘리사는 요아스에게 "왕이 대여섯 번을 칠 것이니이다. 그리하였더라면 왕이 아람을 진멸하기까지 쳤으리이다"고 말했다. 성경이 이렇게 말하는 이유는 하나님이 이를 중간지식으로서 아셨기 때문이 아니라 선지자가 이를 불확정으로(indefinitely)으로 주어진 하나님의 계시를 기초로 하여 하나의 조건으로 추론했기 때문이다.[46]

멀러는 우연성의 개념에 하나님의 결정을 원인으로 강조하고서, 이와 모순처럼 보이는 불확정성을 주장한다. 그는 이러한 모순을 해결하기 위해, 결정론에서 형이상학적 결정론을 구별한다. 그는 하나님의 의지에 대한 정통주의 개념이 잘못 해석되었다고 지적하는데, 하나님의 의지와 하나님의 본질을 동일시하였기 때문에 하나님의 자유가 제거되는 잘못이 있었다는 것이다. 하나님의 작정과 하나님의 의지를 동일시한 것이 20세기 정통주의 신학체계를 엄격한 형이상학적 결정론으로 비판받게 되었다는 것이다. 멀러에 의하면, 이러한 견해가 하나님을 자신과 불일치하시는 하나님으로 상정(想定)하는 모순을 야기했다는 것이다. 다시 말하면, 하나님은 모든 일들을 하나님의 필연성으로부터 그리고 자유로부터 의지(意志)하시는데, 자유를 빼버리고, 본성과 의지의 동일시로 인해 우연성을 설명하지 못했다는 것이다.[47] 멀러가 주장하는 결정론은 형이상학적 결정론이 배제된 하나님의 의지의 자유가 포함된 결정론이다. 결과적으로 볼 때, 여기에 불확정적인 우연성이 놓여있다. 멀러는 칼빈도 무스쿨루스와 함께 이러한 결정론을 견지했다고 주장한다.[48] 그러나 그는 칼빈을 오해하고 있다. 칼빈은 『기독교강요』 1.18.3에서 멀러가 말하는 "하나님의 의지와 하나님 자신의 본질적 동일성을 결정론으로 주장하는 근거로 여기지 않았다"라는 말이 전혀 나타나지 않는다. 그러나 거기에는 "하나님의 의지는 만사

---

46　Rijssen, *Summa theol.*, 3.24, controversia, obj. 3. Muller, *The Divine Essence and Attributes*, 430에서 재인용.
47　Muller, *The Divine Essence and Attributes*, 433.
48　Muller, *The Divine Essence and Attributes*, 434-35.

의 원인이다"⁴⁹, "하나님의 의지는 그 자체에 모순을 지니는 것도, 변하는 것도 아니다. 원하는 바를 원하지 않는 것처럼 가장하시지도 않는다"⁵⁰, "하나님의 의지는 하나이며, 단일하다"⁵¹라고 멀러와 반대되는 주장이 나타나고 있다. 또한 그와 반대되는 주장이 칼빈에 의해 다음과 같이 주어진다.

> 그들의 첫 번째 반대는 하나님의 뜻이 아니고서는 아무 일도 일어날 수 없다고 하면 결국 하나님께는 두 개의 상반되는 의지가 있게 될 것이라는 것이다.⁵²

멀러와 개혁파 정통주의는 몰리나와 소키누스주의의 중간지식(scientia media) 개념을 부정한다.⁵³ 중간지식은 세 번째 지식으로서, 피조물의 가능태의 영역에 대한 하나님의 불확실하고 비결정적인 지식. 즉 하나님의 결정에 의존하지 않고 피조물의 자유나 자유선택에 의존하는 사건들에 대한 예지를 가리키는 것이다.⁵⁴ 이러한 중간지식은 먼저 예수회 신학자들인 폰세카(Fonseca)와 몰리나가 옹호했고, 그 후 알미니우스를 비롯한 항론파와 소키누스주의자들이 옹호했다.⁵⁵ 멀러는 몰리나의 하나님의 중간지식에 대해 다음과 같이 주장한다.

> 모든 가능태에 대한 하나님의 비결정적 지식과 작정의 필연적이고 확실한 결과들에 대한 하나님의 결정적 예지 사이에 놓이는 하나님의 지식이라고 했다. 그는 단지 가능한 것과 필연적인 것 사이에 제2원인들의 자유 안에서 이루어진 우연적인 행동들의 범주를 주장하였다. 하나님은 인간의 의지가 어떤 정해진 일련의 조건들에서 어떻게 행동하는

---

49  *Inst.*, 1.18.2.
50  *Inst.*, 1.18.3.
51  *Inst.*, 1.18.3.
52  *Inst.*, 1.18.3 (CO 2, 170). "Nam quod primo obiiciunt, si nihil eveniat nisi volunte Deo, duas in eo contrarias esse voluntates, … "
53  Muller, *The Divine Essence and Attributes*, 420-24.
54  Muller, *The Divine Essence and Attributes*, 417.
55  Muller, *The Divine Essence and Attributes*, 417.

지, 또는 어떻게 행동할 것인지를 확실하게 그대로 아신다. 그럼에도 불구하고 하나님의 이런 지식은 결정적 지식이라고 할 수 없다. 왜냐하면 하나님은 인간의 의지들이나 조건들을 미리 정하시지 않았기 때문이다.[56]

멀러는 중간지식을 다음과 같이 정의한다.

중간지식은 하나님의 필연적 지식과 자발적 지식 사이에 의도적으로 위치시킨 앎이다. 이는 하나님의 의지하심보다 앞서 있는 피조물들의 자유선택에서 일어나는 미래의 조건적인 일들이나 조건적인 미래의 우연한 일들에 대한 예지이다.[57]

멀러와 개혁파 정통주의가 몰리나의 중간지식 개념을 부정하면서도 수용하는 모순을 보인다. 그들이 수용한 것은 보에티우스가 주장한 예지와 미래우연성 그리고 자유이다. 이러한 것들은 멀러와 개혁파의 개념과 같다고 볼 수 있겠다. 그러나 차이는 하나님의 결정성이다. 이러한 중간지식 개념에 하나님의 결정성이 배제되고 인간의 자유선택에 따라 이루어진다는 것이다. 개혁파는 이러한 내용을 수정하여 모든 것이 하나님의 의지가 원인이 되어 하나님의 결정 속에 이루어지지만, 거기에는 불확정성이 있고, 미래우연성도 있다는 것이다.

---

56  Muller, *The Divine Essence and Attributes*, 417-18. "a divine knowledge lying between God's indeterminate knowledge of all possibilities and his determinate foreknowledge of the necessary and certain effects of his decree. Between the merely possible and the necessary, Molina postulated a category of contingent acts accomplished in the freedom of the secondary cause. These acts God knows as more than merely possible because God knows with certainty just how the human will acts or will act in any given set of conditions, yet this knowledge of God cannot be said to be determinate since God has not foreordained either the wills or the conditions." Luis de Molina, *Concordia liberti arbitru donis,divina praescientia, providentia, prodestinatione et reprobatione* (1588), ed. Johann Rabeneck(Onia and Madrid: Collegium Maximum Societatis Jesu, 1953). William L. Craig, *The Problem of Divine ForeKnowledge and Human Freedom from Aristotle to Suarez* (Leiden: Brill, 1980), chapter 5.

57  Muller, *The Divine Essence and Attributes*, 418. "Middle knowledge is a divine foreknowledge of future contingent of conditional acts or events lying outside of or prior to the divine willing."

우리는 멀러나 개혁파 정통주의가 몰리나의 중간지식 개념을 부정함으로써, 그 어떤 중간의 개념도 배제할 것으로 생각한다. 그러나 이들의 미래우연성 개념에는 중간개념이 여전히 포함되어 있음을 볼 수 있다. 멀러도 이를 인정한다. 그는 자발성의 자유(freedom of spontaneity)를 강조하면서, 거기에는 중립의 자유(freedom of indifference)가 있다는 것을 투레틴을 인용하여 주장한다.[58] 자유, 자발성이라는 말의 의미는 중립적 개념이 포함될 수밖에 없다. 그렇지 않으면 모순이 된다. 모순이 모순되지 않도록 하기 위해, 중립의 자유라는 중간개념을 도입한다. 멀러는 하나님의 의지에 능동적으로 중립적인 것이 있고, 동시적으로 하나님의 의지는 중립적이지 않은 것이 있다고 설명한다.[59] 애매하고 모호한 설명이지만, 가만히 살펴보면, 하나님의 의지 안에 어떤 부분은 중립적이고, 어떤 부분은 필연적이며, 단일적이라는 것이다. 이는 어떤 때는 중립적으로, 어떤 때는 필연적으로 나타난다는 것과 같은 말로 이해할 수 있겠다. 우리는 여기서 주장되는 중립적 자유개념이 이 책의 주제인 중간상태와 같은 것으로 볼 수 있다. 이들의 미래우연성에 하나님의 결정이 포함되지만, 그러나 그 결정은 형이상학적인 것이 아니며, 불확정인데, 이는 거기에 자발성의 자유를 강조하는 중간상태가 놓이게 된다는 결론을 도출하게 된다. 이제 칼빈의 우연성을 살펴보자.

---

58 Turretin, *Institutes of Elenctic Theology*, 3.14.6; Maccovius, *Loci communes*, 37; Marckius, *Compendium*, 8.12.
59 Muller, *The Divine Essence and Attrbutes*, 455-56.

## 칼빈의 우연성 개념과 중간상태

**1) 우연성에 관련된 accidens[60], fortuitus[61], contingentia[62], adventicius[63], 등의 용어 사용**

칼빈은 우연성에 관련해서 여러 가지 용어를 사용한다. 주로 accido에서 파생된 accidens, accidental 등이 사용되는데, 명사보다는 형용사인 accidentale와 부사인 accidenter 등이 사용된다. 명사인 accidens나 accidentia는 주로 전치사 per와 같이 사용하는데 '우연히'로써 부사로 활용되었다. 명사가 사용되지 않은 것은 칼빈이 우연이라는 개념 자체를 거부하기 때문이다. 특별히 스토아학파의 운명이나 스콜라 철학에서 말하는 우연개념을 반대한다. 그가 형용사로서 또는 부사로서 이 용어를 사용하는 것은 인간의 이해를 돕기 위한 것 뿐이다. 모든 것이 하나님의 섭리로 일어나지만, 인간의 입장에서는 예기치 않게, 갑작스럽게 일어나는 일들이 있기 때문에 이를 '우연적이다' 또는 '우연히 일어났다'는 식으로 표현한다.

그다음 fortuitus, fortuna 등의 단어도 사용하는데, 스토아학파의 운명을 표현할 때, fortuna를 사용한다. 그러나 대부분 fortuitus를 형용사로서 사용하는 빈도가 높게 나타나고 있다. accidetalis보다는 덜 사용되지만, fortutitus도 많이 등장한다. accidens나 fortutitus는 구별해서 사용한다기보다는 같은 의미의 단어를 다양한 표현으로 활용했다고 생각된다.

Contingentia도 위의 용어들 못지않게 많이 사용되는 단어이다. 칼빈에게서 우연과 우발을 구분하기 위해 이 단어를 우발로 해석하기도 하지만, 칼빈은 위의 단어들과 혼용하고 있다. 애 3:37 강의에서 혼용의 증거가 뚜렷이 나타난

---

60  CO 31, 455 (시 45:10 주석); CO 36, 239 (사 11:4 주석).
61  CO 23, 257 (창 18:18 주석); CO 23, 336 (창 24:26 주석).
62  CO 23, 481-82 (창 37:5 주석); Inst., 1.16.4 (CO 2, 147-48); Inst., 1.16.9 (CO 2, 96).
63  CO 55, 91-92 (히 7:18 주석), CO 55, 123 (히 10:5 주석).

다. 그는 다음과 같은 설명을 제공한다.

> 그러므로 우연처럼 보이는 일이 하나님의 어떤 섭리에 의해 통치됨이 드러남으로써 제멋대로 일어나는 일은 없다는 것이다. 그러므로 철학자들이 우연 또는 우발적인 일(ἐνδεχόμενα)이라고 부르는 것도 하나님께는 필연적인 일이다.[64]

여기에서 accidens와 contingens가 혼용되는 것은 헬라어의 그 단어가 두 가지의 의미를 지니고 있다는 뜻이기도 하지만, 칼빈 스스로가 이 우연이나 우발의 용어를 구분 없이 사용하는 것으로 파악된다.[65]

마지막으로 adventicius는 advenio에서 파생되었는데, 이는 '도착하다' '오다' '이르다' '뜻하지 않게 나타나다' 등의 뜻을 지니고 있다. 이것이 '우연한' 또는 '우발적인' '부수적인' 의미로 이해된다.

이러한 용어들이 다양하게 사용되었다고 해서, 칼빈이 사용한 개념도 다양하다고 말할 수 없다. 칼빈은 이 용어들을 통해, 대부분 부정적인 의미를 나타낸다. 그러나 때로는 긍정적인 입장에서 이들을 사용하는데, 그렇다고 해서 칼빈이 우연이나 우발의 근본 자체를 긍정하는 것은 아니다.

### 2) 표면성(表面性)과 이면성(裏面性)

칼빈은 우연개념이 실재적인 의미를 지니는 것을 반대한다. 제2원인에 의해 발생되는 우연성이나, 중간의 매개체를 통해 일어나는 자연적인 현상 등에 대

---

[64] CO 39, 588 (애 3:37 강의), "Hinc apparet, quae videntur contingere, gubernari tamen certa Dei providentia, ut nihil temere agatur. Et quod philosophi vocant ἐνδεχόμενα, accidens, vel contingens, id omnino respectu Dei esse necessarium: … "

[65] 칼빈이 우연개념을 거부하므로 우발이라는 용어를 구분해서 사용한다는 주장이 있기 때문에, 이 주제에 대해서는 앞으로 연구해 볼 가치가 있다고 생각된다.

해 부정적인 입장을 취한다. 이 세상의 모든 일들이 하나님의 섭리 가운데서 일어난다는 것을 강조한다. 하나님의 결정과 의지에 따라 모든 일들이 발생된다는 것이다. 이러한 개념이 칼빈의 모든 작품에 걸쳐 나타난다. 그러나 칼빈은 우연이나 우발이라는 말을 사용함으로써 인간의 이해를 돕는데, 인간이 볼 때, 어떤 일들은 우연적으로 보인다는 것을 인정한다. 칼빈은 이 세상을 향한 하나님의 뜻을 완전히 알 수 없기 때문에, 모든 것이 하나님의 뜻 가운데 일어났다 하더라도, 그것이 인간의 눈에는 우연히 생겨난 것으로 볼 수 있다는 것이다. 따라서 칼빈은 이 우연의 개념을 다룸에 있어서도 표면적인 것과 이면적인 것으로 구별하고 있다고 판단된다. 칼빈은 종종 '우연처럼 보인다' '우연과 같다'는 표현을 사용한다. 창 18:18 주석에서 이러한 표현이 등장한다.

> 그러나 모든 일이 우연히 일어난 것처럼 보이기 때문에 여호와께서는 말씀으로 자녀들에게 조명해 주심으로 그들이 불신자들과 함께 소경이 되지 않게 하신 것이다.[66]

칼빈은 위의 문장 중 "그러나 모든 일이 우연히 일어난 것처럼 보이기 때문에(sed quia fortuito accidere omnia videntur)"라는 표현으로 이를 나타낸다. 여기에서 fortuito는 부사로서 accidere와 연결되어 '우연히 일어난 것처럼'으로 해석할 수 있다. 겉으로 표면상 우연히 일어난 것처럼 보이지만, 실제로, 이면적으로는 하나님에 의해서 일어난 일이라는 것을 강조하고 있다. 또한 시 45:10 주석 끝부분에도 이와 같은 표현이 등장한다. 거기에는 '~ 같다, ~처럼'이라는 단어인 'quasi'를 사용하고 있다.

---

66  CO 23, 257 (창 18:18 주석), "sed quia fortuito accidere omnia videntur, Dominus per verbum affulget filiis suis, ne cum incredulis caecutiant."; CO 31, 331 (시 33:15 주석)에서도 우연히 일어난 것으로 보이는 사건들을 하나님께서는 그의 은밀하신 섭리로 다스리신다는 내용이 있다.

그러나 그가 자기를 위하여 많은 아내들을 취하고, 허영으로 적절한 온
건성을 실천하지 못했던 것은 우연한 사건과 같은 것이었다.[67]

여기에서는 우연개념이 긍정적으로 사용되는 것처럼 보이지만, 이는 표면적으로 나타난 것뿐이다. 'hoc est quasi accidentale'를 해석하면, '그것은 우연적인 것과 같다' 또는 '그것은 우연처럼 보일 뿐이다'로 그 의미를 이해할 수 있다. 이와 비슷한 문장을 또 사 11:4 주석에서도 발견할 수 있다. 거기에도 'quasi'라는 전치사를 사용하는데 다음과 같다.

모든 인간을 차별 없이 내던지는 것이 복음의 일이기 때문에 그것이 버림받은 자들에게는 치명적인 매로 그들을 죽이는 것이 우연한 것처럼 보일 수도 있다.[68]

여기서도 앞의 문장과 동일한 것이 나타난다. 'hoc est quasi accidentale in reprobis'는 '그것은 버림받은 자들에게는 우연한 것과 같다' 또는 '버림받은 자들에게 그것은 우연처럼 보일 수 있다'로 해석할 수 있다. 이 또한 표면적으로 나타나는 우연개념일 뿐이지 이면적인 의미를 지니고 있는 것은 아니다. 이처럼 칼빈은 우연의 개념을 구별하여 하나는 실체에 해당되는 이면적인 것으로, 다른 하나는 겉으로 표현되는 표면적인 것으로 설명하였다. 그러면 칼빈의 이면적인 우연개념이 어떻게 나타나는지를 살펴보도록 하자.

### 3) 구체적인 상황 속에서의 우연

칼빈은 인간의 삶 속에서 일어나는 구체적인 일들과 우연 또는 우발의 관계를 설명한다. 인간이 당하는 갑작스러운 사고, 국가 간의 전쟁, 개인이 당하는

---

67 CO 31, 455 (시 45:10 주석), "Quod autem sibi coacervavit multas uxores, nec frugalem modum in splendore adhibuit, hoc est quasi accidentale."
68 CO 36, 239 (사 11:4 주석), "Quum ergo proprium evangelii sit communiter deiicere omnes, hoc est quasi accidentale in reprobis, ut eos mactet exitiali plaga."

질병, 고난, 가난, 버림받는 유기, 통치, 심판과 징계와 우연의 관계를 언급한다. 인간에게 일어나는 모든 일들이나 상황은 우연적으로 발생하는 것이 아니라 하나님의 의지의 원인에 의해 생겨난다는 것을 말하고 있다.

창 24:26 주석에서 칼빈은 아브라함의 종이 자신이 찾던 사람을 순적히 만난 것에 대해 우연히 만난 것이 아니라 하나님의 섭리였다고 다음과 같이 밝힌다.

> 아브라함의 종은 우연히 브두엘의 딸을 만나게 되었음을 알고는 더욱 더 희망을 가지게 되었다. 그러나 속된 자들처럼, 우연의 행운이라고 생각하고 즐거워한 것은 아니었다. 그것은 하나님의 섭리의 결과라고 생각하여, 하나님께 감사를 드렸던 것이다. 그는 자기가 바랐던 바로 그곳으로 하나님께서 인도해 주셨다고 생각한 것이다.[69]

칼빈은 이 부분에 대해 제롬(Jerome)의 주석을 비판한다. 제롬은 아브라함의 종이 바두엘의 딸을 만난 것을 우연으로 여겼다고 칼빈은 다음과 같이 주장한다.

> 제롬은 '오늘날 나로 만나게 하사'란 표현을 '내가 기도하오니, 오늘 나를 만나소서'라고 번역한다. 그러나 동사가 타동사이다. 그래서 아브라함의 종은 이 동사를 사용하여, 인간의 일은 하나님의 뜻과 손으로 조화됨으로, 그 결과가 결코 우연에(fortuiti) 속한 것이 아니라는 점을 의미했던 것이다.[70]

---

[69] CO 23, 336-37 (창 24:26 주석), "Quum audit servus Abrahae se incidisse in filiam Bathuelis, magis ac magis in spem bonam erigitur. Neque tamen, ut profani homines solent, tanquam occursu fortuito gaudet: sed Deo gratias agit, eius providentiae acceptum ferens quod recta fuerit tam opportune deductus quo volebat."

[70] CO 23, 334 (창 24:12 주석), "Hieronymus(Jerome) vertit, Occurre: sed verbum est transitivum, quo significat Abrahae servus, sic Dei consilio et manu disponi hominum negotia ut non sint fortuiti rerum eventus: … "

칼빈은 하나님께서 이 세상에 관련된 모든 일들을 하늘에서 명령하셨기 때문에 그것들이 우연히 일어나지 않고, 그것이 정해진 대로 결국 때가 되면 우여곡절 끝에 성취된다는 것을 표명한다. 이는 하나님의 형이상학적인 결정으로 이해될 수 있을 것이다.

> 그 후에 모세는 반목의 화근이 무엇이었는지를 제일 처음에 언급하였는데, 이제는 한 단계를 높여 요셉이 하나님의 놀라우신 계획에 따라 가장 큰일에 확실하게 선택되었다고 설명한다. 즉 이 일은 꿈속에서 그에게 선언되었다. 그러나 하나님께서는 그에게 일어날 일을 꿈으로 계시하셨는데 이는 나중에 우연히(fortuito) 발생한 일은 하나도 없다는 것을 알리기 위해서였다. 하늘에서 정해진 것은 결국 때가 되면 우여곡절 끝에 성취된다는 것도 그가 알리시려는 일이었다.[71]

칼빈은 이 세상의 모든 일들이 변덕스럽고 확실하지 않은 운명의 수레바퀴에 의해 돌아가는 것이 아니라고 말한다. 그러면서 그는 사람들이 겪고 있는 어려운 일들, 즉 배의 파선, 기근, 방황, 질병, 전쟁의 재난과 같은 환난이나 모든 역경들도 하나님의 손에 달려있음을 강조한다. 이 모든 것들은 하나님의 진노의 증표로 여겨야 한다는 것이다.[72] 사람이 강도나 약탈자의 손에 떨어지는 것도 단순히 우연히 되는 것이 아니며, 또한 그들에게서 건짐을 받는 것도 우연으로 되지 않는다고 주장한다.[73] 칼빈은 인간이 당하는 모든 환난은 하나님의 채찍이기 때문에, 여기에서 헤어날 사람은 아무도 없고, 오직 은혜만이 가

---

71  CO 23, 481-82 (창 37:5 주석), "Postquam prima odii semina retulit Moses, nunc altius conscendit, nempe admirabili Dei consilio electum fuisse Ioseph ad res maximas: idque somniis fuisse testatum: atque ita fratrum odium in rabiem erupisse. Somniis autem patefecit Deus quid facturus esset, ut postea sciretur nihil contigisse fortuito, sed quod coelesti decreto fixum erat, per flexuosos circuitus demum suo tempore fuisse completum."; CO 31, 381 (시 37:28 주석)에도 세계는 하나님의 섭리에 의해 이끌려 가지 결코 우연에(fortuito) 의해 이끌려 가는 것이 아님을 말하고 있다.; CO 31, 815 (시 89:12 주석)에서는 하나님께서 창조하신 하늘이 이제는 우연의 법칙 아래에서 움직인다고 생각하는 것은 당치도 않은 것이라고 말한다.

72  CO 32, 135 (시 107:1 주석).

73  CO 32, 138 (시 107:10 주석). CO 32, 138 (시 107:11 주석).

능하다는 것을 강조한다. 칼빈은 질병에 대해 좀 더 구체적으로 다음과 같이 설명한다.

> 질병(morbi)이란 우연히(casu) 우리에게 다가오거나 자연적인 원인에 의해서만 오는 것이 아니라, 하나님의 명령을 수행하는 하나님의 사자로 보아야 하며, 우리는 질병을 보내신 바로 그분께서는 그것들을 쉽게 제거하실 수 있으며, 말씀만으로도 이 뜻을 이룰 수 있다는 것을 믿어야 한다는 것이다. … 육체의 질병은 하나님의 말씀이나 명령이 없이는 제거되지 않으며, 이 말씀이 믿음으로 받아들여지기 전에는 사람들의 마음이 영적인 생명의 기쁨을 회복할 수가 없다.[74]

칼빈은 또 하나님은 전쟁의 총 지휘자라고 말한다. 하나님께서 전쟁을 일으키시며 모든 전쟁을 지휘하시는 장본인이며, 하나님께서 기뻐하시는 자에게 승리를 주시기 때문에, 전쟁은 우연히 일어나는 것이 아니라고 주장한다. 하나님은 하나님의 뜻에 복종시키기 위해 전쟁을 일으킬 수도 있다고 말한다. 인간에게 일어나는 모든 재난이나 재앙은 우연히 임하는 것이 아님을 강조한다.

> 이것은 그 전쟁(bellum)이 사람에게서 비롯된 것이 아니라 하나님께로부터 비롯된 것이며, 하나님께서는 놀라운 표적으로서 자신이 그 전쟁을 일으킨 장본인(autorem)임을 증명하시리라는 것을 분명히 보여준다. 전쟁이 한창일 때 모든 사람이 그 되어지는 일을 똑똑히 보지만, 대부분의 사람들은 그 전쟁들의 시작과 끝은 우연으로 본다. 반면 이사야 선지자는 하나님께서 새롭고 특별한 방법으로 그의 능력을 나타내시기

---

74  CO 32, 139-40 (시 107:20 주석). "sicuti morbi non influunt casu in homines, vel tantum ex naturalibus causis proveniunt, sed tanquam Dei apparitores eius imperium exsequuntur: ita eundem ipsum qui percussit, sanare absque ullo negotio: … Si corporales morbi nonisi Dei verbo vel imperio sanantur, multo minus animas restitui in vitam nisi per verbum, et quidem fide apprehensum."

때문에 이 모든 일을 하나님께 돌려야 함을 보여준다.[75]

하나님은 모든 재해[76]나 기근과 모든 불행의 장본인이며, 메뚜기와 황충이 온 땅을 황폐하게 한 것도 하나님께서 백성들을 괴롭히기 위해 고용한 군대[77]이기 때문에 우연히 일어난 일이 아니라고 말한다. 칼빈은 사람이 가난한 것도 우연히(fortuito) 된 것이 아니라 하나님의 뜻이 있어서 그러하다는 것을 언급한다.[78]

칼빈은 『기독교강요』에서도 우연의 개념을 부정한다. 경건한 마음을 지닌 사람은 하나님에게 새로운 무엇이 우발적으로 일어난다는 것을 허락할 수 없다는 것[79]과 하나님께서 개개의 사건들을 조정하시며, 모든 사건들이 하나님의 결정된 계획에 의해 나왔기 때문에 우연히 발생하는 것은 아무것도 없다고 말한다.[80]

### 4) 미래우연성과 중간상태

멀러는 칼빈에게도 미래우연성개념이 존재한다고 말한다. 하나님의 결정과 의지의 원인 가운데, 모든 일들이 필연적으로 일어나지만, 본성적 필연과 조건적 필연 사이에 의지의 자유가 있고, 미래우연성이 있다고 주장한다. 멀러와 개혁파 정통주의의 미래우연성에 대해서는 앞에서 충분히 살펴보았기 때문에 여기서는 다시 언급할 필요가 없다고 본다. 멀러가 주장하는 것처럼 칼빈에게도 미래우연성과 거기에 따른 중간상태의 개념이 존재하는가를 살펴보

---

75  CO 36, 322-23 (사 18:3 주석), "unde palam fiet non ab hominibus motum esse bellum, sed a Deo ipso, qui insignibus notis se autorem esse ostendet. Quum geruntur bella, omnes palam quid agatur cernunt: sed bona hominum pars eorum initia et exitus fortunae tribuit. Contra Isaias haec omnia tribuenda Deo esse ostendit,.."; CO 37, 487-88 (렘 1:15 주석)에서도 하나님께서 전쟁의 총지휘자이며, 하나님께서 전쟁을 일으키시기 때문에 모든 전쟁은 우연히 일어나는 것이 아니라고 말한다.
76  CO 43, 37-38 (암 3:6 주석).
77  CO 42, 562 (욜 2:25 주석).
78  CO 36, 695-96 (마 26:11 주석).
79  Inst., 1.13.8 (CO 2, 96).
80  Inst., 1.16.4 (CO 2, 147-48).

도록 하자.

　　칼빈은 『기독교강요』 1.16.9에서 미래의 우연 또는 우발성(futurorum contingentiae)이라는 용어를 사용한다. 그는 인간에게 일어나는 일들이 사람들이 보기에 우연으로 생각할 수 있을 것이라고 말하면서, 그리스도인은 이 모든 것이 하나님의 질서와 이유와 목적과 필연성 속에 감추어져 있다는 것을 알아야 한다고 말한다. 그는 어떤 정직한 사람이 숲속에서 잘못하여 길을 잃고 헤매며, 도적을 만나 살해당했다고 상상해 보라고 한다. 하나님께서 그의 죽음을 선견하셨을 뿐 아니라 또한 작정하셨다고 주장한다. 즉 모든 것이 우연이나 우발적으로 된 것이 아니라 하나님의 작정 가운데 일어난다고 주장한다. 이때 칼빈은 사람들이 이러한 사건을 보면서 우연히 일어난 것이라고 생각할 것이지만, 그것이 하나님의 작정 속에서 일어난 것인데, 그것이 미래의 우연 또는 우발적인 사건(case of future contingencies)에도 적용된다며, 이 용어를 사용한다. 칼빈은 여기에서 미래의 우연한 사건들도 현재의 우연한 사건들처럼 그것이 우연으로 보이지만, 실상은 보이지 않고, 감추어진 하나님의 섭리에 의해 일어나는 것이라고 밝힌다. 사람이 미래의 일들을 알지 못하기 때문에, 늘 불안 속에 살지만, 하나님께서 이 모든 것을 선견(foresee, praevisa) 시기에, 확고부동하게 이를 붙잡아야 한다고 강조한다.[81] 칼빈은 미래우연성개념이 하나님의 결정하심 가운데 있다 하더라도, 그것이 불확정성의 결정이기 때문에, 이러한 개념을 부정한다. 거기에는 인간의 의지의 선택이 포함되기 때문에 중간상태 개념이 살아있지만, 칼빈은 이를 부정하기 때문에, 이것이냐 저것이냐의 중간에서 의지의 선택이 있을 수 없다는 결론을 내린다. 물론 사람이 보기에는 그것이 인간의 자유로운 의지에 의해 이루어지는 일이지만, 이면적으로는 하나님의 숨은 섭리의 역사하심이라고 주장하는 것이다. 조셉 피파도 칼빈의 섭리 개념에는 중간단계 없이 작용한다고 평가한다.[82]

---

81　Inst., 1.16.9 (CO 2, 96).
82　피파, "창조와 섭리", 199.

칼빈은 멀러가 주장한 미래우연성을 부정한다. 사람들에게 우연적으로, 또는 우발적으로 일어날 미래의 일들도 모두 하나님의 필연성 속에서 발생하는 것이라고 말하기 때문이다. 칼빈은 인간에게 일어나는 모든 일들은 인간의 자발적인 의지에 의해 생겨나지만, 그 의지는 이미 타락했고, 죄의 노예가 되어 있어 또 다른 죄의 필연의 고리에 묶여 있다고 말한다. 그러므로 인간의 행위가 우연처럼 보이지만, 그것은 하나님의 섭리 속에서 일어나는 일들이라는 견해를 피력한다. 따라서 우리는 칼빈의 우연성 개념이 멀러를 비롯한 개혁파 정통주의와의 비슷한 면을 지니고 있지만, 근본적으로 차이가 있다는 것을 알 수 있다. 이는 그들과의 불연속성을 말한다. 칼빈은 우연은 없다고 말하면서 스토아 철학의 운명론을 비판한다. 그는 그들을 비판하면서 우연이 있다고 주장하는 자들의 논리는 모호하며 애매하다고 말한다. 그들의 섭리관은 하나님께서 개개인에 대해서 관심을 가지지 않기 때문에 모호하다는 것이다. 이로써 중세 스콜라주의의 섭리론과 우연론도 애매모호하며, 이들의 방법을 따라 하나님의 섭리를 주장하는 멀러나 투레틴, 헤페를 비롯한 일부 개혁파 정통주의의 섭리론도 모호하다고 판단된다.

또한 바빙크도 "하나님은 우연한 것을 바로 우연으로 미리 알았다"는 중세와 개혁파 정통주의가 널리 사용하는 문구를 비판한다. 만일 하나님께서 미래의 우연한 일을 우연으로 아셨다면, 어거스틴의 사고의 선(線)으로 돌아와 자유를 예정과 잘 조화시킬 수 있다. 그러나 문제는 그와 같이 자유롭고, 우연한 것이 확실하고 틀림없이 영원부터 알려질 수 있는가이다. 만약 알려질 수 없다면, 더 나아가 예지교리를 부인해야 하며, 역사의 결과는 전적으로 우연한 것이어야 하며, 그 자체로 평가할 수 없고, 알 수 없는 것으로 머무르게 된다는 것이다.[83] 바빙크는 그 문구의 의미 자체를 모순으로 지적한다. 바빙크에 의하면, 나중에 소시누스파, 항변파, 보르스티우스(Vorstius) 그리고 현대의 많은 신학자들이 이러한 우연 개념을 추종했는데, 그들은 피조물의 자유를 주장하기 위해

---

83   바빙크, 『개혁교의학2』, 471.

하나님의 지식과 의지와 능력에 있어서, 하나님의 자기 제한을 수용한 것으로[84] 평가되었다.

칼빈은 세상만사가 하나님의 의도에 따라 정해지고 조절되는 것으로 인식하는 사람은 극소수라고 말한다. 하나님의 섭리가 이 세상을 다스린다는 점을 인간들에게 확신시키는 일보다 더 어려운 일은 없다고 한다. 이 사실을 문자적으로 인정하는 사람은 많지만 그것을 실제로 자신의 마음에 새기는 사람은 아주 드물다는 것이다. 우리는 제아무리 작은 변화에도 전율하고 몸부림치며 마치 그 변화가 사람의 결정에 달린 것처럼 그 원인을 캐려든다고 한탄한다.[85]

## 결정과 허용

### 멀러의 주장

멀러는 미래우연성을 언급하면서 하나님의 불확정적인 결정을 주장한다. 그는 형이상학적인 결정론을 배격하면서, 본성적 의지와 자발적 의지 사이에서 이루어지는 결정은 하나님의 자유에서 나온 것이라고 설명한다. 그 결정은 하나님의 예지 안에서 불확정적으로 나타난다는 것이다. 멀러는 칼빈도 무스쿨루스와 같이 이러한 결정론을 지지했다고 표명했다. 멀러는 개혁파 정통주의 결정론은 형이상학적 결정론이 아니며, 더군다나 모든 인간 행동들의 결정론도 아닌, 하나님의 궁극적인 결정이라고 주장한다.[86] 그렇다면 궁극적인 결정론은 무엇인가? 이는 이차적 자유와 우연성에 대한 확실성을 확립하고 제공하

---

84 바빙크, 『개혁교의학2』, 472.
85 CO 36, 256-57 (사 13:1 주석).
86 멀러, "은혜, 선택(election) 그리고 우연적인 선택(choice), 알미니우스의 선수공격(Gambit)과 개혁파의 반응." 이은선역, 『신학지평』(2000년 봄, 여름), 245. 이 논문의 원제는 "Grace, Election and contingent choice: Arminius's Gabit and the Reformed Response", Thomas R. Schreiner/Bruce A. Ware eds. The Grace of God, The Bondageof the Will: Historical and Theological Perspective on Calvinism, vol. 2(Grand Rapids: Baker, 1995), 251-78.

는 방식의 결정이 아닌가? 하나님께서는 일차적으로 결정하고 작정하셨지만, 이차적인 원인은 사람에게 달려 있는데, 이 원인의 작용이 인간의 자유에 의해 이루어지며, 그것이 궁극적으로는 하나님의 뜻에 벗어나지 않고, 그 안에서 이루어진다는 것으로 이해된다.[87] 이는 또 하나님께서 일차적인 원인을 제공한 다음에는 전체적인 틀 안에서만 움직이도록 내버려 둔 채, 인간이 자율적으로 행동하는 것으로 되지만, 결국에는 인간이 하나님의 뜻에 따라 움직여진다고도 이해될 수 있다. 따라서 이것은 인간의 구원과 예정에만 관련된 것이며, 하나님께서 인간을 버리신다는 것과 인간의 일반역사의 세세한 부분에 대해서는 결정하신 바가 없다고 주장하는 것으로 이해할 수 있다. 칼빈도 그렇게 주장하는 것일까?

하나님의 허용에 관해서, 멀러는 하나님의 의지를 실행하는 의지와 허용하는 의지로 구분한다.[88] 이는 하나님이 악이나 죄에 대한 성취를 방해하지 않고, 그리고 사물의 존재를 위해 필요한 신적 협력(concursus)을 멈추지 않음으로써 허용하시는 의지이다.[89] 따라서 멀러가 말하는 허용적 의지는 죄의 직접적 원인은 아니지만, 이 의지 없이는 어떤 죄도 발생할 수 없다는 것이다. 멀러는 이 부분이 개혁파 신학자들과 칼빈의 의견을 달리한 부분이라고 지적한다.[90] 또한 멀러는 알미니우스의 허용개념을 소개하면서 그것이 그의 동시대의 개혁파 정통주의자들과 모순되지 않는다고 평가했다.[91] 알미니우스는 하나님의 허용을 설명하기 위해 하나님의 지식을 구별한다. 하나는 하나님의 필연적이고 단순하고 자연적인 것인 반면, 다른 하나는 자유롭고 자발적인 것으로서 이는 강요당하지 않고 자유로운 것이다. 전자는 하나님의 본성에 속하는 것으로서 필연적으로 일어날 수 있는 가능성 또는 가능태에 속하고, 후자는 현실에서 일어나

---

87　멀러, "은혜, 선택(election) 그리고 우연적인 선택(choice)", 244.
88　Muller, *The Divine Essence and Attributes*, 471.
89　Rijssen, *Summa theol.*, 3.31, controversia 2, argumenta; 참고, Maccovius, *Distinctiones et regulae*, 4.36; Muller, *The Divine Essence and Attributes*, 471.
90　Muller, *The Divine Essence and Attributes*, 471.
91　멀러, "은혜, 선택(election) 그리고 우연적인 선택(choice)", 233.

는 현실태로서 하나님께서 알고 계시면서 허용하시고, 허용하시면서 강요하지 않고, 자유로우면서도 하나님의 영원한 작정에서 나온 지식이다.[92] 멀러에 의하면, 알미니우스는 사물에 대한 하나님의 지식이 불변하게 필연성을 강요하지 않는다. 이 말은 하나님의 필연적인 지식이 현실태에서 얼마든지 변화가 가능하고, 자유롭게 허용된다는 것이다. 인간의 모든 상황이나 사건들을 하나님께서 알고 계시며, 그것에 대한 지식을 가지고 계시지만, 하나님께서 허용하신 자유로운 현실태에서 비롯된 것 중에서 우연한 것은 우연한 것으로, 필연적인 것은 필연적인 것으로 허용된다는 것이다. 멀러는 이러한 알미니우스의 우연과 허용의 개념이 개혁파와 모순되지 않는다고 주장한다. 이러한 주장이 그의 견해라고 판단된다.

한편 현대 철학계에서도 오래 전부터 결정과 자유의지에 관한 논쟁이 활발하게 진행되어 왔다. 미국 텍사스대학의 철학교수인 로버트 솔로몬(Robert Solomon)은 강한결정론(hard determinism)과 약한결정론(soft determinism)을 둘러싼 논쟁에 대한 정보를 제공한다.[93] 전자는 뉴톤니안(Newtonian)들이 주장하는 것으로서, 행성을 비롯한 모든 물체는 위치와 운동성을 지니고 있는데, 이는 우주의 모든 물체가 제각기 위치와 그 운동방향이 결정되어 있다는 것이다. 이에 따라 솔로몬은 하이젠버그(Heisenberg)의 불확정성의 원리(uncertainty principle)를 인용하여 강한결정론의 약점을 지적하며 보완한다.[94] 하이젠버그의 불확정성의 원리는 원자미만의 입자가 공간에서 자유롭게 움직이기 때문에, 그것의 움직임이나 위치를 알 수 없다는 것이다. 이로 인해 사물의 위치와 운동량이나 방향이 정해져 있다는 뉴톤니안의 강한결정론이 도전받게 되었다. 거시적인 측면에서는 강한결정론이 설득력을 얻었지만, 미시적인 측면에서는 강한결정론이 약화되는 이론이었다. 사물의 불확정성의 원리에 따라 인간도

---

92　Arminius, *Public Disputations*, 4.38: cf. *Private Disputations*, 17.7.
93　Robert Solomon, *Introducing Philosophy: A Text with Readings* (San Diego: Harcourt Brace Jovanovich, 1985), 426.
94　Solomon, *Introducing Philosophy:*, 426.

자유롭게 선택하고 행위 할 수 있는 자유의지가 있다는 것이 주장되었다. 솔로몬은 하이젠버그의 불확정성의 원리를 비결정으로 해석했다. 그는 결정론과 비결정론을 주장하는 각각의 대립과 논쟁을 조화시키며 양립시키는 이론이 바로 약한결정론이라고 소개한다. 강한결정론과 비결정론이 양립 가능한데, 이것이 약한결정론을 통해 해결된다고 밝힌다. 솔로몬은 약한결정론에 대해 말하기를 "그것은 강한결정론을 수용하지만, 인간의 자유와 책임을 위한 모든 중요한 요구를 거절하지 않는다"[95]고 정리한다. 또한 "이는 사람이 자유와 결정론을 동시에 믿는 것"[96]이라고 덧붙인다.

그러나 최용철은 자유의지와 결정론에 관한 논문에서 결정론과 자유의지 논쟁을 극복하는 다른 논지를 제공한다.[97] 그는 결정론과 자유의지가 서로 양립할 수 있다는 양립가능론(compatibilism)과 양자가 서로 양립할 수 없다는 양립불가능론(incompatibilism)을 소개한다. 그는 양립가능론에서 말하는 약한결정론(soft determinism)도 부정한다.[98] 약한결정론은 인간의 행위의 원인이 '행위자의 원인'이고, 또한 행위자의 원인은 행위자 자신의 밖에 있다는 것이다.[99] 또한 이는 행위자의 밖에 있는 또 다른 원인에 의한 결정을 말한다. 양립가능론에서 약한결정론을 부정하는 이유는, 약하지만 어느 정도의 결정론의 개념을 지니고 있어 양자의 중간이 될 수 없다는 것이다. 따라서 약한결정론의 용어는 이미 폐지되었고, 대신에 양립가능론이라는 용어를 채택하게 되었다고 주장한다.[100] 프랭클린은 결정론자의 믿음과 자유의지론자의 믿음 사이의 갈등을 해소하려는 양립가능론자의 취지를 중요시 하여 그들을 '문제 해소론자(dissolutionist)'[101]로 부른다. 양립불가능론을 지지하는 자는 강한결정론

---

95 Solomon, *Introducing Philosophy*:, 429.
96 Solomon, *Introducing Philosophy*:, 461.
97 최용철, "자유의지와 결정론의 철학적 논쟁", 『자유의지와 결정론의 철학적 논쟁』, 최용철 역음 (서울: 간디서원, 2004), 15-50.
98 약한결정론도 이미 결정이라는 의미를 지니고 있기 때문에, 자유와 상반되는 개념임을 강조한다.
99 최용철, "자유의지와 결정론의 철학적 논쟁", 31-35.
100 최용철, "자유의지와 결정론의 철학적 논쟁", 36.
101 R. L. Franklin, *Free Will and Responsibility* (London: R.K.P., 1978), 3.

을 주장하는 것으로서, 인간의 자유의지를 부정한다. 그러나 현대 철학계에서는 양자를 서로 조화시키려는 노력을 경주하고 있는데, 최용철은 혼데리히(T. Honderich)를 인용하여 양자의 논쟁을 화해시킨다. 혼데리히는 두 입장을 모두 비판적으로 검토하는데, 이는 양비론이 아니라 양시론(兩示論)[102]이다. 양자의 견해는 지식이나 사실을 기반으로 한 것이 아니라, 그들의 믿는 바 태도[103]에 놓여있다는 것이다.[104] 만약 양쪽 모두가 사실이나 진리에 기초하고 있다면, 모두 거짓일 수 있다고 말한다. 최용철은 혼데리히를 인용하여 다음과 같이 설명한다.

> 여기서 혼데리히가 지적하려는 것은 이 양자의 입장이 인간과 세계에 대해 기본적으로 태도적이면서도 명제적이려고 한다는 점이다. 예를 들어, 양립가능론자는 우리의 행위개념에 대해서 그것이 자발적 성격의 것이 아닐 수 없다고 강조하면서, 도덕 개념이 자발적 행위 개념과 일치해야 하고 또 그것에 의거해야 한다고 주장한다. 나아가 이러한 입장만이 타당하기 때문에, 이러한 태도는 문제를 왜곡하는 양립불가론자가 아니라면 누구나 갖고 있거나 가져야 할 태도라고 주장한다. 반면 이와 상반되는 양립불가론자는 행위의 개념에는 반드시 행위의 '원초자'가 필요하다고 강조하면서, 도덕의 개념에는 형이상학적 자유가 필

---

102 이는 자연과학에 있어, 결정론을 말할 때, 거시적인 측면의 결정론과 원자미만의 입자를 관찰하는 미시적인 측면의 불확정성의 원리를 나란히 보고 이를 수용하는 태도이다.
103 혼데리히가 말하는 태도는 결정론에 대한 태도로써, 사람들이 결정론에 대해 나타내는 태도가 두 가지라고 말한다. 하나는 당혹감(dismay)의 태도이고, 다른 하나는 비타협의 태도이다. 당혹감은 우리 자신을 행위의 원초자로 보려는 견해로 말미암아 생기는 반응이다. 결정론이 타당하다면 혹은 결정론이 타당하다는 이유 때문에 충족되지 못하는 조건으로 말미암아 인간의 위상이 심대한 타격을 받거나 삶의 희망이 무참히 꺾이게 된다고 생각하면서 갖게 되는 태도가 당혹감의 태도이다. 비타협적 태도는 당혹감을 가져야 할 하등의 필요가 없다는 태도이다. 우리 자신을 행위의 원초자로 보려는 견해를 애당초 거부하면서, 결정론이 인간의 위상과 삶의 희망에 어떠한 영향도 미치지 않는다고 주장한다. 최용철에 의하면 혼데리히가 말하는 이러한 태도는 결정론의 등장에 당혹스러워하지 않으며, 따라서 인간의 위상과 삶의 희망에 미칠 수 있는 결정론의 영향력에도 굴복하지 않으려는 태도이다. 최용철은 저마다 결정론의 결과나 함축 내용에 대해서 부정합적인 두 가지 태도를 갖는 경향이 있다고 말하면서, 이러한 태도 자체는 어떤 부정합성도 내포하지 않으며, 그러한 태도들은 이론에 의해 제시된 것이 아니라 우리가 우리 스스로에 대해 갖는 태도이며, 어떤 태도도 진리치를 갖지 않는다고 주장한다. 따라서 양립 불가능과 양립 가능의 문제를 극복하는 것은 이러한 태도에 대한 변화라는 것이다. 최용철, "자유의지와 결정론의 철학적 논쟁", 46-47.
104 T. Honderich, The Consequences of Determinism (Oxford: Claredon, 1990), 12.

요하다고 주장한다. 그런데 이러한 자유가 결정론과 부정합적인 까닭에 결정론을 부정하지 않는 한 도덕의 개념은 거짓이거나 거짓이어야 한다고 주장한다.[105]

최용철과 혼데리히는 결정론도 자유의지도 태도적인 입장에서 각각 수용하여, 인간의 실존에 꼭 필요한가? 또는 생철학적인가?라는 토대 위에 이들의 좋은 부분들을 조화시켜, 결정론과 자유의지의 문제를 극복한다. 결정론이 삶을 파멸로 이끌지 않고 희망을 주기에 인간에게 필요한 개념이라는 것이다.[106] 효용성이 있기 때문에 이 또한 인간이 태도적인 입장에서 수용 가능한 것이라고 강조한다.

여기에서 살펴본 바에 의하면, 현대철학에서 말하는 약한결정론이 멀러나 개혁파 정통주의가 주장하는 결정론과 비슷하다. 현대철학에서 이미 약한결정론이라는 용어와 개념은 폐지되었고, 이를 대신하여 양립가능론이라는 용어와 개념이 채용되었다. 왜냐하면, 결정론과 자유의지는 그 자체로 모순이기 때문에, 이것이 사실이나 지식의 측면에서는 거짓이 될 수밖에 없고, 또 한 쪽이 거짓이 되어야 한다고 주장하기 때문이다. 물론 현대철학과 신학은 차원이 다르다고 할 수 있을 것이다. 현대철학에서 이 문제를 극복했다는 것이 신학의 차원에서는 아직 완전히 해결되었다는 것을 뜻하지 않는다. 따라서 우리가 현대철학에서 빌릴 수 있는 개념이 있다면, 결정론과 자유의지를 인간의 이성으로 지식과 사실의 차원에서는 서로 양립시킬 수 없다는 것이다.

**칼빈의 결정 이해**
과연 칼빈이 형이상학적 결정론을 배제하고 불확정적 결정론을 수용했는지에 대해서는 앞에서 이미 언급했다. 이제는 좀 더 구체적으로 칼빈의 하나님의

---

105  최용철, "자유의지와 결정론의 철학적 논쟁", 44-45.
106  최용철, "자유의지와 결정론의 철학적 논쟁", 49.

결정의 개념과 허용의 개념을 살펴보도록 하자.

멀러는 칼빈을 비롯한 다른 개혁파 신학자들도 그들의 예정론의 주장을 위해 사용한 성경의 예들이 "모든 인간 행동들의 신적인 결정주의"[107]를 나타낸다는 것은, 사실이 아니라며, 브루스 라이헨바흐(Bruce R. Reichenbach)를 인용하여 주장한다. 또한 멀러는 알미니안주의와 개혁파 사이의 논쟁의 문제는 철학적 결정론이 아니라, 구원에 관련된 결정론이라고 평가한다. 일반적으로 인간 행동의 결정론으로서, 사람이 개별적으로 죄를 범하는 인간의 결정론이 아니라, 죄에서의 인간의 속박, 구원을 선택할 그들의 무능력과 구원에서 은혜의 필요성을 가리킨다고 설명한다. 따라서 인간의 도덕적 행동이 미리 결정된다는 것은 개혁주의의 견해가 아니고, 더구나 아담의 타락이 아담의 죄에 대한 자유선택을 배제할 정도로 하나님에 의해 의도되었다는 것은 개혁주의의 견해가 아니라고 말한다. 모든 일들에 대한 하나님의 배치가 인간의 자유와 일치할 뿐만 아니라 인간의 자유를 가능하게 만든다고 환기시킨다.[108] 레이드(J. K. S. Reid)도 칼빈의 신학이 하나님의 결정이 존재의 궁극적 질서가 되는 철학적 결정론을 말하는 것이 아니라고 언급한다.[109] 그들은 칼빈의 결정론도 위에서 그들이 주장하는 대로 궁극적 결정론이었다고 강조한다. 이런 식의 결정론에 대한 구분은 섭리와 예정을 분리시키는 것이다. 멀러 자신도 섭리적 결정이 예정과 구별된다고 정리했다.[110] 그러나 칼빈의 섭리론과 예정론은 아주 밀접하게 관련되어 있다는 것을 앞에서 밝힌 바 있다.[111]

---

107 Bruce R. Reichenbach, "Freedom, Justice, and Moral Resposibility", in *The Grace of God*, 291. Muller, "은혜, 선택(election) 그리고 우연적인 선택(choice)", 241에서 재인용.
108 멀러, "은혜, 선택(election) 그리고 우연적인 선택(choice)", 242.
109 J. K. S. Reid, *Introduction to John Calvin, Concerning the Eternal Predestination of God* (London: James Clarke, 1961), 25-27.
110 멀러, "은혜, 선택(election) 그리고 우연적인 선택(choice)", 242.
111 본문의 "섭리론과 예정론의 관계"를 보시오.

멀러와 레이드의 주장대로 과연 칼빈이 궁극적 결정론을 주장하였는가라는 질문에 칼빈은 자신의 저서를 통해 이를 반박한다. 칼빈은 인간의 구원에 관련된 것뿐만 아니라 인간 개개인과 개개의 사건들을 조정하시며, 그들의 행위를 결정하신다고 다음과 같이 논의해 나간다.

> 그러므로 하나님께서 개개의 사건들을 조정하시며, 이 사건들은 모두가 하나님의 결정된 계획에서 나왔기 때문에 우연히 발생한 것은 아무 것도 없다는 것이 우리에게 증명될 것이다.[112]

칼빈은 여기에서 하나님의 결정을 소개한다. 모든 인간의 개개의 사건들(singulos eventus)은 하나님의 결정된 계획 또는 의도(a definito eius consilio)에서 비롯되었다고 분명히 밝힌다. 칼빈은 구원에 관련해서뿐만 아니라 인간사의 모든 것이 하나님의 결정에서 나왔다고 말하는데, 이는 철학적이든 형이상학이든, 구원에 관련된 것이든 상관없이 모든 것이 하나님의 결정에서 시작된 것임을 밝히는 것이다. 하나님의 조건적이고 자발적인 의지에 따라, 인간이 지니고 있는 자유도 스스로 선택할 수 있게 함으로써, 불확정적이라고 확정(確定)짓는 그들의 궁극적 결정론과 칼빈의 견해와는 거리가 있어 보인다. 칼빈은 또한 '결정된 질서에 의하여(destinato ordine)'라는 말을 언급함으로써 이를 다음과 같이 더욱 공고히 한다.

> 그러므로 이제 나는 거의 일반적으로 유행하고 있는 견해를 반박하고자 하는데, 이 견해는 하나님을 일종의 맹목적이며 모호한 운동으로 인정할 뿐 하나님께서 무한한 지혜로 만물을 지도하시며 자신의 목적에 부합하도록 배치하시는 주요사(主要事)를 그에게서 박탈하는 것이다. 따라서 이 견해는 하나님을 이름만의 우주의 통치자일 뿐 실제에 있어

---

[112] *Inst.*, 1.16.4. (CO 2, 148) "Quare nobis probandum est, Deum sic attendere ad singulos eventus regendos, et sic omnes illos provenire a definito eius consilio, ut nihil fortuito contingat."

> 서는 아무것도 아닌 존재로 만들어 놓았는데, 이는 하나님에게서 지배
> 력을 빼앗아 버렸기 때문이다. 나는 묻고 싶다. 지배한다는 것은 지휘
> 하는 것들을 결정된 질서에 따라 권위로 지배하는 것을 의미하는 것이
> 아니고 무엇이겠는가라고.[113]

칼빈은 하나님은 인간의 주요한 일들에 간섭하지 않으시고, 우주에 대해서도 이름만 통치자일 뿐이라는 일반적으로 유행하는 견해에 반박한다. 하나님은 인간의 일들에 개입하시며, 자신의 목적에 따라 그 일들을 배치하시며 이끌어 가시는 분이심을 밝히고 있다. 또한 칼빈은 창 3:1 주석에서 소위 형이상학적이고 철학적인 결정론이라 할 수 있는 하나님의 결정에 대해 언급한다.

> 나는 다음의 사실을 확고부동한 공리로 삼고 있다. 즉 하나님이 인간을
> 회의를 품고 의심하는 상태에 두실 목적으로 창조하셨다고 우리가 말
> 하는 것보다 더 하나님의 특성을 파괴하는 것이 없다고 하는 것은 사실
> 이다. 그렇기 때문에 나는 창조주가 되신 사실을 그런 모든 것이 입증
> 해 주고 있으므로 그분은 그분 자신이 장차 인간의 미래 상태가 어떻게
> 될 것인가에 대하여 전에 결정하셨다고 결론짓는다.[114]

하나님께서는 인간의 미래 상태가 어떻게 되어야 할지 이전에(prius) 결정하셨다(decretum)는 것이다. 여기서 시간을 나타내는 전치사 prius가 무엇을 의미하는가? 그때가 언제이겠는가? 하나님께서 통치하시기 이전, 창조 이전이 아니겠는가? 이는 철학적으로 굳이 표현하자면, 아마도 형이상학적 결정론이라 할

---

113 *Inst.*, 1.16.4. (CO 2, 148) "Nunc enim sententiam illam, quae vulgo fere obtinuit, refutare propositum est, quae caecam modo nescio quam et ambiguam motionem quum Deo concedat, quod praecipuum est illi adimit, ut incomprehensibili sapientia quaeque dirigat ac disponat ad suum finem: atque ita verbo tantum non re Deum facit mundi rectorem, quia moderationem eripit. Quid enim, quaeso, est moderari nisi ita praeesse ut destinato ordine ea regas quibus praees?"

114 CO 23, 55 (창 3:1 주석), "Ego hoc axioma fixum retineo, nihil magis a Deo alienum esse quam si dicamus hominem ab eo conditum, ut suspensa et dubia foret eius conditio. Quare statuo, sicuti creatorem decebat, prius apud se decretum habuisse, quidnam de eo futurum esset."

수 있을 것이다. 칼빈은 동일한 내용을 『기독교강요』 3.23.7에서도 논증한다.

> 아담의 타락이 무수한 후손을 어린아이들까지 불가피하게 영원한 사망으로 끌어넣게 된 원인이 어디에 있느냐고 나는 다시 묻는다. 이것이 무서운 결정이란 것을 나는 물론 인정한다. 그러나 하나님께서는 사람을 창조하시기 전에 사람의 결말이 어떻게 되리란 것을 예견하셨으며, 따라서 스스로 그렇게 결정하고 명령하신 것이므로 미리 아셨다는 것은 아무도 부정할 수 없다. 여기서 하나님의 예지를 비난하는 사람이 있다면 그런 사람은 경솔하고 부주의하여 죄를 짓는 것이다. 장차 있을 일을 모르시지 않았다고 해서 하늘 심판자를 비난할 이유는 무엇인가? 만일 정당한 또는 명백한 불평이 있다면, 그것은 예정에 적용된다. 내가 이런 말을 한다고 해서 어리석다고 생각해서는 안 된다. 하나님께서는 처음 사람의 타락과 그로 인해서 후손이 멸망할 것을 예견하셨을 뿐 아니라, 그 자신의 결정에 따라서 그렇게 되도록 마련하셨다. 이는 장차 있을 일을 모두 예견하시는 것이 그의 지혜의 일부분인 것과 같이, 그의 손으로 모든 것을 지배하며 주관하는 것은 그의 권능의 일부이기 때문이다.[115]

여기서도 칼빈은 하나님께서 사람을 창조하시기 전에 사람의 결말이 어떻게 될 것인지를 예견하셨고(praesciverit), 결정하셨다(decreto)고 말한다. 무서운 결정(Decretum horribile)이라는 용어를 사용함으로써 사람의 타락과 후손의 멸망

---

[115] *Inst.*, 3.23.7. (*CO* 2, 704), "Iterum quaero, unde factum est ut tot gentes una cum liberis eorum infantibus aeternae morti involveret lapsus Adae absque remedio, ⋯ Decretum quidem horribile, fateor; infitiari tamen nemo poterit quin praesciverit Deus, quem exitum esset habiturus homo, antequam ipsum conderet, et ideo praesciverit, quia decreto suo ordinarat. In praescientiam Dei si quis hic invehatur, temere et inconsulte impingit. Quid enim, quaeso, est cur reus agatur coelestis iudex quia non ignoraverit quod futurum erat? In praedestinationem competit, si quid est vel iustae vel speciosae querimoniae. Nec absurdum videri debet quod dico, Deum non modo primi hominis casum, et in eo posterorum ruinam praevidisse, sed arbitrio quoque suo dispensasse. Ut enim ad eius sapientiam pertinet, omnium quae futura sunt esse praescium, sic ad potentiam, omnia manu sua regere ac moderari."

을 자신의 결정에 따라 그렇게 하셨다(quia decreto suo ordinarat)고 밝힌다. 그리하여 칼빈은 이러한 결정을 무서운 결정이라고 단언하고 있는 것이다. 칼빈은 이렇게 말하는 자신을 어리석다고 생각해서는 안 된다고 말하면서 경건한 자세로 이를 수용해야 할 것을 권한다.

따라서 칼빈의 결정론은 멀러가 말한 대로 인간에게 남아 있는 자유로 인한 불확정의 궁극적인 결정론이 아니라 섭리에 관한 모든 것을 포괄하는 신적 결정론(divine determinism)[116]이라고 조심스럽게 명명해 본다.

**칼빈의 허용 이해**

칼빈은 『기독교강요』 3.23.8에서 하나님의 뜻(voluntas)과 허용(permissio)은 서로 다르지 않다고 말한다. 하나님께서 허용하시기만 하고 아무것도 뜻하시지 않았는데 사람이 자기 힘으로 멸망을 초래했다는 것은 생각할 수도 없다는 것이다. 하나님께서 허락도 하시지만, 그 속에는 하나님의 의지와 결정이 포함되었다는 것을 나타낸다. 칼빈은 여기에서 어거스틴의 말을 빌려, 인간사의 모든 것이 하나님의 뜻에 따라 필연적으로 발생한다고 주장한다.

> 여기서 그들은 의지와 허용은 서로 다르다는 것을 되풀이한다. 이렇게 함으로써 그들은 악한 자들이 멸망하는 것은 하나님께서 허용에 의해 서이지, 하나님의 의지 때문은 아니라고 주장한다. 그러나 하나님께서 그렇게 되는 것을 의지하시지 않았다면, '허용'을 말하는 것은 무슨 이유인가? 하나님께서 허락하시기만 하고 아무것도 뜻하시지 않았는데

---

116 칼빈의 결정론이 철학자들이 말하는 '강한결정론'일 수 있다. 그들의 논리에 의하면, 하나님께서 모든 사물의 위치와 운동의 원인이시다. 모든 것이 하나님의 작정에 의해 움직여진다고 볼 수 있다. 그러나 칼빈의 입장은 그러한 것도 포함되지만, 인간이 지닌 원래의 의지가 자유로울 뿐만 아니라 그것이 모든 인류에게 보편적으로 적용되어, 인간이 행하는 모든 행위는 자신의 자유로운 판단에 의해 일어난다는 것이다. 인간이 죄를 지을 수밖에 없는 것은 타락으로 인한 죄의 필연성이 있기 때문에 인간은 죄를 지을 수 밖에 없고 강제가 없는 필연에 놓이게 된다는 것이다. 또한 하나님은 자신의 뜻을 나타내시고 의지하실 때, 인간이 알 수 없도록 숨겨 놓으셨다. 인간은 모든 것을 자신의 의지로 행한다고 생각하지만, 모든 것은 하나님의 섭리 속에 이루어진다는 것이 신적 섭리이다.

사람이 자기 힘으로 멸망을 초래했다는 것은 생각할 수 없다. 그런 것은 하나님께서 그의 피조물의 영장이 어떤 상태에 있으리란 것을 원하고 확정하시지 않았다고 하는 생각이다. 그러므로 나는 어거스틴과 함께, '하나님의 뜻은 사물의 필연성이며'[117] 하나님께서 뜻하시는 것은 필연코 발생하는데 이는 그가 예견하신 일들이 참으로 발생하는 것과 같다고 서슴지 않고 솔직하게 고백한다.[118]

칼빈은 창 45:8 주석에서도 동일한 견해를 나타낸다. 요셉이 형들에게 자신의 정체를 밝히면서, 자신을 애굽으로 보낸 이는 당신들이 아니라 하나님이시며, 하나님께서 자신을 바로에게 아버지로 삼고, 그의 온 집의 주로 삼아 애굽 온 땅의 통치자로 삼았다는 것에 대한 주석이다. 하나님께서 요셉에게 그렇게 되도록 허용하셨을 뿐만 아니라, 그 일을 작정하셨다고 다음과 같이 주석한다.

인간이 무엇을 꾀하든, 하늘의 하나님은 인간들의 의중과 수고를 통제하신다는 사실이다. 요컨대, 하나님은 인간의 손을 빌려 당신 자신의 뜻을 행하신다. 선량한 사람들은 하나님의 정의가 불경스러운 자들의 모독을 받지나 않을까 두려워하여, 하나님이 어떤 일은 도모하시기만 하고, 또 어떤 일은 되도록 '허용하신다'고 구별하는 수를 부린다. 마치 하나님이 자유의 어떤 정도를 인간에게 맡겨서, 거기에 대한 통제는 않는다는 식이다. 하나님이 만일 요셉이 애굽으로 끌려가도록 '허용하시기만' 하셨다면, 하나님은 요셉을 그의 아버지 야곱과 그의 아들들의 구원의 사역에 '서임하신'(예정하신) 것이 아니다. 그런데 요셉은 분명히 그

---

117 Augustine, *On Genesis in the Literal Sense* 6.15.26 (MPL 34.350).
118 *Inst.*, 3.23.8 (*CO* 2, 705), "Hic ad distinctionem voluntatis et permissionis recurritur, secundum quam obtinere volunt, permittente modo non autem volente Deo perire impios. Sed cur permittere dicemus, nisi quia ita vult? Quanquam nec ipsum quidem per se probabile est, sola Dei permissione, nulla ordinatione, hominem sibi accersisse interitum. Quasi vero non consttuerit Deus qua conditione praecipuam ex creaturis suis esse vellet. Non dubitabo igitur cum Augustino simpliciter fateri, voluntatem Dei esse rerum necessitatem, atque id necessario futurum esse quod ille voluerit; quemadmodum ea vere futura sunt quae praeviderit."

렇다고 말하고 있다. 그러므로 어쨌든 그 헛된 이야기 즉 하나님이 '허용'만 하시고 '뜻' 하시거나 '작정' 하시지는 않았다는 것은, 요셉이 나중에 다시 좋게 설명한 그것이 잘못이 되고 만다.[119]

칼빈에 따르면, 하나님의 허용은 단순한 허용이 아니며, 하나님의 기쁘신 뜻에 따라 허용하시며, 이를 실행하신다고 더욱 심도 있게 논의한다. 허용만 하시고 실행하지 않으시는 것이 아니다. 이스라엘의 왕 아합의 눈이 어두워지고 미치광이와 같은 행위를 한 것이 하나님의 심판이라고 단정 짓는다. 그렇다면 이것은 하나님의 단순한 허용이 아니라, 하나님의 작정도 포함되고, 그 일을 수행하기 위해 사역자들에게 명령도 하신다는 것이다.[120] 칼빈에게 하나님의 뜻과 허용이 같고, 허용과 실행이 동시에 나타나, 하나님의 작정과 결정에 의해 일어나는 것이라면, 하나님께서 인간의 범죄에 책임이 있지 않은가? 또 하나님께서 행악자들을 활용하시며 그들과 함께 일을 하시면서 어떻게 죄의 책임을 면할 수 있고, 그가 사용하시는 자들을 어떻게 정당하게 정죄하실 수 있는가에 대해 답변한다. 칼빈은 하나님께서 죄인들을 활용하시지만, 죄는 없으시고, 죄의 책임도 없으시다고 단언하면서, 이는 인간의 육적인 생각으로서는 거의 이해불가하다고 논증한다. 이는 인간의 논리로도 이해할 수 없는 일인데, 칼빈은 이에 대해 다음과 같이 설명한다.

하나님께서는 자신의 뜻에 따라 사탄과 모든 버림받은 자들을 굴복시키기도 하시며, 끌어내기도 하신다는 다른 구절이 있는데, 여기에서 한

---

[119] CO 23, 554 (창 45:8 주석), " … quidquid machinentur homines, tamen inter illorum strepitus Deum e coele moderari eorum consilia et conatus: denique per ipsorum manus peragere quod apud se decrevit. Boni viri, qui Dei iustitiam exponere verentur impiorum calumniis, ad distinctionem istam confugiunt, quod Deus alia fieri velit, alia permittat. Quasi vero, ipso cessante, quidvis agendi libertas sit penes homines. Si tantum passus esset Ioseph in Aegyptum deduci, non eum ordinasset salutis ministrum patri Iacob, et filiis eius: quod nunc ei diserte tribuitur. Facessat igitur inane illud commentum, quod Dei tantum permissu, non autem consilio aut voluntate, mala fiant, quae ipse postea in bonum finem convertit."
[120] Inst., 1.18.1 (CO 2, 168).

층 더 어려운 문제가 제기된다. 하나님께서 저들을 통해 활동하시면서 어떻게 범죄에 의해 오염되지 않으시는지, 심지어 하나님이 저들과 더불어 일을 하시면서 어떻게 죄책을 면할 수 있으시며 나아가 그가 사용하시는 자들을 어떻게 정당하게 정죄하실 수 있는가 하는 것은 육적인 생각으로서는 거의 이해할 수 없다. 여기에서 '행하는 것'과 '허용하는 것' 사이의 구별이 생겨나게 되었다.[121]

칼빈은 이러한 것은 어려운 문제라고 하면서도, 이 문제를 해결하기 위해 속임수를 사용하는 자들이 있다며 그들의 합리적 논리를 지적한다. 그들은 하나님의 의지와 명령으로 된 것인데, 나중에 그들이 형벌을 받게 된다는 것은 불합리하게 보인다고 불평한다는 것이다. 그러하기에 그들은 '행하는 것'과 '허용하는 것'을 구별하여 하나님은 허용만 하시지, 행하는 분은 아니다는 결론을 내리며 이 문제의 단점을 피한다는 것이다. 그러나 칼빈은 그들의 생각이 성경적이 않고, 속임수라고 일축한다. 하나님께서는 명백한 말씀으로 그 일을 주관하시며 행하시기 때문에 그것 또한 핑계일 뿐이라며 이를 다음과 같이 거절한다.

> 그리하여 그들은, 그런 일은 오직 하나님의 허용에 의해 되는 것이지 하나님의 의지에 의해 이루어지는 것이 아니라는 속임수로 그 난점을 피하고 있다. 그러나 하나님께서는 명백한 말씀으로 자신이 그 일을 하신다고 주장하심으로써 그러한 핑계를 거절하신다. 하나님의 은밀한 명령이 없이는 인간으로서는 아무 일도 성취할 수 없다는 것, 하나님께서 이미 작정하시고 자신의 은밀한 지시에 따라 결정하신 것 이외에는 저들이 무슨 일을 결정해도 인간으로서는 아무것도 성취할 수 없다

---

121 *Inst.*, 1.18.1 (*CO* 2, 167). "Ex aliis locis, ubi Deus satanam ipsum er omnes reprobos suo arbitrio flectere vel trahere vel trahere dicitur, difficilior emergit quaestio. Quomodo enim per illos agens nullam ex eorum vitio labem contrahat, imo in opere communi ab omni culpa sit immunis, ministros autem suos iuste damnet, vix capit sensus carnis. Hinc reperta distinctio inter agere et permittere: … "

는 것은 수없이 많은 명백한 증거들이 입증해 주고 있다. 앞에서 우리가 시편에서 인용한, "오직 우리 하나님은 하늘에 계셔서 원하시는 모든 것을 행하셨나이다"(시 115:3)라는 말씀은 분명히 인간의 행위와 관계된 말씀이다. 이 시편의 말씀대로 하나님께서 전쟁과 평화의 참된 조정자라고 한다면 그리고 여기에는 어떠한 예외도 없다고 한다면, 누가 감히 인간은 하나님 모르게 또는 하나님께서 침묵하고 계시는 동안 맹목적 충동에 따라 닥치는 대로 행동한다고 말할 수 있겠는가?[122]

하나님의 의지를 실행하는 의지와 허용하는 의지로 구분하여, 하나님이 악이나 죄에 대한 성취를 방해하지 않고, 사물의 존재를 위해 필요한 신적 협력(concursus)을 멈추지 않음으로써 허용하신다는 멀러의 허용개념은 하나님은 죄의 직접적 원인은 아니지만, 하나님의 허용적 의지 없이는 어떤 죄도 발생할 수 없다고 하는 것이다. 이는 칼빈의 허용개념과 다소 비슷해 보인다. 그러나 멀러가 하나님의 실행하는 의지와 허용하는 의지를 구별한 것은 칼빈이 위에서 지적한 것이 아니고 무엇이겠는가! 또한 그가 주장하는 신적 협력이 어떤 의미를 지니고 있는지를 살펴봄으로써 그가 의도하는 바가 무엇인지를 충분히 알 수 있을 것이다.

---

122 *Inst.*, 1.18.1 (CO 2, 167). "Tergiversando itaque effugiunt, Dei tantum permissu, non etiam voluntate hoc fieri. Ipse vero palam se facere pronuntians, effugium illud repudiat. Quod autem nihil efficiant homines nisi arcano Dei nutu, nec quidquam deliberando agitent nisi quod ipse iam apud se decreverit, et arcana sua directione constituat, innumeris et claris testimoniis probatur. Quod ante citavimus ex Psalmo, Deum quaecunque vult facere, ad omnes actiones hominum pertinere certum est Si Deus bellorum et pacis certus est arbiter, ut illic dicitur, idque sine ulla exceptione, eo inscio aut quiescente homines caeco motu temere ferri quis dicere audebit?"

## 의지와 협력

### 멀러의 의지 이해

멀러는 개혁파 정통주의 신학은 외부의 강요로부터 의지의 자유를 전제하고, 또 하나님 앞에서 인간의 책임을 전제한다고 인식한다. 다만 개혁주의가 부정하는 것은 인간의 죄악성, 은혜, 구원의 문제에서 선택의 자유이지, 그 외 다른 것에는 자유가 있다는 것이다. 그는 이 부분에 있어 칼빈도 동일한 견해를 지니고 있다고 평가한다. 그는 칼빈의 예정론에서 '모든 인간 행동들이 신적인 결정주의'를 나타낸다는 것은 사실이 아니라고 단언한다. 앞에서도 언급했듯이 그는 칼빈을 비롯한 개혁파 정통주의 인간의 자유개념은 구원에 관련해서는 선택할 수 있는 자유가 없지만, 그 나머지 것들은 자유가 남아있다는 것을 주장한다.[123] 따라서 인간의 도덕적 행동이 미리 결정된다는 것은 개혁주의 견해가 아니며, 더구나 아담의 타락이 하나님에 의해 의도되었다는 것은 더욱더 아니라고 강조한다. 하나님께서 모든 것을 배치(설계)하실 때, 인간의 자유와 일치할 뿐만 아니라 인간의 자유를 가능하게 만든다고 멀러는 주장한다. 이는 하나님의 예정과 자유의지의 양립이라고 볼 수 있다. 하나님의 선택 안에서, 인간에게 주어지는 구원의 은혜를 제외하고는, 인간의 자유가 있다는 것이다. 인간이 이것과 저것의 중간에서 이것 또는 저것을 선택할 수 있는 자유가 있다고 언급한다. 멀러는 이 자유개념을 우연 또는 우발성과 연결시킨다. 그는 헤페를 인용[124]하여 다음과 같이 말한다.

> 인간의 자유로운 수행 또는 심사숙고의 결과일 정도로 본성에 다르게 행동할 수 있는 원인을 지니고 있는 참으로 우연적인 것이라는 것을 결코 부정하지 않는다.

---

123 제6장 "결정과 허용" 참조.
124 Heppe, *Reformed Dogmatic*, 266, 171-72.

멀러는 인간의 이차적 원인으로서의 자유와 우연성에 대한 확실성을 확립하고 제공한다고 말하는 셈이다. 멀러의 이러한 인간의 자유의지 관점은 그의 신적 의지론에서 비롯되었다고 볼 수 있다. 그는 신의 의지를 일곱 개의 짝으로 구별한다.[125] 즉, 선한 기쁨의 의지와 표시의 의지(voluntas beneplaciti et signi), 작정의 의지와 계명의 의지(voluntas decreti et praecepti), 선한 기쁨의 의지와 승인의 의지(voluntas eudokias et euarestias), 내재하는 의지와 이행하는 의지(voluntas immanens et transiens), 감춰진 의지와 계시된 의지(voluntas arcana et revelata), 절대적 의지와 조건적 의지(voluntas absoluta et conditionata), 선행하는 의지와 후행하는 의지(voluntas antecedens et consequens)들이다. 이러한 의지는 또한 본성적 의지 또는 필연적 의지와 자발성의 의지 또는 자유의 의지로 구별된다. 하나님의 본성적이고 필연적인 의지 속에 자발성의 자유(freedom of spontaneity) 개념이 존재한다. 또한 이러한 자발성의 자유는 중립적인 자유(freedom of indiffence)로서 '정반대의 것을 선택할 수 있는 자유(freedom of contrariety)'이기도 하다. 하나님의 의지는 외부로부터 '강제' 또는 '통제'가 없기 때문에 자유롭고, 또 외부의 대상들 중에 어떤 것도 하나님께 필연적이 않고 하나님은 모든 것을 '의지하지 않을 수 있기 때문에 자유로울 수 있다'는 논리이다.[126] 멀러는 하나님의 의지 안에 이러한 자발성의 자유의지가 존재한다는 것을 크게 부각시키며, 자신의 논지를 전개했다. 요약하자면, 멀러는 칼빈을 비롯한 개혁파 정통주의는 인간에게 자유의지가 있고, 다만 인간의 구원문제에 있어서는 자유가 없는데, 이는 인간이 구원을 선택할 수 없다는 것이다. 그러나 그 외에는 인간이 이것과 저것의 중간상태(middle state, medium quiddam)에서 이것이나 저것을 자유롭게 선택할 수 있다는 것이다. 우리는 여기에서 질문할 수 있다. 인간의 자유로운 의지가 어떻게 구원에만 포함되지 않고, 다른 모든 일들에는 포함될 수 있는가 하는 것이다. 구원에는 우리의 의지가 포함되지 않는가? 우리의 의지로 우리가 하나님의 은혜를 선택하지 않는가? 어떤 것은 자유로운 의지이고, 어떤 것

---

125 Muller, *The Divine Essence and Attributes*, 468.
126 Muller, *The Divine Essence and Attributes*, 448.

은 자유를 행사할 수 없는 의지인가? 우리의 자유로운 의지가 이렇게 두 가지로 분리되어 있는가라는 질문을 제기할 수 있다. 또한 멀러는 자신의 논지를 통해 칼빈도 개혁파 정통주의의 견해와 동일하다고 밝혔는데, 과연 칼빈이 주장한 인간의 자유의지 개념이 그것과 같은 것인가 하는 질문을 야기시킨다. 따라서 칼빈의 의지론을 살펴봄으로써 멀러가 주장한 것이 맞는지 어떤지를 고찰해보자. 칼빈의 의지론의 핵심이 무엇인지를 고찰하며, 그의 의지론이 개혁파 정통주의와의 연속선상에 있는지 또는 불연속 선상에 있는지를 살펴보자. 코넬리우스 반틸(Cornelius Van Til)은 근대 개혁주의자들은 칸트(Immanuel Kant)가 주장한 인간의 행위의 경험에서 비롯된, 인간의 자율성(autonomy)에 영향을 받아 인간 속에 있는 자유의지가 존재한다고 평가한다.[127] 아마도 이러한 영향 속에 멀러도 있지 않는지 연구해 볼 필요가 있다고 생각된다.

현대철학에서 자유가 무엇인가 라는 물음에 A. J. 에이어(A. J. Ayer)는 인간의 자유는 어떤 원인에 의해, 할 수 밖에 없는 상태가 아니라 다르게 선택하고 행동할 수 있는 상태라고 말하면서, 좀 더 구체적으로 다음과 같이 설명한다.

> 내가 다르게 행동할 수 있었다는 주장은, 첫째 내가 다르게 선택했더라면 나는 다르게 행동할 수 있었다는 주장이며, 둘째 나의 행위가 이른바 환자의 행위가 아니라는 의미에서 자발적이었다는 주장이며, 셋째, 그 누구도 내가 했던 행위를 선택하도록 강제하지 않았다는 주장이다. 그리고 이 세 조건들은 얼마든지 충족될 수도 있다. 이 조건들이 충족될 경우, 나는 자유롭게 행동한다고 말할 수도 있다. 그러나 이것은 내가 행동했다는 것이 우연의 문제라는 것, 즉 나의 행위가 설명될 수 없음을 말하는 것은 아니다. 그리고 나의 행위들이 설명될 수 있어야 한다는 것이 곧 결정론을 요청함으로써 요구되는 전부라고 말할 수 있다.[128]

---

127 Cornelius Van Til, *The Case for Calvinism* (Philadelphia: PRPC, 1968), 121-22.
128 A. J. Ayer, "Freedom and Necessity", *Philosophical Essays* (London: Macmillan, 1954), 283-84.

다르게 행동할 수 있는 것, 자발적이라는 것, 선택하도록 강제당하지 않는다는 것을 자유의 개념으로 소개하고 있다. 로더릭 치좀(Roderick M. Chisholm)도 다르게 행위 할 수 있는 개념으로 자유를 말하고 있다.[129] 이러한 자유의 개념이 결정론과 어떻게 양립 가능한지 묻지 않을 수 없다. 개혁파 정통주의와 멀러의 자유개념도 이러한 철학적 의미를 지니고 있는데, 이 모순을 양립 가능하다고 주장하는 것은 불가능해 보인다. 이미 현대철학에서도 양자를 지식이나 사실에 기초해서는 양립 불가능하다고 결론을 내린 상태이다. 다만 인간의 태도를 통해, 인간의 보다 나은 소망의 삶을 위해 필요한 것으로서, 결정론도 자유의지도 조화롭게 수용할 수 있다고 말한다. 개혁신학자 폴 헬름(Paul Helm)도 이러한 자유의 개념은 결정론과 양립 불가능하다고 다음과 같이 밝힌다.

> 어떤 선택이 내려지든 간에 그 특정한 선택을 할 때까지 우주의 전 역사가 동일하다 할지라도, 우리가 자유롭다면 우리는 어떤 특정한 행동을 할 수 있는 능력도, 하지 않을 수 있는 능력도 가지고 있는 셈이다. 그러므로 우리가 선택을 하기 전까지는, 우주의 전 역사는 우리가 그 행동을 하는 것과도 일관성을 지닐 수 있는 상황이어야 한다. 그러므로 우리가 그것을 하지 않는 것과도 일관성을 지닐 수 있는 상황이어야 한다. 그러므로 우리가 어떤 행동을 하느냐는 우리에게, 즉 우리의 자유로운 선택에 달려 있다. 비록 같은 것은 아니라도 이를 조금 다르게 표현하자면, 우리의 결정 이외의 모든 상황은 같은데 우리가 다르게 결정할 수 있을 때만 우리는 행동하는 데 자유롭다고 말할 수 있다. 이것이 결정론(determinism)과 양립할 수 없는 자유가 의미하는 것이다. 루카스(Lucas)와 스윈번 같은 저자는 이런 의미의 자유가 유지될 때만, 인간의 존엄성과 창조성 그리고 인간의 책임을 정당하게 다룰 수 있다는 것

---

129 Roderick M. Chisholm, "Human Freedom and the Self", *Free Will*, edi. Gary Watson (Oxford: Oxford University Press, 1982), 26-27. *The Lindley Lecture* (1964), 3-35.

이다.[130]

폴 헬름은 인간의 자유만이 아니라 하나님의 자유도 보존하려는 관심에서 자신의 논의를 발전시킨 리처드 스윈번(Richard Swinburne)[131]을 비판하면서 다음과 같이 주장한다.

> 이러한 섭리관을 취하는 주된 이유는 인간의 자유를 보존하려는 관심과 하나님의 자유도 보존해 보려는 관심 때문이라는 것을 알 수 있다. 모든 저자는 위험을 무릅쓰는 섭리의 경우에만 인간의 자유가 존재할 여지가 있을 것이라고 주장한다.[132]

스윈번과 멀러의 입장이 같은 면모를 보이는 것으로 파악된다. 멀러와 개혁파 정통주의의 개념에 비해 칼빈의 개념이 어떠한가를 살펴보자.

### 칼빈의 의지 이해

칼빈의 의지개념과 그 의지가 하나님과의 협력하는 것이 멀러와 개혁파 정통주의가 주장하는 것과 동일한 것인지 어떤지를 살펴보자. 투레틴은 하나님

---

130 Paul Helm, *The Providence of God* (Downers Grove: IVP, 1993), 43. "If we are free, then we have the power to do some particular action, or to refrain from doing it, even though the entire history of the universe up to the moment of that choice is the same whichever choice is made. The entire history of the universe, up to the point of our choice, is consistent either with our performing of that action or with our refraining from it. So which action is performed is up to us, to the exercise of our free choice. An alternative way, of expressing this, though not a strictly equivalent way, is to say that we are free in doing an action only if, every circumstance other than our decision remaining the same, we could have decided otherwise. This is a sense of freedom which is incompatible with determinism. Only if freedom in this sense is maintained (writers such as Lucas and Swinburne believe) can justice be done to human dignity and creativity, and to human responsibility."
131 Richard Swinburne, *The Coherence of Theism* (Oxford: Clarendon Press, 1977), 175.
132 Helm, *The providence of God*, 42. "It will be noted from this selection of view on providence that the chief (if not the only) reason why a 'risk' view of providence is taken is a concern to preserve human freedom, and (in the case of Swinburne at least) to preserve divine freedom as well. All the writers hold the view that only if providence is risky will there be room for the exercise of human freedom."

의 사전결정 가운데 자유의지가 폐기되지 않고 도리어 보존된다고 말한다.[133] 자유의지가 없으면 하나님은 사전결정에 의해 사람의 의지를 강제할 것이기 때문이라고 한다. 하나님은 인간이 자신의 본성에 따라 그들 자신에게 부합하는 방식으로, 즉 그들이 좋아하는 것을 따라 자발적으로 행하게 만든다는 것이다.[134] 따라서 하나님은 그들을 정하고, 그들은 스스로 정한다고 고찰한다. 하나님에 의해 미리 정해진 것은 이차적 행위와 복합적인 의미에서는 이제 더 이상 행할 것인지 말 것인지에 대해서는 중립적이지 않다. 그러나 의지는 스스로 결정할 때는 그 자체로는 여전히 중립적일 수 있기 때문에, 일차적 행위와 구분된 의미에서는 항상 중립적일 수 있다[135]는 차원에서 자유하다고 주장하는 셈이다. 투레틴의 주장은 다소 애매하다. 그는 사전결정과 자유의지를 구분하여 설명하는데, 이는 질료(質料, matter, hyle)와 형상(形相, form, eidos)[136]에서처럼, 질료에서는 필연적이지만, 형상에서는 얼마든지 자유로운 의지로 자유선택을 할 수 있다는 것이다. 그는 형상의 개념 속에 인간의 자유의지로 선택할 수 있는 중간상태가 있다고 주장한다. 헤페도 멀러도 이를 지지하고 있다. 멀러는 칼빈도 이러한 개념을 따르고 있다고 주장하는데, 그는 칼빈을 오해하고 있는 듯하다.

멀러는 인간의 의지를 나타내는 용어인 voluntas와 arbitrium을 구분하여, 전자는 인간에게 속하는 의지의 능력인 반면, 후자는 선택(choice)으로 본다. 그는 죄와 인간의 자유의지가 어떤 관계에 있는지를 논의하면서, 칼빈의 견해를 인용하여, 칼빈으로부터 자신의 견해가 지지 받는다고 강조한다.[137] 멀러는 칼

---

133 Turettin, *Institutes of Elenctic Theology*, 508-509.
134 Turettin, *Institutes of Elenctic Theology*, 509.
135 Turettin, *Institutes of Elenctic Theology*, 509.
136 질료와 형상은 아리스토텔레스 철학의 중심 개념이다. 질료란 무언가로 만들어질 수 있는 가능태(dynamis)를 의미하며 형상이란 질료를 통해 만들어진 현실태(energeia)이다. 가능태와 현실태, 질료와 형상은 상대적이다. 질료는 형상이 될 수 있는 가능태이며 형상은 질료의 현실태이다. 예컨대 씨앗이 질료라면 나무는 형상이다. 나무가 질료라면 통나무집은 형상이다. 통나무집이 질료라면 통나무집 마을은 형상이다. 반대로 통나무집 마을이라는 형상의 질료는 통나무집이며, 통나무라는 형상의 질료는 나무, 나무라는 형상의 질료는 씨앗이다.
137 멀러, "은혜, 선택(election) 그리고 우연적인 선택(choice)", 245.

빈의 『기독교강요』 2.2.7-12, 26-27; 2.1.4-6을 인용하면서 칼빈의 동의를 이끌어 내고 있는데, 요약하면 다음과 같다. 첫째, 죄와 인간의 자유의 문제는 죄 없는 행동의 자유로운 선택의 능력이다. 칼빈은 지속적으로 이를 부정한다고 말한다. 인간의 자유는 죄 없는 행동으로서 자유롭게 선택할 수 있는 행위의 능력을 지니고 있지 않다는 것이다. 둘째, 칼빈은 『기독교강요』로부터 인간의 자유의지를 전제하고 있고, 지속적으로 타락에 대한 아담의 책임감과 율법 아래 있는 인간의 책임을 주장한다는 것이다. 셋째, 칼빈이 인간이 죄를 짓는 필연성과 인간의 의지가 죄에 속박되어 있다는 것을 말할 때, 칼빈은 인간이 선택할 수 있는 일반적인 자유가 남아 있다고 주장한다. 다만 칼빈이 부정하는 것은 오직 죄를 짓는 것을 중단하거나 또는 실질적으로 죄를 범하는 것을 억제하는 의지의 능력이 없다는 것이다. 인간이 이것이나 저것을 선택할 수 있는 일반적인 의지는 남아 있는 반면, 죄를 짓지 않을 자유의지의 능력은 상실했다는 것이다. 여기서의 쟁점은 구원에 관련되지 않은 부분에 있어서는 자유의지가 남아 있어 어떤 것을 선택할 수 있는 자유의지가 있고, 이를 실현시킬 중간 상태가 있다는 것이다. 멀러가 이 부분에서 칼빈을 잘못 이해하고 있는 것이 아닌가 하는 의문이 생긴다. 칼빈은 인간에게는 자유의지가 없다고 말한다. 그는 인간에게 본래 처음에 부여받은 의지는 있지만, 인간의 타락으로 인해, 죄의 경향성의 노예가 되었다는 것이다. 하나님께서 그 의지에 강제하지 않고, 인간은 스스로의 의지로 죄를 짓기 때문에 하나님께는 책임이 없고, 인간에게 책임이 있다고 가르친다. 이 부분은 칼빈이나 멀러나 동일한 견해이다. 그러나 구원에 관련된 것 외에는 자유의지가 있다는 것은 칼빈의 견해가 아니다.

칼빈은 사람의 의지에 대해 말할 때, 처음 본성에 속한 의지는 사람이 전향할 때 완전히 남아 있다고 밝힌다. 그는 죄로 타락한 의지가 하나님의 성령에 의해 새롭게 창조된다고 주장한다. 이 새 창조는 의지의 변화로 이해된다.

사람의 처음 본성에 속한 의지는 사람이 전향할 때 완전히 남아 있기 때문이다. 나는 의지가 새로 창조된다고 말한다. 이것은 의지가 지금부터 있기 시작한다는 뜻이 아니라 악한 의지가 선한 의지로 변한다는 뜻이다.[138]

칼빈은 인간의 본래의 의지가 말살되고 죽어야 새로운 의지가 창조된다고 말한다. 돌이 변하여 살이 될 때, 우리에게서 나오는 모든 것은 전적으로 멸해져야 한다는 것이다. 그러나 의지가 의지로서 죽어지는 것은 아니며, 하나님의 성령에 의해 새로운 의지가 창조된다는 것이다.

그러므로 하나님께서 우리를 돌이켜 바른 일을 열망하게 만드실 때에 돌이 변하여 살이 되는 것이라면, 우리 자신의 의지에서 나오는 모든 것은 말살되고 전적으로 하나님께로부터 오는 것이 그것을 대신한다. 다시 말하면, 의지는 말살된다. 그러나 의지가 의지로서 말살되는 것은 아니다.[139]

히 4:12 주석에도 동일한 내용이 다음과 같이 소개된다.

이 말씀은 우리가 우리의 옛사람이 성령의 날 선 검에 죽임을 당하기까지는 우리의 마음 전체가 결코 새롭게 되지 못할 것이라고(엡 4:23) 바울이 요구하는 바와 같다. 그래서 바울은 다른 곳(빌 2:17)에서 믿는 자들은 하나님께 믿음의 제물을 드린다고 말하고 있다. 왜냐하면 믿는 자들은 자신의 의지가 죽지 않으면 하나님께 대한 복종으로 옮겨질 수가 없

---

138 *Inst.*, 2.3.6 (CO 2, 215), " … quia in hominis conversione integrum manet quod primae est naturae. Creari etiam novam dico, non ut voluntas esse incipiat, sed ut vertatur ex mala in bonam."
139 *Inst.*, 2.3.6 (CO 2, 215), "Si ergo lapis in carnem transformatur, quando nos Deus ad recti studium convertit, aboleatur quidquid est propriae nostrae voluntatis; quod in eius locum succedit, totum a Deo est. Voluntatem dico aboleri, non quatenus est voluntas; … "

으며, 그들의 세속적인 지혜가 파괴되지 않으면 하나님의 지혜의 빛을 볼 수 없기 때문이다. 불신자들의 경우에는 이런 일이 적용되지 않으므로 그들은 하나님께서 말씀하실 때 경솔하게도 하나님을 무시하고 하나님을 조롱하거나 또는 하나님의 가르침에 대하여 시끄럽게 방해하고 불손하게도 하나님에 대항하여 궐기를 한다.[140]

멀러는 구원에 관련된 것 외에는 인간에게 자유의지가 존재한다고 보았는데, 칼빈은 신자와 불신자를 구분하여, 신자는 말씀을 받아들여 복종하지만, 불신자는 오히려 그것을 조롱하며 대적한다고 그들의 운명을 확정짓는다. 믿는 자인가 믿지 않는 자인가를 구분하여 이들의 상태에 대해서 언급한다. 여기서 불신자는 이것이나 저것을 자유롭게 선택할 수 있는 자가 아님을 알 수 있다.

칼빈은 하나님은 사람의 마음속에서 어떻게 역사하시는가에 대해 자신의 견해를 소개한다. 사람은 필연적으로 죄를 짓되 자진해서 짓는다고 언급한다. 사람이 마귀의 종으로 매여 살 때에는 자신의 뜻보다 마귀의 뜻에 따라 움직이는 경우가 더 많은데, 이에 기초하여 마귀와 사람이 각각 담당해야 할 몫을 어떻게 확정해야 하는가에 대해 답한다. 인간의 동물적 의지(animalis hominis voluntas)는 마귀의 세력에 예속되어 있고, 마귀로부터 선동을 받는다고 하면서 인간의 타락한 의지가 죄의 필연성의 노예임을 밝히고 있다. 우리의 의지는 반항하면서도 마귀의 명령을 따르도록 강요 받고 있다는 뜻이 아니라, 사탄의 간계에 사로잡혀 그 의지가 필연적으로 마귀가 시키는 대로 순순히 복종한다고 다음과 같이 논증한다.

---

[140] *CO* 55, 49-50 (히 4:12 주석), "Denique nunquam renovabimur tota mente (quod tamen Paulus praecipit) donec huius spiritualis gladii acie confectus fuerit vetus noster homo. Unde fideles alibi(phil. 2,17) Paulus dicit Deo immolari per evangelium: quia non possunt aliter in obsequium Dei redigi, quam si intereat propria ipsorum voluntas: nec aliter possunt lucem divinae sapientiae percipere, nisi exstincta carnis prudentia. In reprobis nihil tale apparet: nam vel secure despiciunt loquentem Deum, adeoque subsannant: vel obstrepunt eius doctrinae, ac contumaciter in eam insurgunt."

인간의 동물적 의지는 악마의 세력에 예속되어 그 선동을 받는다고 한다. 이것은 당연히 주인에게 복종하지 않을 수 없는 노예들이 싫으면서도 복종하는 것과 같이, 우리의 의지는 싫어서 반항하면서도 악마의 명령을 듣도록 강요를 받고 있다는 뜻이 아니다. 도리어 반대로 사탄의 간계에 사로잡혀 있는 의지가 필연적으로 항상 시키는 대로 순순히 복종한다는 것이다.[141]

물론 칼빈은 죄악의 원인을 사람의 의지 밖에서 찾아서는 안 되며, 오히려 사람의 의지에서 악의 뿌리가 솟아나며, 사람의 의지가 사탄의 나라의 토대 즉 죄의 토대가 된다고 말한다. 그러면서 그 의지는 사탄의 유혹에 끌리게 된다는 것이다.[142]

칼빈은 자유의지에 대해 소르본느학파의 선행론(善行論)을 비판한다. 그들은 하나님의 것을 훔쳐다가 사람에게 넘겨주었다며 호되게 꾸짖는다. 그들은 자유의지를 주장하면서도 하나님의 은총을 말하는데, 은총 없이는 자유의지도 없다는 것이다. 칼빈은 롬바르드도 이렇게 가르친다며 다음과 같이 개탄한다.

그들은(소르본느 학파) 선행을 찬양하기 위해서 (하나님의 것을) 훔쳐다가 사람에게 나타낸다. 선행을 하나님의 은혜의 결과라고 본다면, 그런 선행은 사람을 칭찬하는데 도움이 되지 못하며 그것을 공로라고 부를 수도 없을 것을 알기 때문에, 그들은 돌에서 기름을 짜내려는 듯이, 선행은 자유의지의 능력에서 온다고 주장한다. 그들도 첫째 원인이 은혜라는 것은 부정하지 않는다. 그러나 그렇다고 해서 자유의지를 배제하는

---

141 *Inst.*, 2.4.1 (CO 2, 224), "Imperio igitur diaboli quod animalis hominis voluntas dicitur subiacere ut inde agitetur, non significat ipsam reluctantem ac restitantem ad obsequia adigi (quemadmodum invita mancipia obire iussa nostra dominii iure cogimus), sed satanae praestigiis fascinatam illi se ad omnem ductum obsequentem necessario praebere."
142 *Inst.*, 2.4.1 (CO 2, 224).

것이 아니며, 자유의지에 의해서 모든 공로가 성립된다고 주장한다. 피터 롬바르드도 이렇게 가르친다.[143]

또한 칼빈은 빌 2:13 주석에서 인간에게 자유의지가 존재하지 않는다는 이유를 경향성을 들어 설명한다. 타락으로 인해 악해진 의지는 죄를 짓고자 하는 의지(voluntas)를 지니고 있어서 성령께서 선한의지로 바꾸어 주지 않으면 사람은 선을 행할 수 없다는 것이다.

그들은 우리가 순전한 은혜가 없이는 선을 조금도 행할 수 없는 것이라고 가르쳐서 사람을 돌과 같이 만든다고 비난하지만 이것은 수치스러운 행위이다. 왜냐하면 우리는 의지를 사실 그대로 말하고 있기 때문이다. 즉 의지는 죄의 타락으로 말미암아 악해졌지만 하나님께서 재형성 시켜 주실 때에는 선하게 되기 시작한다고 보는 것이다. 그러나 사람이 선을 행하고자 하는 의도가 없이도 어떤 선을 행할 수 있다고 우리가 말하는 것은 아니다. 다만 그의 의지가 성령으로 지배될 때 선을 행한다는 것이다. 그러므로 이 사실을 알게 될 때에야 우리는 모든 것들이 하나님에게 적용된다는 것과 궤변 철학자들의 교훈이 어리석다는 것, 그리고 은혜가 우리에게 제공되어 우리들 가운데 있어서 우리가 선을 택하고자 하면 할 수 있도록 해 준다는 것을 깨닫게 될 것이다. 왜냐하면 하나님께서 우리 안에서 유효적으로 역사하시지 않는다면 하나님은 우리 안에서 선한 의지를 행사하도록 하는 분이라고 말할 수가 없기 때문이다.[144]

---

143 *Inst.*, 3.15.7 (CO 2, 584), "Quia vident parum valere ad hominem attollendum bona opera, ac ne merita quidem proprie vocari, si divinae gratiae fructus censeantur, ex vi liberi arbitrii ea eliciunt, oleum scilicet ex lapide. Ac principalem quidem causam in gratia esse non negant; sed eo tamen contendunt non excludi liberum arbitrium, per quod sit omne meritum. Neque id tradunt posteriores modo sophistae, sed eorum Pythagoras Lombardus; … "
144 CO 52, 31-32 (빌 2:13 주석), "Quod autem calumniantur, nos similes facere homines lapidibus, quum docemus nihil eos boni habere nisi a mera gratia: impudenter faciunt. Fatemur enim nos a natura habere voluntatem: sed quoniam peccati corruptione mala est, tunc bona esse incipit quum

또한 칼빈은 살전 5:23 주석에서도 인간에게 자유의지가 없다고 밝히면서, 모든 일의 주인공은 하나님이시라고 다음과 같이 단언한다.

> 만약 인간을 전적으로 재조성하는 것이 하나님의 일이라면, 인간에게는 자유의지가 전혀 남아있지 않는 셈이다. … 그러나 그는 '너희로 온전히 거룩하게 하시고'라는 말로써 하나님을 이 전체 일의 유일한 주인공으로 삼고 있다.[145]

이처럼 칼빈은 인간에게 자유의지가 남아 있지 않으며, 남아 있는 의지는 죄의 필연성 안에서 노예상태에 놓여 있어서 스스로 선택하며 살지만, 선을 행할 수 없으며, 항상 마귀의 유혹에 이끌리게 되어 있다고 논증한다. 인간의 의지는 하나님으로부터 또는 마귀로부터 강제로 행하지 않고 자발적으로 행하게 된다는 것이다. 자신의 의도로 하였는데, 그 의도는 항상 악하다는 것이다. 따라서 하나님의 성령께서 그 의지를 새 창조 또는 변화시켜 주지 않으면, 결코 새롭게 될 수 없고, 하나님께 복종할 수 없다고 강조한다.

호이팅가(Dewey J. Hoitenga)는 칼빈의 이러한 의지개념에 모순이 있다고 주장한다.[146] 그는 칼빈이 주장한 타락 전 의지와 타락 후 의지의 완전한 변화는 모순으로써 수정이 필요하다고 호소한다. 인간의 의지가 전적으로 타락하여 선을 행할 수 없다는 것은 거짓이며[147], 의지의 타락은 구원에 관련해서만 나타나

---

reformata est a Deo. Nec dicimus hominem quidquam boni facere, nisi volentem: sed tunc quum voluntas regitur a spiritu Dei. Ergo quod ad hanc partem spectat, videmus Deo integram laudem asseri: ac frivolum esse quod sophistae docent, offerri nobis gratiam, et quasi in medio poni, ut eam amplectamur si libeat. Nisi enim efficaciter ageret Deus in nobis nom di bonam voluntatem."
145 CO 52, 178 (살전 5:23 주석), "Caeterum si Dei officium est totum hominem reformare, nihil libero arbitrio residuum fit … Quum autem dicit, sanctificet totos, solum illum facit solidi operis autorem."
146 Dewey J. Hoitenga, *John Calvin and the Will: A Critique and Corrective* (Grand Rapids: Baker Books, 1997).
147 Hoitenga, *John Calvin and the Will*, 83.

지 나머지의 것에는 양자가 같다고 칼빈을 비판한다.[148] 단지 타락 후에는 구원을 위한 선을 행하지 못할 뿐이지, 작은 것, 일반적인 선은 행할 수 있다는 것이 호이팅가의 견해였다. 그는 칼빈의 견해는 극단적인 것으로서 수정이 필요하며, 자신이 그것의 처방을 내리겠다고 주장했다.[149] 그러나 그는 칼빈을 오해한 것으로 보인다. 왜냐하면, 칼빈의 전적타락 이론은 자신의 것이 아니라, 성경이 말하는 것이었다. 의인은 하나도 없고, 세상에서 가장 부패한 것이 마음이라는 성경 사상을 있는 그대로 타락한 인간을 해석한 것이었다. 따라서 호이팅가가 말하는 선(善)과 칼빈이 말하는 선이 무엇인지를 이해할 필요가 있고, 이에 대한 양자의 큰 차이가 있다고 판단된다. 호이팅가는 타락 전과 후의 의지의 연속성을 주장함으로써 인간에게 의지의 자유가 있다는 것을 나타내려는 의도를 가지고 있다고 생각된다. 칼빈은 이를 전적으로 부정한다.

**칼빈의 협력 이해**

이제 인간의 의지가 하나님의 의지와 어떻게 함께 사역하는지, 또는 어떻게 조화를 이루는지를 살펴보도록 하자. 특별히 칼빈의 하나님의 섭리적 사고에 중세 스콜라주의나 개혁파 정통주의의 협력개념이 존재하는지 어떤지를 알아보자. 중세 스콜라학파나 개혁파 정통주의에서 라틴어 concursus(concurrence)를 '협력', '동의' 또는 '동시적 발생'이라는 뜻으로서, 이를 동일한 의미로 사용한다. 그러나 칼빈은 협력이라는 용어로 cooperare[150]를 단순히 언급할 뿐이다. 중세 스콜라주의의 바탕 위에 있는, 예수회는 협력에 대해 "하나님의 섭리는 단지 만물의 보존에 있지 않고 하나님의 개입과 협력에 있다는 것을 인정하면서도, 협력을 설명할 때는 여전히 그 협력은 단지 일반적이고, 중립적이며, 이차적 원인들을 통해 결정된다"[151]고 정의한다. 토마스 아퀴나스는 "자유의지가 스스로 움직일 때, 그것은 그 의지가 스스로 움직일 힘을 다른 존재로부터

---

148 Hoitenga, *John Calvin and the Will*, 84.
149 Hoitenga, *John Calvin and the Will*, 85.
150 CO 52, 178 (살전 5:23 주석), CO 52, 359 (딤후 2:1 주석), 'cooperandum'
151 Turettin, *Institutes of Elenctic Theology*, 500.

받아서 움직이는 것임을 배제하지 않는다며, 협력에 대해 다섯 가지의 행해지는 일들을 소개한다. 첫째, 하나님은 이차적 원인들에게 행할 수 있는 힘과 기능을 수여한다. 둘째, 하나님은 이차적 원인들의 존재와 활력을 보존하고 유지시켜준다. 셋째, 하나님은 이차적 원인들을 촉발시키고 적용해서 활동하게 한다. 넷째, 하나님은 이차적 원인들의 활동을 결정한다. 다섯째, 하나님은 이차적 원인들을 지배하고 지도해서 자기가 정한 목적을 이루게 한다"라고 협력을 설명한다.[152] 투레틴은 선행적 협력과 동시적 협력으로 구분하여 설명한다. 선행적 협력은 하나님이 원인들과 그 원리들에 작용해서 선행적으로 피조물을 부추기고 지휘해서 특정한 일을 행하게 하시는 것인데, 이는 사전결정 또는 사전조치라고 말할 수 있다. 반면에 동시적 협력은 하나님이 피조물 자체가 아니라 피조물의 행위와 결과에 작용해서 함께 그 행위를 만들어 내는 것을 말한다.[153] 이 또한 이차적 원인과 협력이 매우 연관이 있는 것으로 이해된다.

헤페는 하이데거의 협력개념을 인용하면서 다음과 같이 설명한다.

> 섭리의 두 번째 요소는 제2원인들의 연속과 연쇄에 작용하는 신의 자유로운 협력 또는 동시발생(concursus)으로서, 그와 관련된 섭리를 조건적이거나(conditionata) 결정적이지 않지만 중간적이고 규정적인(mediata et ordinata) 섭리라고 부른다. "협력 또는 협동은 본질과 사역에 있어서 그에게 의존하는 제2원인들과 직접적으로 협력하여 그들로 하여금 행동하도록 격려하고 감동하며 제1원인에 적절하고 제2원인들의 본성에 적응된 방식으로 그들과 함께 작용하는 신의 사역이다"라고 정의한다.[154]

---

152 Aquinas, ST, I, Q. 105, p. 5015-21.
153 Turettin, *Institutes of Elenctic Theology*, 506.
154 Heidegger, *Corpus Theolgiae*, 7. 28. "The second element in providence is the free concurrence of God in the series and concatenation of second causes, in which connection providence is called mediata et ordinata though not conditionata (indirect and ordered without being conditioned), "Concurrence or co-operation is the operation of God by which He co-operates directly with the

헤페는 하이데거를 따라 신의 '협력'은 제2원인들의 활동을 부정하지 않고, 그 반대로 그것이 실제에 있어서는 오히려 '협력'에 의해 긍정되고 확인된다고 주장한다.[155] 위에서 말하는 인간의 의지와 하나님의 의지의 협력은 의지를 행하는 주도권이 인간에게 있는가 아니면 하나님께 있는가를 논한다. 중세 스콜라주의는 인간에게 주도권이 있다고 논증하고, 개혁파 정통주의는 주도권이 하나님의 사전 결정 또는 사전조치에 있다고 하면서도, 제2원인을 강조한다. 모든 것이 하나님의 뜻 안에서 결정되어 있으면서도, 필연적이지 않고, 제2원인을 방해하거나 강제하지 않는다고 주장한다. 이를 이해하는 것은 매우 애매하고 복잡하다. 의지론 부분에서도 언급했듯이 투레틴은 질료와 형상의 관계로 이를 설명한다. 형상의 부분에는 얼마든지 우연이 있을 수 있고, 제2원인에 의해 자유선택이 가능하다는 것이다. 따라서 하나님의 협력의 부분에 있어서도 자유선택을 가능하게 하는 중간상태의 토대가 있다는 것을 증명하는 셈이 된다. 그러면 이제 칼빈의 견해를 살펴보자.

칼빈은 은총에 있어서, 역사하는 은총과 협력하는 은총의 구별을 비판한다. 이는 은혜와 협력의 조화라고 할 수 있다.

> 그리고 그들은 작용하는 은총과 협력하는 은총이라는 케케묵은 구별을 그릇되고 부당하게 악용한다. 사실 어거스틴도 이렇게 구별했다. 그러나 그는, 하나님께서는 자기의 역사로 시작하신 일을 협력으로 완성하신다고 아주 적절한 정의로 완화시켰다. 그것은 같은 은총이지만 그 효과의 모습이 다른데 따라 이름이 달라졌다. 따라서 그는 은총을 하나님과 우리 사이를 나누어 쌍방의 행동이 일일이 서로 합치한다고 한 것이 아니라, 은총이 점점 더하여진다는 점에 주목한 것이다. …

---

second causes as depending upon Him alike in their essence as in their operation, so as to urge or move them to action and to operate along with them in a manner suitable to a first cause and adjusted to the nature of second cause". Heppe, *Reformed Dogmatics*, 258.
155 Heppe, *Reformed Dogmatics*, 258.

우리의 반대론자들은 대부분 우리가 처음 은혜를 받은 후에는 우리 자신의 노력이 그 뒤에 오는 은총과 협력한다고 말한다. 이에 내가 대답한다면, 그들이 주님의 권능으로 일단 의에 복종하게 된 다음부터 우리는 자기의 힘으로 전진하며 은총이 하는 일을 따르는 쪽으로 기울어진다고 하는 뜻으로 말하는 것이라면 나는 반대하지 않는다는 것이다. … 그러나 만일 그들의 주장이 사람에게는 동료로서 하나님의 은총과 협력할 고유의 힘이 있다는 뜻이라면 그들은 가장 가련한 망상을 하고 있는 것이다.[156]

자유의지와 은혜의 협력에 관하여 언급하면서 여기서도 협력에 대한 부정적인 견해를 밝히고 있는데 칼빈의 주장은 다음과 같다.

"우리의 자유의지가 은혜와 어느 정도 협력할 수 없다면, 우리에게 은혜 안에서 강하라는 권면이 무슨 소용이 있는가?"라고 질문하는 사람이 있다면 하나님께서는 그의 말씀 안에서 우리에게 요구하시는 것을 또한 그의 영에 의해서 공급하시며, 따라서 우리는 주님께서 제공하는 은혜 안에서 힘을 얻게 된다고 대답하겠다. … 따라서 현재의 이 권면이 오직 성령의 은밀한 능력에 의해서만 결실을 거둘 수 있다는 점을 내다보는 사람은 결코 이 구절을 이용해서 자유의지를 옹호하지 않을 것이다.[157]

---

[156] *Inst.*, 2.3.11 (CO 2, 221-22), "Ac sinistre non minus quam infeliciter tritam illam distinctionem usurpant, operantis gratiae et cooperantis. Hac quidem usus est Augustinus, sed commoda definitione leniens, Deum cooperando perficere quod operando incipit; ac eandem esse gratiam, sed sortiri nomen pro diverso modo effectus. Unde sequitur, eum non partiri inter Deum et nos ac si ex proprio utriusque motu esset mutua concurrentia, sed gratiae multiplicationem notare … Ad id autem quod dicere solent, postquam primae gratiae locum dedimus, iam conatus nostros subsequenti gratiae cooperari, respondeo: si intelligant nos, ex quo semel Domini virtute in iustitiae obsequium edomiti sumus, ultro pergere, et propensos esse ad sequendam gratiae actionem, nihil reclamo … At si hominem a se ipso sumere volunt unde gratiae Dei collaboret, pestilentissime hallucinatur."
[157] CO 52, 359 (딤후 2:1 주석), "Dicet quispiam: Quorsum attinet hominem hortari ut in gratia sit fortis, nisi aliquae essent ad cooperandum liberi arbitrii partes? Respondeo, hoc ipsum, quod flagitat Deus verbo suo a nobis, etiam spiritu suo praestare, ut in gratia quam nobis contulit, roboremur

칼빈은 또한 하나님의 의지와 인간의 의지 사이의 협력이라는 표현보다는 대칭(symmetria)이라는 용어를 사용한다. 이는 마치 악기 소리가 한 음을 내면서 서로 조화를 이루듯이 하나님과 인간의 의지도 이와 같다는 것이다. 칼빈은 예수 그리스도 안에 신성과 인성의 두 본성이 있어 양자가 서로 잘 조화롭게 통일되고 균형 잡혀 있었던 것과 같이 우리 안에도 하나님의 의지와 인간의 의지가 균형 잡혀 있다는 것이다. 칼빈은 인간의 의지에 주도권을 결코 주지 않는다. 하나님께서 주도권을 쥐고 계시며, 하나님의 의지로 인간의 의지를 이끌기 때문에 하나님의 은혜에 영광을 돌린다.

> 서로 다른 악기가 제각기 다른 소리를 내지만 그것이 하나로 합쳐질 때 아름다운 가락의 조화를 이루듯이 그리스도에게 있어서도 하나님과 인간의 의지 사이에 뛰어난 균형이 존재하고 있다. 이 양자는 서로 다르지만 서로 상충되거나 모순되지 않는다. 이 구절은 그리스도는 하나님이었기 때문에 아버지의 뜻만을 뜻하고 있었다면서 그에게 오직 한 가지 의지만 있었다고 주장하는 옛날 이단 소위 '단일의지론자들(Monotheletae)'이 얼마나 어리석었는가 하는 점을 입증한다. 그런 식으로 말한다면 그의 인간적인 영혼은 하나님의 숨은 섭리와 다른 소원을 품고 있었다는 결론이 나온다.[158]

칼빈은 협력이라는 개념을 자신의 섭리론에 포함시키지 않는다. 굳이 그로부터 협력이라는 개념을 찾아내어 다른 이들과 연관시킨다면, 개혁파 정통주

---

··· non aliter potuisse fructuosam quam arcana spiritus virtute, nunquam in ea liberum arbitrium stabiliet."

158 CO 45, 723 (마 26:39 주석), "Imo sicuti varii cantus et inter se discrepantes adeo nihil dissonum habent, ut potius concinnam suavemque harmoniam conficiant, ita in Christo insigne exstitit symmetriae exemplar inter Dei et hominum voluntates, ut absque conflictu et repugnantia inter se different. Hic quidem locus clare docet nimis insipidos fuisse veteres haereticos, qui Monotheletae dicti sunt, quod fingerent Christum non nisi una voluntate er simplici fuisse praeditum: neque enim, quatenus Deus erat, aliud voluit quam pater. Sequitur ergo humanae eius animae suos fuisse affectus ab arcano Dei consilio distinctos."

의 것과 연결될 것이다. 그들은 하나님의 사전결정 속에서 하나님의 의지가 인간의 의지에 영향을 미치며, 또 동시적으로 인간의 제2원인의 행위와 결과에 작용해서 함께 행위를 만들어 낸다고 주장하기 때문에, 하나님께서 주도권 쥐고 계시는 것으로 보여진다. 그러나 이러한 주장은 인간에게도 주도권이 있다는 것을 은근히 주장한다. 표면적으로는 하나님의 사전결정에 의해, 필연적으로 이루어진다는 명제와 함께 또 다른 하나님의 의지 속에서 인간의 자유의지에 의한 자유선택이 있다는 것이다. 여기에 우연이 있고, 우발적인 행위가 있다. 그들은 하나님의 섭리 안에서 이루어진 우연과 우발이라고 하지만, 이는 모순이다. 칼빈이 잘 표현한 대로 이는 우연처럼 보일 뿐이지, 결코 우연이거나 우발적으로 일어나는 것이 아니다. 이렇게 볼 때, 칼빈에게는 그들이 주장하는 협력 개념이 없다고 판단된다. 다만 의지들 간의 조화(harmonia)와 대칭(symmetria)이 있을 뿐이다. 칼빈에게 있어 믿는 자들의 의지는 성령께서 재창조하신 새로운 의지이다. 변화된 의지라고도 하는데, 이 의지 안에 처음에 있었던 본래의 의지가 남아 있는 것이다. 성령에 이끌려 하나님의 명령에 복종할 때, 이 의지는 죽어지게 되고, 선한 의지는 살아나게 된다. 반면에 본성에 속한 의지가 사탄의 유혹에 이끌려 죄를 지을 때는 선한 의지가 약화된다. 이는 칼빈이 언급한 어거스틴의 말탄 주인의 비유와 동일하다. 말의 주인이 누군지에 따라, 말의 행선지가 달라진다는 것이다. 선한 주인이 말을 타면, 말은 선한 일을 행하게 되고, 악한 주인이 타면, 악한 길로 가는 것과 같다는 것이다.

### 결론

칼빈의 섭리론에 중간상태 개념이 있는가 하는 문제를 다루었다. 칼빈의 신학체계에서, 특히 섭리론에서 중간상태 개념이 존재하기 위해서는 우연 또는 우발적인 개념과 자유의지의 개념이 나타나야 한다. 이것이나 저것을 선택하는 그라운드가 중간상태인데, 그 상태에서 인간의 자유선택이 이루어진다. 이는 자유의지에 따라 이루어지는 것이다. 여기에 허용의 개념과 협력의 개념 또는 2차원인의 역할이 개입된다. 인간에게 주어지는 자유가 없이는 이것이나 저것을 선택할 수 없다. 문제는 자유의지로 구원이 선택된다면, 성경의 구원진리가 크게 손상된다. 중세 스콜라주의는 하나님의 은혜 속에서 자유의지를 강조했다. 은혜를 여러 가지로 구별하였다. 하나님께서 모든 것을 섭리하시고 다스리신다고 하면, 하나님께서 악의 주인공이 된다. 인간의 자유의지를 강조하면, 인간의 노력에 의해 구원을 얻게 된다. 이러한 딜레마를 해결하기 위해 스콜라 학자들은 구별의 방식을 고안했다. 하나님의 의지의 구별, 은혜의 구별, 행위의 구별 등을 통해 이 문제를 해결하고자 하였다. 모든 것이 하나님의 섭리와 은혜 가운데 일어나지만, 인간의 자율성이 보장된다는 논리를 발견한 것이다. 여기에 하나님의 예지 또는 중간지식의 문제가 대두된다. 예지와 예정 또는 결정을 분리하여, 하나님께서는 모든 것을 과거와 현재와 미래를 동시에 알고는 계시지만, 또는 가능태에서 현실태로 가는 일들, 가능태로만 남아 있을 모든 지식을 알고는 계시지만, 결정은 유보하여, 제2원인이 결정하도록 하셨다는 것이다. 이러한 모든 것이 하나님의 섭리와 통치 가운데 일어나는 일이기 때문에 은혜로 주어진 것이라는 교리를 세웠다. 이러한 개념이 보에티우스, 안셀무스, 토마스 아퀴나스, 둔스 스코투스와 오캄을 이어 몰리나에 이르게 되었다. 개혁파에 속했던 알미니우스가 몰리나에게 영향을 받아 중간지식의 개념을 통해, 하나님의 은혜와 인간의 행위의 문제를 해결하고자 하였다. 그는 칼빈주의 또는 개혁파의 진리에 항론하면서, 인간의 자유의지와 자유선택의 정당성을 주장하였다. 항론파는 중세 스콜라 신학의 토대 위에서 자신들의 신학을 구축하여 도르트회의를 통해 비준된 칼빈주의 교리를 비판하였다. 멀러를 비롯한 그의 신학의 친구들은 개혁파 정통주의에 알미니우스를 포함시킨다. 루터를 비롯한 종교개혁 1세대와 2세대 등, 16-18세기의 개혁파 신학자들을 총망라하여 이들의 신학의 공통점을 발견하고 새로운 관점으로의 개혁파 신학을 구축하고 있다고 판단된다. 멀러는 개혁파 신학의 큰 그림 속에 알미니우스와 칼빈, 베자, 불링거, 잔키우스, 그리고 그 뒤에 등장하는 개혁파 신학자들을 하나로 묶는다. 물론 개혁파 신학도 비판하고, 알미니우스 신학도 비판하면서 체계화시켜 나간다. 멀러가 추구하는 신학은 광범위한 시각으로 개혁파 신학을 바라보자는 것이다. 큰 틀에서 바라보면 모두가 다 동일한 견해를 지니고 있다는 판단을 제공한다. 언약의 관점과 예정론의 관점에서 칼빈과 불링거 사이의 큰 차이가 있음에도 불구하고 하나로 묶어 나간다.

섭리론에 있어 멀러의 관점은 중세 스콜라 신학의 방법을 통한 개혁파의 섭리론의 구축이었다. 그는 방법만 같지 내용은 다르다고 강조한다. 스콜라적 방법만 빌려왔을 뿐, 그 내용은 엄연한 차이가 있다는 것이다. 또한 종교개혁 이후 개혁파 신학자들도 중세 스콜라 신학 방법론을 습득하여 이를 통해 자신들의 신학을 체계화시켰다는 것이다. 투레틴, 헤페, 에임스, 픽테트, 마스트리히트, 발래우스, 콕케이우스, 버미글리, 등 대부분의 개혁파 신학자들이 이 방법을 따랐다고 주장한다. 사실상 그러하다. 멀러도 그들의 전통에 서서 스콜라 방식으로 자신의 신학을 추구했고, 신학적 결론에 이르게 되었다. 섭리론에 있어, 멀러와 개혁파 정통주의는 같은 맥락과 같은 결론을 지니고 있었다. 그들은 이러한 결론이 중세 스콜라주의와 다르다고 강변한다. 그러나 그들은 중세 스콜라의 방법뿐 아니라 섭리적 내용까지도 비슷한 양상을 보이고 있었다. 세상에 일어나는 모든 일이 제1원인자로서 하나님의 통치에 의해 일어난다면서도, 제2원인에게는 우연이 있고, 자유가 있고 중간상태가 있다는 것을 나타낸다. 하나님 안에 있는 우연성인가 하나님 밖에 있는 우연성인가 하는 것이 그들의 결론의 핵심이었다. 그들의 사상을 이해하기에는 어려운 부분이 많다. 왜냐하면 그들의 사상이 중세 스콜라주의와 비슷하면서도 다른 구조를 비틀어 취하기 때문이다. 여기에 애매함과 복잡함이 있었다. 중세와 유사한 것처럼 보이지만 다른 것을 주장하려는 것이다. 그들의 방법은 이성과 논리를 바탕으로 한 철학적 방법이었다.

그러나 칼빈은 그들의 방법을 따르지 않았다. 칼빈은 오직 성경주해적 방법으로 신학을 전개해 나갔다. 성경 전체를 아우르며, 거기에서 교의를 찾아내었다. 성경으로 성경을 해석한 셈이다. 물론 그는 교부들이나 어거스틴의 영향

속에서 성경을 이해하고 연구하였지만, 성령께서 주시는 은혜로 autopistos[159]의 방식으로 해석하였다. 그러나 개혁파 정통주의와 결론은 비슷할지 모르나 섭리론을 풀어가는 방식은 달랐다. 칼빈과 그들의 섭리론의 결론이 비슷하면서도 큰 차이가 있는 것은, 칼빈의 하나님의 섭리론에는 중간상태가 등장하지 않는다. 거기에는 우연이나 우발의 개념도 인정되지 않는다. 허용과 협력의 개념에도 하나님의 의지가 개입된다. 자유의지 개념도 부정된다. 개혁파 정통주의에서는 구원에 관련해서만 자유의지나 자유선택이 없지만, 그 외 모든 행위에 있어서는 자유의지와 선택이 존재한다고 강조된다. 그러니 중간상태가 존재하는 셈이다. 그 자체에 모순이 있음에도 불구하고 그들은 이를 인정하지 않는다. 구원에 관련된 것만 빼고, 나머지 모든 행위에는 자유의지가 있고 자유선택이 있어 중간상태가 있다는 것은 논리적으로도 맞지 않는다. 구원과 행위가 어떻게 구분되고 분리되는가? 그럴 수 없는 것이다. 칼빈은 이러한 애매하고 복잡한 논리를 거절한다. 그는 모든 것이 하나님의 의지에서 비롯되었다고 말한다. 인간 세상에 일어나는 모든 일들, 질병이나, 기근, 전쟁 뿐 아니라 가난까지도 하나님의 진노에 의해 일어난 일이며, 하나님께서 그것의 지휘자라고 강조한다. 우연을 언급하지만, 인간에게 일어나는 일들이 우연처럼 보일 뿐, 믿음의 눈으로 보면 이 모든 것이 하나님의 섭리에 의해 일어난 일이라는 것을 알고 믿게 된다고 설명한다.[160] 그러므로 멀러를 비롯한 개혁파 정통주의의 섭리론과 칼빈의 섭리론은 이렇게 큰 차이를 보이고 있다.

멀러는 칼빈과 개혁파 정통주의의 연속성을 주장했지만, 앞에서 살펴본 바와 같이 칼빈의 섭리론과 그들의 섭리론은 차이를 보이고 있다. 따라서 칼빈은 그들의 섭리론과 불연속성의 위치에 있음을 알게 되었다. 비슷하면서도 다른 것이 있었다. 방식의 문제도 그렇고 내용의 문제도 칼빈과 다른 양상을 보이고

---

159 Henk van den Belt, *The Authority of Scripture in Reformed Theology: Truth and Trust* (Leiden: Brill, 2010), 13-34.
160 *Inst.*, 1.16.9 (CO 2, 153), "sed quae nobis videtur contingentia, secretum Dei impulsum fuisse agnoscet fides."

있었다. 칼빈의 섭리론에는 실질적으로, 그리고 내용적인 차원에서 중간상태가 존재하지 않았던 것이다.

Calvin's Theory of Predestination and Providence

VII

결론

Calvin's Theory of Predestination and Providence

# 결론

　　이 책은 존 칼빈의 예정론에 있어서 이중선택이라고 할 수 있는 일반선택과 특별선택 사이에서 사람의 노력 여하에 따라 결정되는 토대인 중간적 상태가 있는가 하는 문제를 연구하였다. 섭리론에 있어서는 필연성과 우연 또는 우발 개념, 허용, 의지의 자유, 협력의 문제를 다루었다. 이러한 개념 가운데 인간의 의지가 이것을 선택할 수 있고, 또 저것을 선택할 수 있는가 하는 문제를 살펴보았다. 특별히 이러한 개념 가운데 중간상태가 어떻게 나타났고, 어떤 위치를 점하고 있는지를 연구하였다. 칼빈신학에 이러한 중간상태의 개념이 있는지를 살폈다. 칼빈이 언급하였던 중간상태 개념이 어떤지를 밝혔고, 그것이 중세 스콜라주의와 어떤 차이가 있는지를 확인하였다.

　　중간상태 개념에 있어서 칼빈과 중세 스콜라주의뿐만 아니라, 개혁파 정통주의와 비교하여 아주 미묘한 차이를 살펴보았다. 개혁파 정통주의는 중세 스콜라주의의 학문방법을 따라 중간상태의 문제를 다루었다. 멀러는 이러한 문제에 있어서 개혁파 정통주의와 칼빈 사이의 연속성을 주장하였다. 그는 칼빈도 중세 스콜라주의의 학문 방식을 따랐다고까지 주장하였다. 따라서 칼빈과 개혁파 정통주의와의 연속성과 불연속성도 함께 다루었다.

먼저 역사적으로 중세에서 중간개념이 누구에게 어떻게 나타났는지를 살폈는데, 어거스틴, 보에티우스, 안셀무스, 토마스 아퀴나스, 둔스 스코투스, 윌리엄 오캄, 루이스 몰리나 등을 통해 확인되었다. 어거스틴의 초반의 작품 속에서는 인간의 의지가 중간의 입장에서 선택할 수 있다는 개념이 나타났지만, 후기에 와서, 그의 초기의 작품을 철회한 뒤에는 의지의 자유가 나타나지 않고, 하나님의 예정과 섭리를 강조한다. 그러나 보에티우스를 비롯한 그 이후의 모든 학자들은 중간지식 또는 중간상태 개념을 주장하였다. 예지의 개념 속에서 하나님은 모든 것을 알고는 계시지만 결정은 제2원인사에게 넘겼다고 주상하였다. 보에티우스는 예정을 부정하였지만 안셀무스는 예정을 포함시켜 이 문제를 해결하였는데, 그는 하나님의 필연을 선행하는 것과 후행하는 것으로 나누었다. 전자는 변할 수 없는 하나님의 본성적인 필연이라면, 후자는 제2원인으로서 인간의 의지와 선택에 놓여있다고 주장하였다. 아퀴나스를 거쳐 스코투스에게 와서는 하나님의 비결정성이 매우 두드러지게 나타났다. 그의 개념이 오캄이나 그 뒤 몰리나에게 영향을 끼친 것으로 파악되었다. 따라서 중세 스콜라주의에서는 중간상태가 하나님의 비결정성 속에서 제2원인으로서 인간의 의지의 선택이 자유롭다는 것을 확인하였다. 과연 이러한 중간상태가 칼빈의 것과 동일한 것인지를 보다 구체적으로 연구하였는데, 그의 예정론과 섭리론을 통해 차례로 살폈다. 여기에 중세 스콜라주의의 방법론을 따랐던 개혁파 정통주의와 멀러 등의 주장들도 살피며 연구하였다.

칼빈이 이중개념과 중간상태의 개념을 어떻게 사용하였는지를 개괄적으로 다루었다. 칼빈이 사용한 중간개념은 중세 스콜라적인 것도, 개혁파 정통주의의 것도 아니었다. 칼빈은 그의 예정론에서 그 차이를 분명히 하였다. 중간상태에 대한 이해에 있어서 칼빈과 중세 스콜라 신학과의 비슷한 부분, 공통적인 특징이 발견되기도 하였다. 중생의 영을 받지 않고 외적인 변화만 주어진 자들이 중간상태에 놓여 있다고 하는 것은 양자가 모두 주장하는 바였다. 칼빈도 이 상태가 중간상태임을 긍정하고, 중세 스콜라 신학에서도 그러하였다. 이것만 놓고 볼 때는 칼빈과 중세 신학자들과의 별 차이가 없어 보이고, 칼빈과 그들의 연속성을 주장할 수 있을 것이다. 그러나 칼빈은 중세 신학의 중간상태를 비판한다. 제2원인을 인정하면서도 제1원인성의 섭리 안에서의 역할을 인정할 뿐이지, 그것의 자발적인 결정이나 우연 또는 우발성을 인정하지 않았다. 인간의 측면에서 중간상태가 긍정적인 면도 있지만 하나님의 구원에 있어서는 인간의 의지의 자유는 상실되었다고 주장했다. 또한 칼빈은 이러한 중간적인 움직임이 하나님의 견인의 효과를 제외시킨다고 강조했다. 따라서 중간상태에 대한 칼빈과 중세 스콜라 신학과의 관계는 불연속적이라는 것을 밝히고 있다.

칼빈의 중간상태에 나타난 특징은 원인적이거나 장소 또는 위치적 개념이 아니라 시간적 개념이다. 칼빈은 양자의 영을 받지 않았지만 외형적인 변화가 있는 사람을 일컬어 중간상태에 놓여 있다고 정의했다. 칼빈의 이 설명은 논란의 여지가 있다고 판단된다. 그러나 그 전체 문맥을 살펴 볼 때, 이러한 중간상태는 시간적인 의미 속에서 일시적인 것이지 인간의 의지의 결정은 포함되지 않는다. 다만 외형적으로 볼 때, 이것이 인간의 결정에 의해 비롯된다고 할 수 있지만, 칼빈신학을 통해 볼 때는 하나님의 은혜에 의해 비롯되는 것이다. 양자의 영을 받지 않은 사람, 그리하여 내적인 변화가 없이 외적인 변화를 지닌 사람이 양자의 영을 받을지 어떨지에 대해서는 알 수 없는 하나님께만 속한 영역이다. 그러므로 칼빈의 중간상태 개념의 특징은 시간적으로 일시적인 의미를 지닌다고 볼 수 있다.

칼빈은 자신의 예정론을 통해 선택과 유기 사이와 일반선택과 특별선택 사이의 중간상태의 개념을 언급했다. 그의 중간상태 개념이 표면적으로는 중세 스콜라적인 것과 유사한 면이 있지만, 이면적으로는 큰 차이가 있다는 것을 밝혔다. 『기독교강요』 3.21.7에서 사용한 칼빈의 중간상태는 독자들로 하여금 일반선택과 특별선택 사이의 중간상태에서 이것이나 저것을 자유롭게 선택할 수 있다는 오해를 줄 수 있었다. 칼빈의 이러한 표현을 통해 개혁파 신학자들 사이에서도 칼빈의 사고가 인간이 선택의 자유를 할 수 있다는 근거를 나타내었다고 주장했다. 그러나 칼빈의 이 개념의 사용은 인간의 자유로운 선택이 가능하다는 것이 아니라, 하나님의 중생의 영이 택한 자들에게로의 오실 때까지의 시간적인 의미로서의 중간상태였다. 베르너 크루쉐도 이러한 관점에서 칼빈의 성령론을 다루었다. 성령의 보다 낮은 등급의 활동으로서 이는 일시적인 신앙(fides temporalis)이라고 규정했다. 따라서 이는 가장(假裝)으로서의 신앙과 참된 신앙 사이에 존재하는 중간상태이다. 칼빈은 중생의 영을 받지 않으면 결코 하나님의 언약을 지킬 수 없고, 사람의 행위도 열납되지 않는다고 말한다. 적합한 공로(congruity)이든 당연한 공로(condignity)이든 어떤 공로의 개념도 개부했다.

칼빈은 『사도행전주석』 8:3에서와 『고린도전서주석』 12:3에서도 중간상태의 개념을 사용하였다. 이 본문은 마술사 시몬이 예수를 믿고 세례를 받은 이후에 사도들이 행하는 이적을 돈으로 사려고 했다. 베드로가 그를 악독이 가득하고 불의에 매인 자라고 하면서 회개를 촉구했다. 칼빈은 세례를 받았지만 아직도 중생하지 못한 시몬의 영적 상태가 중간적 상태라고 규정했다. 따라서 그가 언제 회개하고 중생의 영을 받을지는 모르지만, 현재의 상태는 일시적인 신앙이다(haec fides temporaria est)라고 주장했다. 아직 분명한 신앙을 나타내는 확신의 상태가 아니라, 시간적으로 잠시 생겼다가 사라지는 상태라는 것이다. 그는 이 상태를 일컬어 중간상태라고 강조했다.

칼빈의 중간상태 개념은 중세 스콜라 신학자들이 말하는 인간의 자유로운 선택의 상태도 아니고 개혁파 정통주의자들이 말하는 중간상태도 아니다. 단지 일시적이고 임시적인 상태로서 시간적인 의미를 담고 있을 뿐이다. 따라서 이 부분에 있어 칼빈과 중세 스콜라 신학은 불연속적인 관계에 놓인 것으로 볼 수 있다.

마지막으로 칼빈의 섭리론에 중간상태가 존재하는가 하는 문제를 다루었다. 칼빈의 신학체계 특히 섭리론에서 중간상태가 존재하기 위해서는 우연 또는 우발과 자유의지가 나타나야 한다. 이것이나 저것을 선택하는 그라운드가 중간상태인데, 그 상태에서 인간의 자유선택이 이루어진다. 이는 의지의 자유에 따라 이루어지는 것이다. 여기에 허용의 개념과 협력의 개념 또는 2차원인의 역할이 개입된다. 인간에게 주어지는 자유가 없이는 이것이나 저것을 선택할 수 없다. 문제는 자유의지로 구원이 선택된다면, 성경의 구원진리가 크게 손상된다. 중세 스콜라주의는 하나님의 은혜 속에서 자유의지를 강조했다. 은혜를 여러 가지로 구별하였다. 하나님께서 모든 것을 섭리하시고 다스리신다고 하면, 하나님께서 악의 주인공이 된다. 인간의 자유의지를 강조하면, 인간의 노력에 의해 구원을 얻게 된다. 이러한 딜레마를 해결하기 위해 스콜라 학자들은 구별의 방식을 고안했다. 하나님의 의지의 구별, 은혜의 구별, 행위의 구별 등을 통해 이 문제를 해결하고자 하였다. 모든 것이 하나님의 섭리와 은혜 가운데 일어나지만, 인간의 자율성이 보장된다는 논리를 발견한 것이다. 여기에 하나님의 예지 또는 중간지식의 문제가 대두된다. 예지와 예정 또는 결정을 분리하여, 하나님께서는 모든 것을 과거와 현재와 미래를 동시에 알고는 계시지만, 또는 가능태에서 현실태로 가는 일들, 가능태로만 남아 있을 모든 지식을 알고는 계시지만, 결정은 유보하여, 제2원인이 결정하도록 하셨다는 것이다. 개혁파에 속했던 알미니우스는 몰리나에게 영향을 받아 중간지식의 개념을 통해, 하나님의 은혜와 인간의 행위의 문제를 해결하고자 하였다. 그는 칼빈주의 또는 개혁파의 진리에 항론하면서, 인간의 자유의지와 자유선택의 정당성을 주장하였다. 멀러를 비롯한 그의 신학의 친구들은 개혁파 정통주의에 알미니우스를 포함시킨다. 멀러는 루터를 비롯한 종교개혁 1세대와 2세대 등, 16-18세기의 개혁파 신학자들을 총망라하여 이들의 신학의 공통점을 발견하고 새로운 관점으로의 개혁파 신학을 구축하고 있다. 멀러가 추구하는 신학은 광범위한 시각으로 개혁파 신학을 바라보자는 것이다. 큰 틀에서 바라보면 모두가 다 동일한 견해를 지니고 있다는 판단을 제공한다.

섭리론에 있어 멀러의 관점은 중세 스콜라 신학의 방법을 통한 개혁파의 섭리론의 구축이었다. 그는 방법만 같지 내용은 다르다고 강조한다. 스콜라적 방법만 빌려왔을 뿐, 그 내용은 엄연한 차이가 있다는 것이다. 또한 종교개혁 이

후 개혁파 신학자들도 중세 스콜라 신학 방법론을 습득하여 이를 통해 자신들의 신학을 체계화시켰다는 것이다. 투레틴, 헤페, 에임스, 픽테트, 마스트리히트, 발래우스, 콕케이우스, 버미글리, 등 대부분의 개혁파 신학자들이 이 방법을 따랐다고 주장한다. 사실상 그러하다. 멀러도 그들의 전통에 서서 스콜라 방식으로 자신의 신학을 추구했고, 신학적 결론에 이르게 되었다. 섭리론에 있어, 멀러와 개혁파 정통주의는 같은 맥락과 같은 결론을 지니고 있었다. 그들은 이러한 결론이 중세 스콜라주의와 다르다고 강변한다. 그러나 그들은 중세 스콜라의 방법 뿐 아니라 섭리적 내용까지도 비슷한 양상을 보이고 있었다. 세상에 일어나는 모든 일이 제1원인자로서 하나님의 통치에 의해 일어난다면서도, 제2원인에게는 우연이나 우발이 있고, 자유가 있고 중간상태가 있다는 것을 나타낸다. 하나님 안에 있는 우연성인가 하나님 밖에 있는 우연성인가 하는 것이 그들의 결론의 핵심이었다. 그들의 사상을 이해하기에는 어려운 부분이 많다. 왜냐하면 그들의 사상이 중세 스콜라와 비슷하면서도 구조를 비틀어 놓았기 때문이다. 여기에 애매함과 복잡함이 있었다. 중세와 같은 것 같으면서도 아닌 것을 주장하려는 것으로 판단되었다. 그들의 방법은 이성과 논리를 바탕으로 한 철학적 방법이었다.

그러나 칼빈은 그들의 방법을 따르지 않았다. 칼빈은 오직 성경주해적 방법으로 성경을 풀어나갔다. 성경전체를 아우르며, 거기에서 교의를 찾아내었다. 성경으로 성경을 해석한 셈이다. 물론 그는 교부들이나 어거스틴의 영향 속에서 성경을 이해하고 연구하였지만, 성령께서 주시는 은혜로 autopistos의 방식으로 해석하였다. 그러니 개혁파 정통주의와 결론은 비슷할지 모르나 섭리론을 풀어가는 방식은 달랐다. 칼빈과 그들의 섭리론의 결론이 비슷하면서도 큰 차이가 있는 것은, 칼빈의 하나님의 섭리사상에는 중간상태 개념이 등장하지 않기 때문이다. 거기에는 우연이나 우발의 개념도 인정되지 않는다. 허용과 협력의 개념에도 하나님의 의지가 개입된다. 자유의지 개념도 부정된다. 개혁파 정통주의에서는 구원에 관련해서만 자유의지나 자유선택이 없지만, 그 외 모든 행위에 있어서는 자유의지와 선택이 존재한다고 강조한다. 그러니 중간상태가 존재하는 셈이 된다. 그 자체에 모순이 있음에도 불구하고 그들은 이를 인정하지 않았다. 구원에 관련된 것만 빼고, 나머지 모든 행위에는 자유의지가 있고 자유선택이 있어 중간상태가 있다는 것은 논리적으로도 맞지 않는다. 구원과 행위가 어떻게 구분되고 분리되는가? 칼빈은 이러한 애매하고 복잡한 논리를 거절한다. 그는 모든 것이 하나님의 의지에서 비롯되었다고 말한다. 인간 세상에 일어나는 모든 일들, 질병이나 기근, 전쟁뿐 아니라 가난까지도 하나님의 진노에 의해 일어난 일이며, 하나님께서 그것의 지휘자라고 강조한다. 우연이나 우발을 언급하지만, 인간에게 일어나는 일들이 우연처럼 보일 뿐, 믿음의 눈으로 보면 이 모든 것이 하나님의 섭리에 의해 일어난 일이라는 것을 알고 믿게 된다고 설명한다. 그는 하나님의 능동적 필연성에 따라 이 세상을 섭리해 가시지만, 죄의 책임은 인간에게 있다고 강조하면서, 이 이유를 죄의 필연성 또는 죄를 지을 수밖에 없는 경향을 지니고 있다는데 둔다. 사람이 자유를 가지고 어떤 일을 한다 하더라도 그것은 죄와 연결되어 있다는 것을 강조한 것이다. 따라서 인간이 지닌 자유는 진정한 의미에서 자유가 아니라는 것이다. 그러니 칼빈과 멀러를 비롯한 개혁파 정통주의의 섭리론에는 이런 차이점이 존재한다.

멀러는 칼빈과 개혁파 정통주의의 연속성을 주장했지만, 앞에서 살펴본 바대로 칼빈의 섭리론과 그들의 섭리론은 차이를 보이고 있었다. 따라서 칼빈은 그들의 섭리론과 불연속성의 위치에 있음을 알게 되었다. 비슷하면서도 다른 것이 있었다. 방식의 문제도 그렇고 내용의 문제도 칼빈과 다른 양상을 보이고 있었다. 칼빈의 섭리론에는 중간상태 개념이 없었다. 현대철학에서도 결정론과 자유의지의 양립 가능은 불가능하며, 이는 모순이라고 하였다. 지식과 사실의 차원에서는 양립할 수 없는 불가분의 관계라고 정리하였다.

이 책은 칼빈의 신학의 예정론과 섭리론에 있어서 개혁파 정통주의의 불연속성을 주장하였다. 칼빈의 신학이 개혁주의 신학에 지대한 영향력을 끼치고 있다는 점에서는 반론의 여지가 없을 것이다. 그러나 칼빈의 신학이 후대에 어떻게 이해되고 전수되었는지를 살피는 것은 현대를 살아가는 우리의 숙제로 생각된다.

# 참고문헌

· 강상진, "안셀무스의 『하느님은 왜 인간이 되셨는가』에 나타난 '후행적 필연성'에 관한 연구", 「중세철학」 18 (2012).
· 김세윤, 『칭의와 성화』, 서울: 두란노, 2015.
· 김 율, "둔스 스코투스의 의지이론 연구(1)", 「철학사상」 28 (2008).
· 김영규, 『17세기 개혁신학』 서울: 개혁주의성경연구소, 2015.
· 김재성, "칼빈 신학의 구조적 특성(1)", 「신학정론」 11(2) (1993).
· _____, "칼빈 신학의 구조적 특성(2)", 「신학정론」 12(2) (1994).
· 김재용, "칼빈의 언약의 조건성과 무조건성: 피터 릴백(Peter A. Lillback)의 칼빈 비판을 중심으로", 부산: 고신대학교 미간행 신학석사학위논문, 2012.
· _____, "칼빈에게 있어 이중적 개념과 중간적 개념에 대한 개괄적 이해", 「갱신과 부흥」 22, (2018).
· 김재윤, "도르트총회와 신조에서 신학적, 목회적 측면의 균형", 「한국개혁신학」 59 2018.
· 김종희, "칼빈의 섭리론과 예정론의 관계", 「성경과 신학」 80 (2016).
· 김현태, 『명민한 박사 둔스 스코투스의 삶과 사상』, 서울: 철학과 현실사, 2006.
· 니이젤 빌헬름, 『칼빈의 신학』 이종성 역 서울: 대한기독교서회, 2010.
· 멀러, 리처드. "은혜, 선택 그리고 우연적인 선택: 알미니우스의 선수공격과 개혁파의 반응" 이은선 역, 「신학지평」 12 (2000년 봄, 여름).

- _____, "개신교 스콜라주의: 개관과 정의", 57. 『종교개혁과 스콜라주의』 빌렘 판 아셀트, 에프 데커 (편), 한병수 역, 서울: 부흥과 개혁사, 2014.
- _____, 『16세기 맥락에서 본 진정한 칼뱅신학』, 이은선 역, 성남: 나눔과 섬김, 2003.
- 문병호, "가브리엘 비엘의 "facere quod in se est(자질대로 행함)" 교리 비판", 「개혁논총」 40 (2106).
- _____, "그리스도의 의의 전가에 따른 성도의 그리스도와의 연합: 『기독교 강요』에 개진된 칼빈의 이해의 고유성", 「개혁논총」 39 (2016).
- 바빙크, 헤르만, 『개혁교의학 2』, 박태현 역, 서울: 부흥과 개혁사, 2011.
- 박경수, "칼뱅의 통전적 신학방법론, Via Media", 「장신논단」 34 (2009).
- 박승찬, 『생각하고 토론하는 서양철학이야기 2, 중세-신학과의 만남』, 서울: 책세상, 2006.
- 박상봉, "1556년 이후 하인리히 불링거의 예정론", 「신학정론」 34 (2016).
- 브라운 피터, 『아우구스티누스』, 정기문 역, 서울: 새물결출판사, 2012.
- 서병창, "神의 섭리와 제2원자에 관한 고찰", 「중세철학」 2 (1996).
- 셀더르하위스, 헤르만 J. 『중심에 계신 하나님: 칼빈의 시편 신학』, 장호광 역, 서울: 대한기독교서회, 2004.
- 스페이커르, 빌름 판 엇, 『칼빈의 생애와 신학』, 박태현 역, 서울: 부흥과 개혁사, 2009.
- _____, "종교개혁과 스콜라주의", 『종교개혁과 스콜라주의』 빌렘 판 아셀트, 에프 데커 (편), 한병수 역, 서울: 부흥과 개혁사, 2014.
- 아셀트, 빌렘 J. 판, "정통주의 초기의 개혁주의(1560-1620)", 『개혁신학과 스콜라주의』, 한병수 역, 서울: 부흥과 개혁사, 2012.
- _____, 『개혁신학과 스콜라주의』, 한병수 역, 서울: 부흥과 개혁사, 2012.
- 아우구스띠누스, 『자유의지론』 성염 역주, 왜관: 분도출판사, 1998.
- _____, "정통주의 절정기의 스콜라주의(1620-1700)", 『개혁신학과 스콜라주의』, 한병수 역, 서울: 부흥과 개혁사, 2012.

· 양신혜, "칼빈의 예정론 이해", 「한국개혁신학」 49 (2016).
· 오캄, 윌리엄, 『오캄의 철학선집』 필로테우스 뵈너 (편), 이경희 역, 서울: 간디서원, 2004.
· 엘더스, 레오 J. 『토마스 아퀴나스의 형이상학』 박승찬 역, 서울: 가톨릭출판사, 2003.
· 유상섭, "칼빈의 공관복음 분석과 평가", 『칼빈의 성경해석과 신학』, 서울: SFC, 2011.
· 유창형, 『존 칼빈의 성화론』, 용인: 도서출판 목양, 2009.
· 이남규, "예정인가 후정인가? 항론파 제1항에 대한 도르트회의 총대들의 논의와 결정", 「長老敎會와 神學」 11 (2014).
· 이승구, "레이몬드의 타락 전 선택설 주장에 대한 논의", 「한국개혁신학」 11 (2002).
· 이신열, "칼빈의 이중적 신지식에 관한 재고찰", 「조직신학연구」 11 (2008).
· _____, "성령의 인치심에 대한 칼빈의 이해", 「갱신과 부흥」 11 (2012).
· _____, "레이든대학의 신학교육", 『종교개혁과 교육』 이신열 (편), 개혁주의학술원, 2017.
· _____, "칼빈의 『공관복음 주석』에 나타난 섭리이해", 「개혁논총」 24 (2012).
· _____, "도르트회의와 칼빈주의 5대교리", 『교리학당』 이신열 (편), 개혁주의학술원, 2016.
· 이양호, "하나님의 섭리", 「현대와 신학」 22 (1997).
· _____, 『칼빈, 생애와 사상』, 서울: 한국신학연구소, 1977.
· 이오갑, "칼빈의 섭리론", 「組織神學論叢」 16 (2006).
· 정의채 & 김규영, 『중세철학사』, 서울: 도서출판 벽호, 1993.
· 질송 에티엔느, 『중세철학사』, 김기찬 역, 서울: 현대지성사, 1997.
· 최용철, "자유의지와 결정론의 철학적 논쟁", 『자유의지와 결정론의 철학적 논쟁』, 최용철 (편) 서울: 간디서원, 2004.
· 카슨, D. A. 『성경해석의 오류』, 박대영 역, 서울: 성서유니온, 2002.
· 코플스톤, F. 『중세철학사』, 박영도 역, 파주: 서광사, 1988.
· 크루쉐, 베르너 『칼빈의 성령론』, 정일권 역, 부산: 개혁주의학술원, 2017.

· 튜레틴, 프란시스 『변증신학 강요』, 박문재, 한병수 역, 서울: 부흥과 개혁사, 2017.
· 피파 Jr, 조셉 A. "창조와 섭리", 『칼빈의 기독교강요 신학』, David W. Hall and Peter A. Lillback, 나용화 외 옮김, 서울: CLC, 2009.
· 헤페, 하인리히 『개혁파 정통교의학』, 이정석 역, 고양: 크리스찬 다이제스트, 2011.
· 한병수, "칼빈의 신학적 구조: Cognitio Dei et nostri in duplice cognitione Dei cum symbolo apostolico", 「한국조직신학논총」 41 (2015).
· _____ , "우연과 섭리-개혁주의 관점에 대한 고찰", 「한국조직신학논총」 40 (2014).
· 한성진, "칼빈 주석의 현대적 방법론과 고대적 기원", 『칼빈의 성경해석과 신학』 서울: SFC, 2011.
· 황대우, "칼빈과 칼빈주의: 리처드 멀러 교수의 견해에 대한 비판적 고찰", 「한국개혁신학」 13 (2003).
· 헬름, 폴. 『하나님의 섭리』, 이승구 역, 서울: IVP, 2004.
· 힐쉬베르거 요한네스, 『서양철학사, 상권 고대와 중세』, 강성위 역, 대구: 이문출판사, 1998.

*

· Anselm of Canterbury, Anselmi cantuariensis Archiepiscopi Opera Omnia, 6 vols, edited by Dom F. S. Schmitt, Edinburg: Thomas Nelson and Sons, 1940-1961.
· _____ , The Major Works, edited with an introduction by Brian Davis and G. R. Evans, Oxford Worls's classics, NewYork: Oxford university press.
· Arminius, James, Public Disputations, trans. James Nichols and William Nichols, ed. The London, Grand Rapids: Baker Book House, 1999.
· _____ , Private Disputations,
· _____ , Declaration of Sentiments, in Works,

- Asselt, Willem J., van & Peter L. Rouwendal & Maarteen Wisse, Introduction to Reformed Scholasticism with contributions by T. Theo J. Pleizier ⋯ [et al.], translated by Albert Gootjes, Grand Rapids: Reformation Heritage Books, 2011.
- Aquinas, Thomas, Summs Theologiae, ed. Institutum Studiorum, Ottawa: Collage Dominican 1941-1945.
- Augustinus, Aurelius, De Libero Arbitrio.
- _____, "Retractationes," trans. Mary Inez Bogan, R.S.M., Retractions, Washington: The Catholic University of America Press, 1968.
- _____, De Praedestintione Sanctorum.
- _____, De Bono Perseveratione.
- Ayer, A. J., "Freedom and Necessity", Philosophical Essays, London: Macmillan, 1954.
- Baker, J., Wayne Heinrich Bullinger and the Covenant, the other Reformed Tradition, Athens: Ohio university Press, 1980.
- Bangs, Carl, Arminius: A Study in the Dutch Reformation, Nashville: Abingdon, 1971.
- Battles, F. L., "Calculus Fidei": Sone Ruminations on the Structure of the Theology of John Calvin, Grand Rapids: Baker, 1980.
- Baxter, Richard, Catholike Theologie.
- Belt, Henk van den, The Authority of Scripture in Reformed Theology: Truth and Trust, Leiden: Brill, 2010.
- Bouwsma, Willam J., John Calvin : A Sixteenth Century Portrait Oxford: Oxford University Press, 1988.
- Boethius, A. M. S., The Theological Tractates and The Consolation of Philosophy, , H.F., Stewart, E.K., Rand, Cambrige, Mass: Harvard University Press, 2007.

- Bohatec, J.,"Calvins Vorsebungslebre", in: Calvinstuien-Festscbrift zum 400. Geburtstage Jobann Calvins, Leipzig, 1909.
- Brümmer, Vincent, "Calvin, Bernard and the Freedom of the Will," Religious Studies 30, Cambridge: Cambridge University Press, 1994.
- Bullinger, Heinlich, The Second Helvetic Confession, chap. 10, 15. https://www.ccel.org/creeds/helvetic.htm.
- Calvin, John, Ioannis Calvini Opera quae supersunt omnia, G. Baum, E. Cunitz, E. Reuss, 59 vols. Brunsvick, 1866-1900.
- \_\_\_\_\_, Commentatarius in Genesin, CO 23.
- \_\_\_\_\_, Commentatii in Librum Psalmorum, CO 32.
- \_\_\_\_\_, Commentatii in Isaiam Prophetam, CO 36.
- \_\_\_\_\_, Praelectionum in Ieremiam Prophetam, CO 38.
- \_\_\_\_\_, Praelectionum in Lamentationes Ieremiae, CO 39.
- \_\_\_\_\_, Praelectiones in Ezechielis Prophetae, CO 40.
- \_\_\_\_\_, Praelectiones in Hosea, CO 42.
- \_\_\_\_\_, Praelectiones in Michaeas, CO 43.
- \_\_\_\_\_, Commentatarius in Harmoniam Evangelicam, CO 45.
- \_\_\_\_\_, Commentatarius in Evangelicam Ioannis, CO 47.
- \_\_\_\_\_, Commentatarius in Acta apostolorum, CO 48.
- \_\_\_\_\_, Commentatarius in epist. Pauli ad Romanos, CO 49.
- \_\_\_\_\_, Commentatarius in epist. Pauli ad Corinthios 1, CO 49.
- \_\_\_\_\_, De aeterna Dei Praedestinatione, CO 8.
- \_\_\_\_\_, Institutio, CO 2.

- \_\_\_\_\_, Selected Works of John Calvin, Tracts and Letters, ed. Henry Beveridge and Jules Bonnet, vol.3, Tracts, Part 3, Grand Rapids: Baker Book House, 1983.
- \_\_\_\_\_, Calvin's Calvinism: Treatises on the Eternal Predestination of God & the Secret Providece of God, trans. by Henry Cole, Grand Rapids: Reformed free Publishing Association, 2006.
- \_\_\_\_\_, Institutes of The Christian Religion I II, trans. Henry Beveridge, Grand Rapids: Eerdmans Pubulishing Company, 1966.
- Chisholm, Roderick M., "Human Freedom and the Self", Free Will, edi. Gary Watson, Oxford University Press, 1982). The Lindley Lecture, 1964.
- Copleston, F. C., Aquinas, Penguin Books: Harmondsworth, 1955.
- Choy, Kiven S. K. "Calvin's Defense and Reformulation of Luther's Early Reformation Doctrine of The Bondage of The Will"Ph.D. diss. Grand Rapids, Calvin Theological Seminary, 2010.
- Craig, William Lane, "Middle Knowledge: A Calvinist Rapprochement?" in The Grace of God and the Will of Man, ed. Clark H. Pinnock, Grand Rapids: Zondervan, 1989.
- \_\_\_\_\_, The Problem of Divine Foreknowledge and Human Freedom from Aristotle to Suarez, Leiden: Brill, 1980.
- Crampton, W. Gray, What Calvin Says: An Introduction to the Theology of John Calvin, Jefferson, Maryland: The Trinity Foundation, 1992.
- Cross, Richard, Duns Scotus, New York: Oxford university Press, 1999.
- Davies, Horton, The Vigilant God: Providence in the Thought of Augustine, Aquinas, Calvin and Barth, New York: Peter Lang Publishing, 1992.

- Dekker, Eef, Rijker dan Midas: Vrijheid, genade en predestinatie in de theologie van Jacobus Arminius, 1559-1609, Zoetermeer: Boekencentrum, 1993.
- _____, Middle Knowledge, Leuven: Peeters, 2000.
- Dekker, Eef & van Asselt, Willem J. Reformation and Scholasticism, Grand Rapids: Baker Academic, 2001.
- Douglas, Jane D., "The Image of God in Humanity: A Comparison of Calvin's Teaching in 1536 and 1559,", in papers From the 1986 International Calvin Symposium, Mcgill University, ed. E. E. Furcha, Montreal: Mcgill University, 1987.
- Doumergue, Emile, Jean Calvin, IV, 354. In C. Calvin and Classical Philosophy, Leiden: E. J. Brill, 1977.
- Dowey, E. A., The Knowledge of God in Calvin's Theology, New York: Columbia University Press, 1952.
- Foxgrover, David, "'Temporary Faith' and Certainty of Salvation," Calvin Theological Journal 15 (1980).
- Franklin, R. L., Freewill and Responsibility, London: R.K.P., 1978.
- Gamble, Richard C., "Calvin as Theologian and Exegete: Is there anything new?" Calvin Theological Journal 23 (1988).
- Gerstner, John H., A Predestination Primer, Winona Lake, Ind.: Apha Publications, 1980.
- Goudriaan, Aza, Reformed Orthodoxy and Philosophy, 1625-1750: Gisbertus Voetius, Petrus van Mastricht, and Anthonius Driessed, Leiden: Brill, 2006.
- Graafland, C., Van Calvin Tot Comrie: Oorsprong en ontwikkeling van de leer van verbond in het Gereformeerd Protestantisme Deel I & II, Zoetermeer: Uitgeverij Boekencentrum B. V., 1992.

- Heckel, Matthew C. "'His Spear through My Side unto Luther': Calvin's Relationship to Luther's Doctrine of Will."Ph.D. diss., Concordia Seminary, St. Louis, 2005.
- Helm, Paul, The providence of God, Downers Grove: IVP, 1993.
- Heppe, Heinrich, Reformed Dogmatics, Grand Rapids : Baker Book House, 1983.
- Hoeksema, Herman., Reformed Dogmatics, Grand Rapids: Reformed Free Publishing Association, 1996.
- Hoitenga, Dewey J., John Calvin and the Will: A Critique and Corrective, Grand Rapids: Baker Books, 1997.
- Honderich, T., The Consequences of Determinism, Oxford: Claredon, 1990.
- Hopkins, Jasper, A companion to the study of St. Anselm, Minneapolis: the university of minnesota press, 1972.
- Huges, Philp E. The Resister of The Company of Pastors of Geneva in the Time of Calvin, Grand Rapids: Eerdmans, 1966.
- Karfíková, Lenka, Grace and the Will according to Augustine, Leiden: Brill, 2012.
- Klooster, Fred H., Calvin's Doctrine of predestination, Grand Rapids: Baker Book House, 1977.
- Knuuttila, Simo, "Anselm on Modality"B. Davies & B Leftow, ed. The Cambridge Companion to Anselm, Cambrige, 2005.
- Lane, Anthony N. S., Justification by Faith in Catholic-Protestant Dialogue. London: Bloomsbury Publishing, 2006.
- Leigh, Edward, A Treatise of Divinity, London, 1646.
- Leith, John, "Calvin's Awareness of the Holy and Enigma of His Theology, Inernational Calvin Symposium, 1986, McGill University.

· Lillback, Peter A., The Bindig of God: Calvin's Role in the Development of Covenant Theology, Grand Rapids: Baker Academic, 2001.
· Mastricht, Petrus van., Theoretico-practica Theologia, Editio nova, Utrecht and Amsterdam, 1725.
· McGrath Alister E., Iustitia Dei: A History of the Christian Doctrine of Justification, New York: Cambridge University Press, 2005.
· Millet, Olivier., Calvin et la dynamique de la parole: Etude de rhetorique reformee, Librairie Honore Champion: Paris, 1992.
· Molina, Luis de, On Divine Foreknowledge, trans. Alfred J. Freddoso, Ithaca/London: Cornell, 1988.
· \_\_\_\_\_, Liberi Arbitri cum Gratiae Donis,
· \_\_\_\_\_, Concordia liberi arbitru cum gratiae donis, divina praescientia, providentia, praedestinatione et reprobatione, 1588, ed. Johann Rabeneck, Onia and Madrid: Collegium Maximum Societatis jesu, 1953.
· \_\_\_\_\_, On Divine Foreknowledge, trans. with an intra. and notes by Alfred J. Freddoso, Ithaca: Cornell University Press, 1988.
· Muller, Richard A., After Calvin: Studies in the Development of a Theological Tradition, Oxford university Press, 2003.
· \_\_\_\_\_, Christ and The Decree: Christology and predestination in Reformed Theology from Calvin to Perkins, Durham: The Labyrinth press, 2008.
· \_\_\_\_\_, Post-Reformation Reformed Dogmatics, vol.3, The Divine Essence and Attributes, Grand Rapids: Baker Academic, A division of Baker Publishing Group, 2003.

- \_\_\_\_\_, "Grace, Election and Contingent Choice: Arminius's Gambit and the Reformed Response" 1995, 27. In ed. Thomas Schreiner, 1995.
- \_\_\_\_\_, God, Creation, and Providence in the Thought of Jacob Arminius, Grand Rapids: Baker Book House, 1991.
- \_\_\_\_\_, "The Christological Problem in the Thought of Jacob Arminius," Nederlands Archief voor Kerkgeshciedenis, 62, 1 1982.
- \_\_\_\_\_, The Divine Essence and Attributes, Post-Reformation Reformed Dogmatics, The Rise and Development of Reformed Orthodoxy; ca. 1520 to ca. 1725, Grand Rapids: Baker Academic, 2006.
- Normore, Calvin G., "Duns Scotus's Modal Theology", The Cambridge Companion to Duns Scotus Edited by Thomas Williams, Cambridge university press, 2002.
- Oberman, Heiko Augustinus, The Harvest of Medieval Theology –Gabriel Biel and Late Medieval Nominalism, Harvard University Press, 1963.
- Ockham, William, Predestination, God's foreknowledge, and future contingents, trans, with introduction, note and appendices, by Marilyn McCord Adams and Norman Kretzmann, Indianapolis, Hackett Publishing Company, 1983.
- Osterhaven, M. Eugene, "Our knowledge of God According to Calvin," Princeton Thological Seminary, 1948.
- Parker, T. H. L., Doctrine of the Knowledge of God: A Study in the Theology of John Calvin, Grand Rapids: Eerdmans, 1959.
- \_\_\_\_\_, Calvin's Old Testament Commentaries, Westminster/John Knox Press: Louisville, 1993.

- _____, Calvin: An Introduction to His Thought, Louisville: Westminster/John Knox Press, 1995.
- Pasnau, Robert, Metaphysical Themes 1274-1671, Oxford: Clarendon press, 2011.
- Partee, Charles B., Calvin and Classical Philosophy(Leiden: E. J. Brill, 1977.
- Pitkin, Babara, What Pure Eyes Could See, Calvin's Doctrine of Faith in Its Exegetical Context, New York: Oxford University Press, 1999.
- Reid, J. K. S., Introduction to John Calvin, Concerning the Eternal Predestination of God, London: James Clarke, 1961.
- Reymond, Robert L., "A Consistent Supralapsarian Perspective on Election", Perspectives on Election-Five views, ed, Chad Owen Brand, Tennesse: Broadman & Holman Publishers, 2006.
- Rijssen, Leonard van, Summa theologiae elencticae completa et didacticae quantum sufficit, ed. EEBO, ProQust, 2010.
- Rouwendal, Pieter, "The Doctrine of Predestination in Reformed Orthodoxy", A Companion to Reformed Orthodoxy, Edited by Herman J. Selderhuis, Leiden, Boston, 2013.
- Sandra Visser & Thomas Williams, Anselm's Account of Freedom, The Cambridge Companion to Anselm, edited by Brian Davies & Brian Leftow, New York: Cambridge University Press, 2004.
- Schreiner, Thomas R. & Ware, Bruce A., The Grace of God, The Bondageof the Will: Historical and Theological Perspective on Calvinism, vol 2, Grand Rapids: Baker, 1995.

- Schützeichel, Heribert, Die Glaubenstheologie Calvins, München: Max Huber, 1971.
- Scotus, Ioannis Duns, Duns Scotus on the Will and Morality, Selected by Allan B. Wolter, O.F.M., Washington, D.C.: The Cathoric University of America Press, 1986.
- _____, Ordinatio, I .41.un.28-33, Vatican.
- Seeberg, Reinhold, Lehrbuch der Dogmengeschchichichte, IV.2, 5, Basel: Benno Schwabe & Co., 1960.
- Selderhuis, Herman J., The Calvin Handbook, Grand Rapids: Erdmans, 2009.
- Shepherd, Victor A., The Nature and Function of Faith in the Theology of John Calvin, Macon: Mercer University Press, 1983.
- Solomon, Robert, Introducing Philosophy: a text with readings, San Diego: Harcourt Brace Jovanovich, 1985.
- Steinmetz, David, "Cavin and the Absolute Power of God," Journal of Medival and Renaissance Studies 18/1 Spring (1988).
- _____, "Calvin Among Thomists" in Biblical Hermeneutics in Historical perspective, Grand Rapids: Eerdman, 1991.
- Strehle, Stephen, "Calvinism, Augustinianism, and the Will of God," in Thologische Zeitschrift, 48/2 1992.
- Thompson, "The Immoralities of the Patriarchs in History of Exegesis: A Reappraisal of Calvin's Position," Calvin Theological Journal 26 1991.
- Turretin, Francis, Institutes of Elenctic Theology 1, trans. George Musgrave Giger, ed. James T. Dennison Jr., Phillipsburg: P&R Publishing, 1992.
- Twisse, William, A Discovery of D. Jackson's Vanity, 1631.
- Ursinus, Zacharias, Opera Theologica, vol.1, Heidelberg: Didaskalia Scripta, 1612.

- \_\_\_\_\_ , The Commentary of Dr. Zacharias Ursinus on the Heidelberg Catechism, trans. G. W. Willard, Presbyterian and Reformed, 1985.
- Van Til, Cornelius, The Case for Calvinism, Philadelphia, Penna: PRPC, 1968.
- Venema, Cornelis P., Heinrich Bullinger and the Doctrine of Predestination, Author of "the Other Reformed Tradition", Grand Rapids: Baker Academic.
- Visser, S. & Th., William, Anselm, Oxford, 2009.
- Walaeus, Antonius., Loci communes Theologiae, Leiden, 1640.
- Weber, Hans Emil, Reformation, Orthodoxie und Rationalismus, I ,2nd, Darmastadt: Wissenschaftliche Buchgesellcdhaft, 1966.
- Wendel, F. Calvin: The Origins and Development of His Religious Thought, Lamperter: Collins, 1963.
- Zanchius, Jerome, The Doctrine of Absolute Predestination, trans. Great Measure, Delhi: SSM Book International, 2007.

## 칼빈의 예정론과 섭리론
그의 중간개념 medium quiddam을 중심으로

**펴낸날** 2021년 10월 15일 초판

**지은이** 김재용
**펴낸곳** 크리스천르네상스
**펴낸이** 정영오

**표지디자인** 디자인집(02-521-1474)
**내지디자인** 서세은

**주소** 경기도 안산시 단원구 와동로 5길 301호(와동, 대명하이빌)
**신고번호** 2019-000004
**등록** 2019년 1월 31일

**ISBN** 979-11-966212-5-4(93230)
**값** 20,000원

Copyright 2021. 크리스천르네상스. All rights reserved.